DAS GLÜCK KANN MAN SICH RICHTEN

Gabriele Crepaz
Ulrich Egger

 ATHESIA VERLAG

Die Drucklegung dieses Buches wurde ermöglicht durch
die Südtiroler Landesregierung / Abteilung Deutsche Kultur.

BIBLIOGRAFISCHE INFORMATION DER DEUTSCHEN NATIONALBIBLIOTHEK
Die Deutsche Nationalbibliothek verzeichnet diese Publikation in der Deutschen Nationalbibliografie;
detaillierte bibliografische Daten sind im Internet abrufbar:
http://dnb.d-nb.de

2019
Alle Rechte vorbehalten
© by Athesia Buch GmbH, Bozen

Texte & Interviews
Gabriele Crepaz

Fotografie & Layout
Ulrich Egger

Umschlaggestaltung
Kathrin Steigerwald, Hamburg

Druck
Printer Trento, Trient

ISBN 978-88-6839-435-6
www.athesia-tappeiner.com
buchverlag@athesia.it

Vom Anfang und vom Ende   **8**
Burgi Künig   10
Alfred und Magdalena Schwienbacher   20

Vom Bewahren und vom Erschaffen   **30**
Brunamaria Dal Lago Veneri   32
Hubert Egger   42

Im Turnschuh geboren und zum Stillhalten gezwungen   **52**
Hans Kammerlander   54
Sergio Piccinelli   64

Einen Ort finden und einen Ort anbieten   **74**
Henry Martin   76
Renate Kostner Pizzinini   86

Vom ewigen Leben und vom ewigen Stammbaum   **96**
Maria Ancilla Hohenegger   98
Johannes Graf Trapp   108

Vom Denken und vom Handeln   **118**
Siegfried J. Schmidt   120
Luis Durnwalder   130

Gegen die Regeln und für das Gesetz   **140**
Grazia Barbiero   142
Arnaldo Loner   152

Leben beobachten und Theater leben   **162**
Brigitta Erschbamer   164
Frida Parmeggiani   174

Von der Natur aus und zurück zur Natur   **184**
Josef Franz   186
Traudl Schwienbacher   196

Vom Gehen-Wollen und vom Gehen-Helfen   **206**
Josef Niederkofler   208
Elisabeth Medicus   218

Warum wir dieses Buch gemacht haben?
Damit wir sagen können: Glücklich älter wird, wer noch Lust hat, Antworten zu suchen.

Ein Ratgeber? Alles andere. Wer Rat gibt, glaubt, schon alles zu wissen. Wir sind weit entfernt davon. Eher in der Phase, wo wir neugierig sind, wie andere es machen. Was eigentlich? Älter werden? Dranbleiben? Aufgeben? Es noch einmal wissen wollen?

Genau das. Wie man es anstellt, gut älter zu werden. Das war die Ausgangsfrage zu diesem Buch. Unvermeidlich, wenn man in die Jahre kommt, wo Dinge nicht mehr selbstverständlich sind, wo man Parfüm kauft und eine Antifaltencreme als Draufgabe kriegt, wo Geburtstage nicht mehr oder ganz besonders gefeiert werden, wo man in Pension gehen könnte und sich neue Arbeit sucht, wo man Großvater sein sollte und dann Vater wird, wo Gäste Schnaps in edlen Flaschen mitbringen oder seidene Höschen, wo wir uns jünger denken, als wir sind, und uns älter fühlen, als wir handeln.

Wo wir uns alle nicht sicher sind. Was wir können, wie weit wir dürfen, warum wir müssen, wofür wir sollen. Früher wussten Menschen, wann sie jung waren und wann sie alt wurden. Es gab Regeln dafür. Heute kommt das Alter – so pauschal wie unrichtig – nur auf uns zu, wenn wir darauf warten. Also auf (fast) niemanden. Es hat sich ausgewartet. Wer eine Geschichte haben will und sich Zukunft vorstellen kann, nimmt die Herausforderung an: Leben heißt älter werden. Umgekehrt: Ewig jung sein ist wie stehen bleiben.

Älter werden ist somit eine individuelle Lebensaufgabe geworden. Und wie immer, wenn das Ich entscheiden muss, gesellt sich zur freien Wahl die Frage: Wem soll man in der Sache vertrauen? Als Autorin und Fotograf sagen wir: Geschichten. Geschichten sind die besten Ratgeber. Wenn man sie zu lesen vermag, taugen sie als Vorbilder, also Bilder, die uns Möglichkeiten vorleben. Wir haben uns die Lebensgeschichten von 20 Menschen erzählen lassen. Es sind Frauen und Männer, die die Mitte des Lebens überschritten haben, auf jeden Fall in jenem Alter sind, von dem Wilhelm Schmid 2014 in seinem Buch über das Älterwerden *Gelassenheit* sagt: „Von nun an wird die Zahl der kommenden Jahre immer kleiner sein als die der vergangenen."

So haben wir sie gefunden. 20 Prozent der europäischen Bevölkerung sind im Rentenalter, sagt das Statistikamt Eurostat. Das Alter hat viele Namen und viele Gesichter. In Medien und Öffentlichkeit wird von Senioren, Hochbetagten, Greisen gesprochen. Das Marketing segmentiert schillernd in Silverpreneure, Greyhoppers, Golden Mentors, Super-Grannys oder Forever Youngsters. Wir hatten also Auswahl genug. Beliebigkeit ist vielleicht der passendere Begriff. Und das war das Problem: Beliebig heißt alles und nichts. Wie soll man da Geschichten erzählen, die so einzigartig wie möglich und so allgemein gültig wie nötig sind?

Wir haben ein Korsett gebaut. Die äußere Kontur begrenzt unser Lebensraum: Südtirol. Die Auswahl der Personen und deren Geschichten hat eine Frage geleitet: Wie prägen unsere Herkunft und Lebensform, unser Beruf und unsere Passionen die Sicht auf das Leben und das Altern?

Gefischt haben wir an den Kanten. Herausgekommen sind Kontrastpaare, die auf den ersten Blick mehr Gegensatz bieten als Gemeinsamkeit. Technikfreak und Kräuterfrau, Hebamme und Bestatter, Philosoph und Pragmatiker, Graf und Nonne, Zugereister und Gastgeberin,

Gesetzeshüter und Regelbrecherin, alle schauen aus der Warte ihrer Leistungen und Erfahrungen auf das Leben und das Altern. Das Ergebnis? Lebensgeschichten, Lebensweisheiten, Lebenstüchtigkeiten in Text, Fotografie, Zitaten.

Wir haben ehrliche Antworten bekommen. Auch manchmal Antworten, die eigentlich Fragen sind, weil alle Gesprächspartnerinnen und Gesprächspartner noch auf der Reise sind statt am Ziel. Hart, wenn man immer denken muss, sagt Siegfried J. Schmidt. Was tun, wenn man nie müde wird, fragt Renate Kostner Pizzinini. Ich bin im besten Alter für die elementarsten Fragen, ist Burgi Künig überzeugt. Ich kämpfe für die richtige Antwort, sagt Arnaldo Loner. Das monochrome Theater oder die bunte Natur, fragt sich Frida Parmeggiani. Die Jahre sind ja okay, du musst nur wissen, was kann ich noch, findet Hans Kammerlander. Solange wir atmen, wollen wir etwas vom Leben, hat Elisabeth Medicus erkannt.

Die Porträts. Wir und ich. Als Autorin und als Fotograf haben wir den Anspruch, Menschen nahezukommen, das heißt, objektiv zu bleiben und dabei persönlich zu werden. Wie ein Porträtmaler nicht nur die äußere Gestalt seines Modells auf die Leinwand überträgt, haben auch wir versucht, in unsere Personen hineinzusehen. Wohl wissend um die Unmöglichkeit, die Vielschichtigkeit einer Persönlichkeit komplett zu durchdringen. Jedes Individuum ist „zwangsläufig zersplittert, widersprüchlich und wandelbar (...), hier verborgen und dort kenntlich", schrieb Marguerite Yourcenar in ihrem Essay *Mishima oder die Vision der Leere* (1985). Unsere Gesprächspartner haben es uns überlassen zu sehen, wer sie sind, sein möchten, zu sein glauben. Ihr Vertrauen darauf, dass wir die richtige Mischung finden, hat unsere Arbeit geleitet.

Einige der ausgewählten Menschen kennen wir persönlich, mit anderen hat uns ein Lebensereignis vorübergehend zusammengebracht. Die meisten wurden uns im Gespräch mit Freunden, Verwandten und Bekannten empfohlen. So haben an diesem Buch viele mitgearbeitet, mitgedacht, mitgezweifelt, mitgesprochen. In gewissem Sinn ist es ein Gemeinschaftswerk wie das Leben an sich auch. Wir finden: Sie haben uns gut durchgebracht.

Unsere Beziehung zu den Porträtierten haben wir in allen Texten offengelegt. Sie lesen deshalb alle Geschichten in der Ich- oder in der Wir-Form. Und damit durch die Brille der Autorin und des Fotografen. Alles andere wäre vermessen und unwahr. Ein allgemein gültiges Porträt eines Menschen halten wir für einen Mythos.

Was wir gelernt haben. Menschen in der zweiten Lebenshälfte warten nicht passiv darauf, dass etwas passiert. Sie stellen ihr Leben neu auf die Beine oder führen konsequent fort, was sie begonnen haben. Sie hören mehr in sich hinein als auf andere. Sie nehmen sich die Freiheit zu tun, was sich richtig anfühlt. Irgendwie sind sie in ihre Haut hineingewachsen. So wie Sie – im besten Fall durch dieses Buch ermutigt – Ihre eigene Art finden werden, um mit sich im Reinen älter zu werden.

Ist das die Antwort auf die Frage, warum Älterwerden etwas Gutes hat? Lesen Sie einfach, bis Sie eine bessere finden. Einverstanden?

Gabriele Crepaz und Ulrich Egger

BURGI
KÜNIG

ALFRED UND
MAGDALENA
SCHWIENBACHER

VOM ANFANG UND VOM ENDE

BURGI KÜNIG

Die Hebamme

„WAS EIN KIND AUSHÄLT UND EIN FRAUENKÖRPER AUSHÄLT, DAS IST UNBESCHREIBLICH. EIGENTLICH SOLLTE EINE GEBURT EINE LEBENSLANGE GUTE RESSOURCE SEIN. ALLEIN DAS GEFÜHL, ES GESCHAFFT ZU HABEN."

Im besten Alter. Fühlt sich Burgi Künig. Als Hebamme, weil sie nach all den Jahren sattelfest für alle möglichen Hausgeburten ist. Als Frau, weil sie endlich spürt, wie viel Energie sie hat. Sie ist eine, die Ängste aushalten will und Urkräfte in gute Bahnen lenkt. Wer die Geburt übersteht, sollte daraus Zuversicht fürs Leben tanken, sagt Burgi. Wo also ist unsere Zapfsäule?

Bevor ich das Rad absperre, prüfe ich noch einmal mein Handy. Burgi hat sich nicht gemeldet. Alles ruhig also? Kein Fuchs bis jetzt, sagt sie, als sie uns die Tür zu ihrer Wohnung im achten Stock öffnet. Fuchs passen tun wir in Südtirol, wenn ein neues Kind im Ankommen ist. Die ganze Zeit habe ich gehofft, dass der Fuchs schnell macht oder verhindert ist. Er lauert immer irgendwo auf Burgi Künig, das heißt, wir müssen uns beeilen mit dem Interview. Verflixtes Telefon.

Ich weiß, wie's geht. Vor 15 Jahren habe ich den Fuchs losgeschickt. Meine Tochter kam zu früh und dann noch in der Weihnachtszeit. Burgi musste nachts um ein Uhr ausrücken. Wir waren alle fertig nach einem langen Tag, nur Burgi lächelte noch. Sie war schon da, als wir in der Klinik auf die Klingel drückten.

Damit bin ich eine Enttäuschung für die Hebamme, die in Südtirol heute eine Rarität ist. Keine Hausgeburt, habe ich damals zu Burgi gesagt, obwohl sie am liebsten und inzwischen, als eine von vier Hebammen in Südtirol, fast ausschließlich Hausgeburten begleitet. Dass sie das kann, war mir klar, aber ich? Nach unserem Gespräch sage ich Ihnen: ein Fehler, oder vielleicht ein Fehler. Mag sein, weil ich jetzt auf der sicheren Seite bin, und zwar aus dem Wunschalter draußen, andererseits ist Burgi eben jetzt erst im besten Alter, wie sie sagt: „Andere gehen in Pension, ich bin mit Mitte 60 gerade richtig, um diesen Job zu machen. Ich fühle mich so sattelfest, einfach reif, diesen Beruf auszuüben."

Ein Tsunami zum Anfang: Wer die Geburt überlebt, hat Grund, Vertrauen ins Leben zu haben.

Selbst für Burgi ist es nicht normal, ein Kind durch den eigenen Körper zu schieben. Von der Natur vorgesehen, ja. Aber nicht in eine Norm zu pressen. Das Risiko hängt schwer in der Luft, auch jetzt, während wir reden: „Eine Geburt ist eine Urkraft. Ein Tsunami, wo du dich an einem Baum noch festhalten müsstest. Ein Moment, wo der Körper sich vom Ich trennt. Der Körper arbeitet in seinem Rhythmus, egal ob du müde bist und meinst, es zerreißt dich, das ist ihm wurscht. Es gibt nichts vergleichbar Starkes im Leben. Gar nichts."

Normal ist, dass wir es alle mitmachen, auf der einen oder auf der anderen Seite, die Mädchen mindestens einmal. Wer heil durchkommt, hat dem Tod fürs Erste den Stinkefinger gezeigt. Wir sollten es als dauerhaften Triumph feiern, wenn ich Burgi richtig verstehe: „Was ein Kind aushält und ein Frauenkörper aushält, das ist unbeschreiblich. Eigentlich sollte eine Geburt eine lebenslange gute Ressource sein. Allein das Gefühl, es geschafft zu haben. Aber das ist es heute oft nicht mehr." Ja, denke ich, wir haben zwei Möglichkeiten, eine wichtige Frage zu stellen: Kann das Leben leicht sein nach so einem Anfang? Oder: Sollen wir es einfach leichtnehmen nach so einem Anfang?

Burgi spürt deutlich, wie wir die Kontrolle über das Leben verstärken, seit wir in der Medizin mehr wissen über die Dinge. Freie Hebammen haben einen schweren Stand. Man will, dass die Frauen im Krankenhaus gebären. Die Frauen machen mit, sie lesen in Büchern, wie ihr Kind sich von Stadium zu Stadium entwickeln muss, sie wollen von Ultraschall, Blutproben und Fruchtwasseruntersuchungen den Beweis, dass alles im Bauch nach Plan läuft. Sie wollen den Herzschlag des Kindes am Smartphone hören. Sie wollen sich sicher fühlen. Erst wenn der Arzt sagt, dem Kind geht's gut, dann haben auch sie das Gefühl, sie machen es gut.

Früher, sagt Burgi, waren schwangere Frauen in der guten Hoffnung, heute werden sie betreut wie Kranke. Alle wissen: „Da darf nichts schiefgehen."

400 Kinder hat Burgi Künig in den vergangenen 30 Jahren zu Hause auf die Welt gebracht. Die Zahl sei ihr einerlei, sagt sie, wichtig ist, die Geburten sind gut verlaufen. Es ist vorgekommen, dass sie tote Kinder empfangen habe, wie sie das nennt, aber diese seien nicht während der Geburt verstorben. „Du bist mutig", hört sie von Kolleginnen und Ärzten immer wieder, und: „Das ist ja, als würdest du dir schon eine Zelle im Kerker reservieren." Mit solchen Anspielungen kommt man bei Burgi nicht weit. Sie ist überzeugt, dass die Hausgeburt der natürlichste Weg ist, wenn es keine Indizien auf Komplikationen gibt. „Man muss die Natur machen lassen. Jede Frau tut automatisch das Richtige, wenn man sie lässt."

Alles unter Kontrolle? Besser stricken und Geduld haben, findet Burgi Künig.

Burgi ist eine gute Beobachterin geworden in all den Jahren.

„ANDERE GEHEN IN PENSION, ICH BIN MIT MITTE 60 GERADE RICHTIG, UM MEINEN JOB ZU MACHEN. ICH FÜHLE MICH SO SATTELFEST, EINFACH REIF, HEBAMME ZU SEIN."

Sie hat gelernt, was die Natur besser alleine macht, sie weiß, was sie kann, wenn sie eingreifen muss. Im Großen und Ganzen muss sie sich auf ihre Erfahrung verlassen. Und das heißt vor allem, warten zu können: „Ich lasse die Frauen, während sie gebären, möglichst in Ruhe. Ich untersuche sie kaum, ich arbeite mehr mit meinen Sinnen. Und da sehe ich einfach, ob die Frau wirklich in den Wehen liegt oder nicht, ich sehe an der Bauchform, ob die Gebärmutter schiebt. Und ich höre an der Atmung, wie es steht." Wenn sie nicht ganz sicher ist, fühlt sie mit den Händen nach. Diese sind ihre Maschine, sie irren nicht. Und sie misst den Herzton, um zu sehen, ob sie mit ihren Augen recht hatte: „Lauter Sachen, die eine Spitalhebamme nicht mehr lernt. Alle sind nur noch auf Pathologie gedrillt."

Natürlich hat sie Odent gelesen. Hebammen sollen wieder stricken lernen, schreibt Michel Odent, einer der Begründer der sanften Geburt. Burgi ist Profistrickerin. Sagt sie jedenfalls. Ein Wollknäuel, der sich selbstständig macht und aus dem Nebenzimmer in den Flur rollt, hat sie oft genug verraten. „Das kommt nicht immer gut an", erzählt sie. Die Hebamme tue nichts, heißt es dann. Aber was könne sie schon tun? Sie müsse Geduld haben. Wie die Frauen auch. Massieren und für ihre Frau da sein können die Männer besser, findet sie. Andere Kolleginnen ruhen sich auf der Couch aus, erzählt sie. Das schafft sie nicht. Bei einer Hausgeburt ist sie auf sich allein gestellt. Und sie hat noch immer Respekt davor. Obwohl du so viel schon erlebt hast, frage ich. Und sie sagt: „Das ist ein lebendiges Ereignis, da ist auch Platz für Unvorhergesehenes, Unberechenbares, Mysteriöses und auch Schicksalhaftes." Sie hat viele Wörter dafür. Schwere Wörter. Deshalb gibt sie auch gerade heraus zu, dass in 20 Prozent der Fälle „man ein bissl helfen muss, ich will nicht, dass man denkt, ich bin gegen die Medizin, überhaupt nicht. Aber die Notfälle, vor denen immer alle warnen bei einer Hausgeburt, die sind extrem selten".

hin, dass hier eine Hebamme wohnt, außer vielleicht ein Paar Fotos in einem kleinen Zimmer, Frauen, die bereit waren, ihren nackten Babybauch fotografieren zu lassen. Für die Bilder in diesem Buch saust Burgi hinunter zum Auto. Die Türharfe – nie vorher habe ich diesen Begriff gehört – klingelt noch nach, als sie die Tasche mitten auf den Tisch stellt und aufklappt. Ein Stethoskop, ein paar homöopathische Mittel, das alte Pinard-Hörrohr aus Holz, Handschuhe, Meterband. Nein, sagt sie, das ist nicht alles. Den großen Koffer hat sie nicht heraufgeschleppt. Und den Gebärhocker auch nicht, den jede Hebamme besitzt.

Von Natur aus die Richtige: Wie Burgi Künig ihre Mutter zu Hilfe ruft bei Hausgeburten.

Wir sitzen am Küchentisch, die Sonne brennt durch die winterblauen Fenster, aus unserer Position ist die Welt nur Himmel. Mein Handy liegt da, zum Aufnehmen. Ihr Handy liegt da, zum Abheben. Bis jetzt: alles ruhig. Aber irgendwie sind doch alle auf dem Sprung.
Selbst Burgis Mutter. Wenn sie es wüsste. Burgi nimmt sie zu jeder Geburt mit. Ein Weibele sei sie gewesen, sagt Burgi und zeigt auf das Bild an der Wand, wo uns eine alte Frau entgegenlächelt, die vor 13 Jahren gestorben ist.
Für Burgi ist sie noch da. Vor jeder Entbindung zündet die Tochter die Kerze unter dem Bild an. Und wenn sie selber bei einer Geburt ins Schwitzen kommt, flüchtet sie ins Bad und fleht: „Mutti, jetzt musst du mir helfen."
Die Mutter hat neun Kinder geboren. Acht Mädchen, einen Buben. Nur das letzte Kind kam im Spital zur Welt. Schwierige Geburten seien es gewesen, zwei Kinder haben nur kurz überlebt. Burgi hat oft mit ihrer Mutter darüber gesprochen. Die Mutter selber hatte das Bedürfnis zu reden. Endlich konnte sie sagen, was früher, als Kinderkriegen Frauenpflicht war, niemanden interessierte und wofür nie Zeit war: wie es ihr ergangen war bei jeder Geburt.

„Ich nehme diesen Übergang ins Alter gelassen. Das gehört einfach dazu. Vielleicht ist es deshalb nicht so schlimm bei mir."

Sie spricht sehr nüchtern. Das ist Burgi. Keine Schwärmerin, keine Ideologin. Ich kenne sie nur aufgeräumt. So ist auch die Wohnung, die wir jetzt mit unseren Mänteln, Stativen und Taschen durcheinanderbringen.
Burgis Tasche hingegen ist im Auto. Fertig gepackt und allzeit bereit. In der Wohnung selbst weist nichts darauf

Burgi hörte zu. Sie wollte der Mutter gefallen, sie war bereit zu sehen, wie schwer diese es hatte. Ein Kind nach dem anderen, ein Mann, der gerne ins Gasthaus ging, kränklich dazu, der kleine Hof in Dietenheim bei Bruneck, von dem kaum zu leben war. „Sie hat alles gestemmt", sagt Burgi, „mit mir am Rockzipfel".

Burgi ist die Siebte. Walburga heißt sie in der Familie, für den Staat Notburga. Sie war schon in der Schule, als das Malheur bekannt wurde. Die Familie entschied, es musste auch mit Notburga gehen, die Umschreibung hätte zu viel Geld gekostet. Ein besonderes Kind sei sie gewesen, erzählt Burgi, das viel geweint und bis 14 ins Bett genässt hat. Auf dem Schulweg musste sie gezählte 30 Schritte hinter den großen Schwestern gehen: „Die haben da schon über Buben gesprochen."

Noch immer isst sie nicht zu Ende, wenn das Telefon läutet. Abends überlegt sie, ob sie ein Glas Wein trinkt, weil sie nie weiß, wann sie ausrücken muss. Sie will von Grippen nichts wissen und von einer Impfung dagegen noch weniger. Dafür kneippt sie und duscht kalt. Yoga findet sie gut, und in der chinesischen Medizin entdeckt sie manches Kraut, das in ihrem Alter wirken könnte. Sie isst kein Fleisch und trinkt seit Jahren keine Milch und am liebsten Wasser. Buchweizen, darauf schwört sie, „das Alterskorn".

„Man muss die Natur machen lassen. Jede Frau tut während einer Geburt das Richtige, wenn man sie lässt."

Ihre Zeit kam mit sieben. Da habe sie angefangen, sich zu differenzieren. Burgi sagt tatsächlich differenzieren. Sie wird flink. Sie wird die Erste, die in den Stall läuft, in den Laden rennt, die gehorcht, die nie widerspricht: „Das gab es nicht für mich. Die Mutti war immer ein bissl seufzend, Arbeit bis über die Ohren." Ihre Mutter tat ihr leid. Es könnte sein, dass Burgi genau deshalb Hebamme geworden ist. Sie weiß es nicht. Es gibt kein Schlüsselerlebnis, an das sie sich erinnern kann. „Ich wollte helfen", sagt sie, aber …, die Weiß-nicht-Bewegung der Schultern leitet den Satz über, „heute kommen die Schülerinnen und sagen, ich werde Hebamme, weil ich mit Kindern zu tun haben will; also dieses Gefühl habe ich nicht gekannt."

Dem Alter seinen Lauf lassen: Den Wechseljahren begegnet Burgi mit Buchweizen und kalter Dusche.

Es sind die Frauen, für die sie da sein will. Darin ist sie eine Hebamme alter Schule und so gesehen auch eine jener Frauen, die früher leicht unter Hexenverdacht gerieten. Traditionell ist die Hebamme für die Frauengesundheit in jedem Lebensalter zuständig und für Kinder bis zu drei Jahren. Nach dem Pfarrer war die Hebamme im Dorf die wichtigste Person, und wer nicht zum Pfarrer gehen wollte, besprach sich mit der Hebamme. Diese war mindestens gleich verschwiegen. „Die Hebammen wurden nicht nur gerufen, wenn die Kinder kamen, die haben den Frauen in ihrer ganzen Misere geholfen. Für mich ist es ein Privileg, einen solchen Beruf zu haben", sagt Burgi.
Bis 80 will sie weitermachen. Mehr oder weniger. Sie weiß selber, das wird nicht leicht. Ihr Alter ist dabei ihre kleinste Sorge. „Die Energie hätte ich", sagt sie, „ich spüre nicht, dass ich 65 bin. Natürlich habe ich ein paar Zipperlein, aber mir kommt vor, dass ich gerade am Höhepunkt bin. Als Frau."

Die Hitzewallungen der Wechseljahre sind ihr willkommen, endlich warm, ernstwitzelt sie, die immer verfroren war. Hormontherapie ist für sie kein Thema. „Bin ich total dagegen. Ich nehme diesen Übergang ins Alter gelassen. Das gehört einfach dazu. Vielleicht ist es deshalb nicht so schlimm bei mir. Man muss mit der Veränderung mitgehen", rät sie. Auf die Ernährung achten, die Partnerschaft pflegen, „ganz wichtig, weil in diesen Jahren alles ein bissl getrennte Richtungen geht", warnt sie, und Bewegung, auch wenn sie das selber nicht schafft: „Zu wenig, muss ich zugeben, darauf freue ich mich, dass ich einmal mit Ruhe auf den Berg gehen kann."
Das Einzige: Sie schläft schlecht, alle zwei Stunden wacht sie auf, immer das Ohr am Telefon, aber selbst nach einer durchgearbeiteten Nacht geht sie tagsüber nicht ins Bett. „Schau auf dich", sagen ihre Kolleginnen, und sie antwortet: „Mir fehlt nichts. Ich habe nur einen Beruf, der sich nicht auf einen Job reduzieren lässt. Aber genau das macht mich so zufrieden." Dann fällt ihr ein, dass sie vor Kurzem tatsächlich „eine Herzgeschichte" hatte.

Burgi mit 80? Am Wochenbett oder auf Reisen? Je nachdem, was Schwangere aus sich herausholen wollen.

Es könnte sein, dass andere für sie entscheiden, ob sie in Zukunft mehr Zeit zum Brotbacken und Reisen hat. Immer enger werden die Gesetze in Südtirol um die freiberuflichen Hebammen geschnürt, wie ein Korsett. „Das ist wahnsinnig belastend", sagt Burgi, „heute ist die Geburtshilfe ein Business mit der Angst. Und ich sehe, wie schwer sich die Frauen tun, sich gegen den Strom zu wenden". 2017 gingen die Hebammen in Bozen auf die Straße. „Wir holen das Beste aus dir raus", skandierten sie von Plakatwänden. Burgi war nicht dabei. Sie hat ihre

eigene Meinung. „Wir müssen nicht die Ärzte überzeugen, sondern die Frauen. Die müssen uns wollen."
Für Burgi ist es eine Kulturfrage. In Belgien bringen 40 Prozent der Frauen ihre Kinder zu Hause zur Welt;

nander umgehen, ob der werdende Vater die Nerven behalten und die Frau ihrem Körper und dem Lauf der Dinge vertrauen wird, wann endlich Stille einkehren wird und die Frau die Kontrolle abgibt: „Solange die

„Ich wollte helfen. Heute kommen Schülerinnen und sagen, ich werde Hebamme, weil ich mit Kindern zu tun haben will; also dieses Gefühl habe ich nicht gekannt."

neun Stunden Autofahrt entfernt, bei uns, kreißt vor allem die Alarmglocke, sicherheitshalber doch ins Krankenhaus zu gehen. „Kommen die belgischen Kinder leichter als die unsrigen?", fragt Burgi spöttisch und steht auf, um den Teller mit Kuchenschnitten zu holen, der schon die ganze Zeit auf uns gewartet hat. Sie hat gebacken. Nicht für den Fuchs, wie wir erleichtert feststellen. Dreimal hat das Telefon schon geläutet, nicht zu überhören. Burgi hat auf das Display geschaut, den Namen gesehen und erleichtert geantwortet. Einmal eine Frau, die noch nicht so weit ist, einmal eine neue Patientin, vielleicht, einmal ihr Sohn.
Eigentlich spricht Burgi nicht in Zahlen, sie gebraucht sie höchstens, um sich zu wehren. Aber ich höre an vielen Sätzen, dass sie keine Statistik mag. Weil sie Standardisierung ablehnt. Sie hält nichts von den Pauschalurteilen über Risikoschwangere, von hysterischen Reaktionen auf Gebärmütter, die fünf Tage nach der Geburt sich erst zwei Finger unter den Nabel zurückgezogen haben, vom Dogma der Krankenhausmedizin, Geburten pünktlich acht Tage nach errechnetem Geburtstermin einzuleiten. Sie hält nichts von der Schulbuchgeburt.
Burgi kann vielleicht besser mit dem Unerwarteten leben als andere. Jede Geburt ist anders, jede Frau, jedes Kind. Diese Überzeugung leitet sie. Sie will den Geburtsverlauf nicht vorgeben, sondern mit ihrer Arbeit die jeweilige Situation vorhersehen. Eine der schwierigsten Aufgaben ist es, die Frauen dazu zu bringen, dass ihnen ihr Schicksal und das ihres Kindes egal wird. Also das Gegenteil von dem, was die meisten von uns sich wünschen im Leben und womit wir immer schlechter umgehen können.
Eine Geburt ist totaler Kontrollverlust, sagt sie. Sonst klappt es nicht.

Nicht nur für Frauen gut: Wer überleben will, muss den Kopf auf den Küchentisch legen.

Sobald sie eine Wohnung betritt, ahnt sie, wie diese Geburt verlaufen wird. Sie sieht, wie Mann und Frau mit- ei-

Frauen im Kopf haben, hat mein Mann wohl nicht Hunger, weiß ich, diese Frau entbindet noch lange nicht."
In solchen Fällen übernimmt Burgi das Kommando. Sie geht mit der Frau in die Küche, legt deren Kopf auf den Tisch, wirklich, damit die Frau ihren Kopf verliert, und sagt: „Da lässt du jetzt deinen Kopf, du bleibst ganz bei dir, gehst in die Atmung, einfach in das, was passiert."
Kann man das lernen fürs Leben, frage ich mich.
So wie Burgi? Sie hat sich aufgelegt, Ängste auszuhalten. Nach jeder Hausgeburt spürt sie, wie die Spannung aus ihrem Körper weicht. Unter Schmerzen: „Ich spüre Muskelkater." Oder unter Tränen: „Manchmal muss ich mich nach einer Geburt zurückziehen, weil ich weinen muss." Bis das Kind schreit, steht Burgi unter Hochspannung. Wie war das bei deinen eigenen Kindern, frage ich und bin überrascht, als ich erfahre, sie sind im Krankenhaus zur Welt gekommen. „Damals war ich zu jung", sagt sie.
Sind die Frauen also mutiger geworden? Mutiger als ich auf jeden Fall. Burgi ist bis auf acht Monate im Voraus ausgebucht. Das heißt, keine Ferien, keine Reisen, kaum Freizeit oder Ausflüge: „Wenn man sich wirklich berufen fühlt, geht die Arbeit vor, das Privatleben muss zurückstehen."
Ich kehre zurück in meine Erinnerung. Burgi lässt sich nie beirren, denke ich. Ich sehe die Situation klar vor mir, als wäre es heute. Der Arzt kam lange nicht, dann bot er mir eine schmerzlindernde Periduralanästhesie an. Ich wollte schon nicken. Burgi? Suche ich. Sie schüttelt hinter dem Arzt den Kopf. Mit beschwörenden Augen. Jetzt der Zeigefinger. Nein. Nein? Nein, sage ich kleinlaut.
Es ging. Mein Mann wurde mit Kaffee vor dem Umsinken bewahrt. Um neun Uhr früh ploppte Flora aus mir heraus.
Nicht auszudenken, wenn nicht.

Burgi Künig, 1953 zu Hause geboren, aufgewachsen in Dietenheim bei Bruneck, ist eine von vier freiberuflichen Hebammen in Südtirol, die Hausgeburten betreuen. Sie besucht die Krankenpflegerinnenschule in Brixen, schnuppert in alle Krankenhausabteilungen hinein, am wenigsten in Gynäkologie und Geburtshilfe, gesteht sie. Dass sie Hebamme wurde, hat mit ihrer Mutter zu tun, vermutet sie.

Im Krankenhaus von Brixen erlebt sie in den 1970er Jahren, wie Männer endlich mit in den Kreißsaal wollen. „Wir hatten 24-Stunden-Dienste, der Arzt ist nur gekommen, wenn wir ihn gerufen haben", sagt Burgi über ihre Anfangsjahre. Später arbeitet sie in den Krankenhäusern Meran und Bozen. 1988 wird sie Sprengelhebamme in Bozen, betreut die Beratungsstellen von Sarnthein bis Salurn und hält Geburtsvorbereitungskurse. In dieser Zeit wird sie zum ersten Mal zu Hausgeburten gerufen und gerät zunehmend in Konflikt mit der Südtiroler Sanitätseinheit. 1990 macht sie sich selbstständig, ist bis 1999 freiberufliche Hebamme in der Bozner Privatklinik Grieserhof.

400 Kinder wurden mit ihrer Begleitung in den vergangenen 30 Jahren zu Hause entbunden. Man muss die Natur machen lassen und Vertrauen in den Körper der Frauen und die Zähigkeit der Neugeborenen haben, ist ihr Credo, „sonst hätte die Natur die Geburt ein bissl sanfter einrichten müssen". Sie ist naturverbunden, aber keine Gegnerin der Schulmedizin.

Burgi Künig ist verheiratet, hat zwei Kinder und einen Pflegesohn und ist Großmutter von vier Enkelinnen und Enkeln. Ihre älteste Enkelin kam in ihrem Bett zur Welt.

ALFRED UND MAGDALENA SCHWIENBACHER

Der Bestatter und die Bestatterin

Das letzte Geleit. Ob Erd- oder Feuerbestattung ist ihm einerlei, aber ein Trauerzug muss sein, sagt Bestatter Alfred Schwienbacher. Er ist emotionaler geworden, seit seine Tochter Magdalena als Bestatterin mit Meisterprüfung ins Unternehmen eingestiegen ist. Ihr Einsatz spornt ihn an, sich noch mehr hineinzuknien. Dennoch: Das Wort Sarg will er am Telefon nicht aussprechen. Darum meinen viele, dass Alfred einen Bruder hat. Was stellt der Tod mit uns noch an?

Glauben Sie an Zufälle? Die Ameise ist plötzlich da. Allein irrt sie über den leeren Tisch. Nervöser Gang, Schleifen, Kurven. Ameisen legen Duftspuren, habe ich gelesen. Wohin ist diese unterwegs? Da ist nichts. In einem Bestattungsunternehmen liest man alles gerne als Zeichen. Mir geht es so, als ich die Ameise beobachte. Eine Bluebox fällt mir ein. Nur noch ein Weg, keine Beziehungen, keine Ziele mehr. Und irgendwann Schluss.
„Wo kommt die denn her?", fragt Magdalena Schwienbacher. Wie auf Kommando schauen wir alle zur Orchidee hinüber, die aufreizend schön blüht.

genehm", gibt er zu, „ich trenne das eine strikt vom anderen." Auch wenn es wegen Magdalena langsam besser wird.

Wie viel Abschied wollen wir? Eine Sache zwischen Vater und Tochter.

Magdalena ist so sehr Bestatterin, dass jeder das wissen kann. „Ich helfe den Leuten", sagt sie, „ich nehme ihnen etwas ab in einer schweren Zeit." Das macht sie selbstbewusst. Seit sie aus Deutschland zurück ist, nach ihrer Ausbildung, sind die Beerdigungen des Bestattungsunternehmens perfekter geworden. Irgendwie emotionaler. „Ich sehe, wie sie sich hineinkniet", sagt Alfred, „das spornt auch mich an, noch mehr zu geben und noch mehr zu schaffen."
Ein Abschied, für den es nur einen Versuch gibt. Darüber sind sie sich einig. Würdig ist er, wenn alles klappt, wie die Angehörigen es sich wünschen, und Ordnung im Trauerzug herrscht. Und erinnerungswürdig, wenn Emotion mitschwingen darf. Das eine hat Magdalena vom Vater

„Für meine Hochzeit habe ich alles genau geplant, und da durfte keiner dreinreden.
Ich glaube, bei meiner Beerdigung wäre ich genauso."
Magdalena Schwienbacher

Magdalena ist 30. Viel zu jung für dieses Buch. Ihr Vater wünschte sich, dass sie bei dem Gespräch dabei ist. Sie ist die jüngste Bestatterin Südtirols und die einzige mit Meisterprüfung. Dazu eine Frau in einer Männerdomäne. Seit sie in den Betrieb eingestiegen ist, darf Alfreds Kopf wieder zusammenwachsen.
„Viele meinen, ich habe einen Bruder", sagt er. Vor vielen Jahren ist er zwei geworden. Ein Alfred ist Tischler. Der andere Alfred ist Bestatter. Früher war es normal: Der Tischler war auch Bestatter. So wie Alfreds Vater und sein Großvater. Alfred selber begann als Tischler. Und immer, wenn der Vater Hilfe brauchte, wurde er Bestatter. Mit den Jahren häufiger. Und dann voll. Zum Tischler dazu.
„Manchmal ziehe ich mich fünfmal am Tag um", sagt er. Er meint, die Scheu der Menschen zu spüren. Wenn er als Tischler im Einsatz ist, sorgt er sich, dass das Telefon klingelt und seine Tochter dran ist, um über eine Beerdigung zu sprechen. Wörter wie „Sarg" und „Kranz" will er am Telefon nicht sagen. Nicht vor denen, die von ihm die Stube renovieren lassen wollen. „Das ist mir unan-

gelernt, das andere Alfred von der Tochter.
In Südtirol sind die Menschen für beides empfänglich. „Wir sind hier bodenständiger, einfach traditioneller als in der Großstadt", sagt Magdalena. „Immer noch", relativiert Alfred. „In der Großstadt ist es kommerzieller", setzt Magdalena nach. „Wir gehen auch in diese Richtung, leider Gottes", fürchtet Alfred. „In der Stadt vielleicht, in den Dörfern noch nicht", lenkt Magdalena das Gespräch sachte ins Positive.
Angeblich nehmen wir uns mehr Zeit. Vor allem im Dorf. „Bei uns in Südtirol spielt die Familie eine größere Rolle", sagt Magdalena. Es wird gemeinsam gebetet, die Nachbarn kommen, man ist sich des ausgesprochenen Beileids sicher. Wenn einer stirbt, rücken die Lebenden für kurze Zeit zusammen. Das beginnt in vorhersehbaren Fällen beim Sterben selbst. Man wartet nicht einfach auf den Tod, man legt den geliebten Menschen gewissermaßen in dessen Obhut.
Grube auf, Loch zu. Das wäre nicht auszuhalten. Aber wie macht man es richtig? Seit Menschengedenken haben

„MAN MUSS SICH ENTSCHEIDEN: BIN ICH MIT HERZ BEI DER SACHE ODER BIN ICH EIN GESCHÄFTSMANN?"
ALFRED SCHWIENBACHER

wir Rituale entwickelt, um den letzten Gang erträglich zu gestalten. Es hat lange gedauert, bis wir alles an ein Unternehmen delegiert haben und uns aufs Trauern beschränkt haben. Ausgerechnet dieses Unternehmen will jetzt, dass wir unsere Toten wieder begreifen, durch die Wand hindurch, die der Tod aufgerichtet hat. „So wie es Tradition war; das versuchen wir zu erhalten", sagt Alfred Schwienbacher.

Wir machen das schon. Sagte Alfreds Vater noch zu den Hinterbliebenen. „Ich sage: Wir machen das, aber wenn ihr dabei sein wollt ...", erzählt Alfred. Es sei ihm recht, wenn die Angehörigen sehen, wie der Leichnam gewaschen und angezogen wird: „Sie verstehen dann, dass wir mit den Verstorbenen umgehen, als wäre das mein Vater, meine Mutter, mein Kind." Wenn die Eltern einverstanden sind, fragen die Schwienbacher auch Kinder und Enkel, ob sie helfen wollen, etwa bei der Dekoration der Kapelle: „Wie offen Kinder mit dem Tod umgehen, das berührt uns immer wieder."

Abschied von mir? Warum wir unser Begräbnis immer öfter selber planen.

Eine Verabschiedung am Sarg ertragen die Südtiroler jetzt wieder. Briefe, Plüschtiere, von Kinderhand gemalte Bilder, aber auch Zigarettenpackungen oder Modeschmuck werden auf die Reise ins Jenseits mitgegeben. Für das Diesseits bleiben Sterbebildchen, zum Andenken. Wenn die Schwienbacher die Beerdigung übernehmen, gibt es am Ende sogar ein Fotoalbum als Erinnerung. „Wir fragen die Angehörigen, ob sie das wollen", sagt Magdalena.

vom Gesetz erlaubt ist und nicht gegen die Friedhofsordnung ist, probieren wir zu erfüllen", sagt Magdalena Schwienbacher.

Gut fürs Geschäft sei das nicht immer, meint Alfred. Aber menschlich: „Manchmal sprengen wir dann jeden Zeitrahmen. Wir schauen nicht auf die Uhr, sonst kämen wir auf enorme Summen ..." Der Dank der Trauernden mache das wett. „Man muss sich entscheiden: Bin ich mit Herz bei der Sache, oder bin ich ein Geschäftsmann?", fasst es Alfred zusammen. Solange Magdalena das auch so sehe, sei er bereit, diese Schiene weiterzufahren.

Die Personalisierung der Gesellschaft hat also auch das Bestattergeschäft erreicht. Die Menschen kommen und erkundigen sich: Wie könnte meine Beerdigung aussehen? Sie deponieren Fotos, Texte, Blumen- und Musikwünsche. Nach mir die Sintflut, wie ich oft denke, ist wohl aus der Mode. Aber will ich mich da einmischen? Oder stecke ich bloß den Kopf in den Sand?

Gehen ohne Kirschholzsarg? Magdalena und Alfred Schwienbacher updaten ihre Wünsche.

Magdalena Schwienbacher findet die Planung der eigenen Beerdigung jedenfalls normal. „Für meine Hochzeit habe ich auch alles genau geplant, und da durfte keiner dreinreden", sagt sie, „ich glaube, ich wäre bei meiner Beerdigung genauso". Und wenn man (hoffentlich) das Glück hat, so lange zu leben, dass der Geschmack sich zwischendurch ändert, muss man eben gelegentlich ein Update vornehmen. Alfred Schwienbacher nickt. Genau. Bei ihm musste es lange ein Kirschholzsarg sein, getragen von sechs Tischlern.

> „Mein Vater ist zwar draußen begraben, gleichzeitig sagt man, er ist oben, eigentlich ist er ja unten, aber wirklich ist er oben, und für mich bleibt er einfach bei uns, ich rede oft mit ihm." Alfred Schwienbacher

Viele sind froh darüber. Anders als früher, wo Beerdigung etwas war, was man irgendwie hinter sich bringen musste. Neu ist die individuelle Inszenierung. Leinwände und Beamer werden in die Kirche geschafft. Wenn ein Motorradfahrer stirbt, sorgen die Schwienbacher dafür, dass die Freunde auf der *Goldwing* den Trauerzug anführen und das ewige Licht motorrasselnd zum Friedhof fährt. Und warum soll für den Vater auf seinem letzten Weg nicht das Lieblingslied der *Oberkrainer* gespielt werden, wo er zu Lebzeiten zu deren Konzerten gereist ist? „Was

Das schwebte ihm vor. Jetzt sagt er: „Ich habe heute keine besonderen Wünsche mehr." Auch in der Frage Erd- oder Feuerbestattung: mit beidem könne er leben. Ewig gesehen. Nur auf den Trauerzug will er nach wie vor nicht verzichten. „Das soll sein", sagt er, „das ist ja das letzte Geleit, die letzte Ehre, die einem Menschen erwiesen wird."

Stimmt schon. Das verträgt sich sogar mit meinem Gedanken an die Asche auf der Wiese. Fällt mir so ein. Wir stehen zwischen Särgen, Urnen, Beerdigungsschmuck.

Lauter Musterstücke. Früher war hier die Tischlerei. „Da drüben stand die Hobelbank", sagt Alfred. Mir macht es nichts aus, hier zwischen den Särgen. Kurz überlege ich, was die Ameise wohl macht. Ich habe sie aus den Augen verloren. Für mich, merke ich, ist ein Sarg wie der andere. Aber was, wenn …

Wie wählt man den passenden Sarg aus? Mussten Sie sich das schon einmal fragen? Die Schwienbacher erkennen an ihren Kunden drei große Linien. Es gibt die, wo Geld eine Rolle spielt, aber noch mehr der oder die Verstorbene. Dann jene, wo Geld keine Rolle spielt, jedoch für den oder die Verstorbene Bescheidenheit reklamiert wird. Schließlich solche, die ihre Rolle in der Gesellschaft sehen und wo deshalb das Bouquet dem Sarg den Rang abläuft. „Generell merken wir: Es wird mehr gespart. In der Stadt gehen die Leute sogar von Bestatter zu Bestatter und holen Angebote ein", weiß Magdalena Schwienbacher. Naturbelassene Särge führen die Liste an. Lack und Hartholz haben es schwer mit den neuen Friedhofsregeln und dem wachsenden Umweltbewusstsein der Menschen.

Wo gehört der Knoten hin? Vom Großvater, der noch Särge auf Maß zimmerte.

Schon früher war der Lack immer das Problem gewesen. Aus anderen Motiven. Aber doch. Alfred zeigt auf ein Foto an der Wand. Es stammt aus dem Jahr 1950 und zeigt seinen Vater, auch er Sohn eines Tischlers und Bestatters. Damals haben die Schwienbacher die Särge noch selber gemacht. In zwei Tagen musste der Sarg bereit sein. Der Lack ist nie richtig trocken gewesen bis dahin.

Wenn jemand in Ulten, woher die Schwienbacher stammen, starb, gab Alfreds Großvater seinem Sohn ein Stück Seil in die Hand. Im Trauerhaus nahm der junge Albert Maß am Leichnam. „Knoten bei der Länge, Knoten bei der Breite, Knoten bei der Stärke", erzählt Alfred Schwienbacher. Darauf hat der Großvater den Sarg gezimmert.

Später, als Albert Schwienbacher das Geschäft nach Tscherms verlegt hatte, kaufte er die Särge und belieferte damit die Schreiner in den Tälern. „Vier Särge hatten auf dem Dach des Fiat 600 Platz", erinnert sich Alfred Schwienbacher heute. Albert Schwienbacher starb 2017. Mit 93. Seine letzte Beerdigung hat er organisiert, da war er schon 86. Danach schrieb er im Hintergrund die Namen für die Tafeln auf den Särgen. „Er machte das fast bis zum Lebensende", erinnert sich Alfred, „so möchte ich es auch machen". Er sei schon jetzt in der Phase, wo seine Tochter in der Bestattung die Hauptarbeit leiste, er aber da sei, helfe und einspringe, wenn es ihn brauche. „Ohne nachzudenken", sagt er, „man bleibt ja fit, wenn man eine Aufgabe hat." So schnell werde man ihn nicht los.

Ohnehin sind die Schwienbacher keine Familie, die einen Menschen einfach ziehen lassen. Das gilt auch nach dem Tode. Sie haben keinen Zweifel. „Mein Vater ist zwar draußen begraben, gleichzeitig sagt man, er ist oben, eigentlich ist er ja unten, aber wirklich ist er oben, und für mich bleibt er einfach bei uns, ich rede oft mit ihm", sagt Alfred.

Was kommt danach? So halten Magdalena und Alfred Schwienbacher es mit der Religion.

Vielleicht ist der Glaube für diesen Job Voraussetzung. Es wäre wohl gefährlich, wenn man jeden Tag mit dem Gefühl heimginge, wieder einen Menschen an der Schwelle zum Nichts zurückgelassen zu haben. „Wir sind beide religiös", sagt Magdalena, „für mich gibt es danach etwas." Und Alfred ergänzt: „Der Glaube ist eine Riesenstütze, weil man sich nicht allein fühlt."

Dennoch gibt es Fälle, die auch sie, die viel sehen und erleben, von Unfallopfern bis zu Exhumierungen, an den

„Ich höre ja, wie die Leute tuscheln, in der Kirche und in der Disko. Aber ich habe gelernt, du genießt einen gewissen Respekt, es kommt gut an, wenn du teilnimmst am Leben und auch mitfeierst. Es heißt dann, siehst du, der Schwienbacher kann auch lustig sein."
Alfred Schwienbacher

Rand der Belastbarkeit bringen. „Da hilft es, dass wir als Familie arbeiten; wir können miteinander reden", sagt Magdalena. „Ja", pflichtet Alfred bei, „es gibt Beerdigungen, wo man echt schluckt."

Alfred war sechs, als er seinen ersten Toten sah. Sein Vater nahm ihn mit in ein Trauerhaus. „Man hat die Leute damals auf zwei Brettern auf den Tisch gelegt, zugedeckt nur mit einem Leintuch", erinnert sich Alfred. Seine Tochter hat er geschont. So lange, bis es nicht mehr ging.

„WIR LERNEN MENSCHEN IN EINER EXTREMSITUATION KENNEN. WIR LERNEN SIE KENNEN, WIE SIE SIND, NICHT WIE MAN SIE IMMER GESEHEN HAT."
MAGDALENA SCHWIENBACHER

Bis sie den Wunsch äußerte, selbst Bestatterin zu werden, mit Anfang 20: „Meine Frau und ich dachten, sie ist zu sensibel, das packt sie nicht."

Wo endet das Revier? Oder warum sich Bestatter immer gut benehmen müssen.

Längst ist er stolz auf sie. Sie macht es gut. Sie hat gelernt, den Schmerz der anderen am eigenen Mitgefühl abzufedern. Sie schuftet, sie will erfolgreich sein. Sie hat eingeführt, rund um die Uhr erreichbar zu sein. In der Familie wird nun abgesprochen, wer am Wochenende Dienst hat. Die Eltern oder Magdalena und ihr Mann, der Landwirt ist und gleichzeitig im Unternehmen mithilft. Turnusdienst wie zwischen den Apotheken funktioniert im Bestattergeschäft nicht, lerne ich. Jeder ist der Konkurrent des anderen. „Früher gab es Reviere", sagt Alfred, „die wurden eingehalten."

Der Tod als Arbeitspartner. Gewissermaßen. Von morgens bis abends und oft auch nachts. Gewöhnt man sich da leichter an den Gedanken?, frage ich. Oder wird es schwerer? „Wir haben keine Angst vor dem Tod", sagt Magdalena für beide. „Nein, nein", sagt auch Alfred. „Eigentlich haben wir darüber nie geredet", übernimmt wieder Magdalena. Sie schaut fragend. „Eher", sagt sie nachdenklich, „habe ich Angst um die, die ich zurücklasse." Also zwei kleine Kinder und ihren Mann. „Genau", nickt Alfred. Ständig zu leben in Gesellschaft des Todes kann dagegen beklemmend werden. Das merken auch die Bestatter. Der Tod hat sie besonders dann fest im Griff, wenn das Leben feiert. „Ja", geben beide zu, als Bestatter muss man sich immer gut benehmen. „Ich weiß nicht, ob man es muss, aber ich spüre es so", beschreibt es Magdalena. „Ich höre ja, wie die Leute tuscheln, in der Kirche und in der Disko", schmunzelt Alfred, „hast du gesehen, das ist der Schwienbacher, der Bestatter?"

Du musst das selber für dich entscheiden, hat Alfred seiner Tochter mitgegeben. Seine Erfahrung ist: „Du genießt bei den Leuten einen gewissen Respekt, es kommt gut an, wenn du teilnimmst am Leben und auch mitfeierst. Es heißt dann, siehst du, der Schwienbacher kann auch lustig sein."

Es ist leicht, mit diesem Lachen aus dem Gespräch zu gehen. Wir kehren an den Tisch zurück. Die Ameise? Ist es die gleiche? Ameisen sterben vor Erschöpfung, wenn sie ihr Nest verlieren, habe ich gehört. Und sie sterben alleine. Immer. Wir schauen dem Tier zu, wie es auf der leeren Platte umherirrt. Gibt es einen Ausweg? Die Orchidee? Vorübergehend.

Alfred Schwienbacher, 1955 in Ulten geboren, führt in dritter Generation eines der ältesten Bestattungsunternehmen in Südtirol. Sebastian Schwienbacher, Alfreds Großvater, gründete 1910 in St. Walburg in Ulten eine kleine Tischlerei und bot auch den Bestattungsdienst an. So wie es damals üblich war. Sohn Albert verlegte das Geschäft nach Tscherms, wo heute der Sitz des Bestattungsunternehmens Schwienbacher ist. Enkel Alfred Schwienbacher erlernte das Tischlerhandwerk und machte sich 1977 als Tischler in Tscherms selbstständig. Mit seiner Frau Anna Tolpeit stieg er in den 1980er Jahren ins Bestattungsunternehmen ein, führt jedoch bis heute gleichzeitig die Tischlerei weiter.

Magdalena Schwienbacher, 30, ist Alfreds Nachfolgerin. Sie besuchte die Bestatterschule in Münnerstadt bei Würzburg, erhielt dort das Diplom als „geprüfte Bestatterin" und absolvierte 2012 die Meisterprüfung. Als einzige Bestatterin gehört sie dem Südtiroler Meisterbund an. Sie ist verheiratet und hat zwei Kinder.

BRUNAMARIA
DAL LAGO
VENERI

HUBERT
EGGER

VOM BEWAHREN UND VOM ERSCHAFFEN

BRUNAMARIA DAL LAGO VENERI
Die Erzählerin

„DU MUSST DRAN BLEIBEN AM LEBEN. DU MUSST WEITERLERNEN, DU MUSST DICH ÄRGERN, DU MUSST DICH FREUEN. NIMM DIE MENSCHEN, DIE SICH NICHT MEHR INTERESSIEREN FÜR DIE ANDEREN UND FÜR DIE DINGE, DAS IST DAS WAHRE ALTER."

Fragen, sagt Brunamaria, gegen Ende des Lebens bleibt ein Haufen Fragen ohne Antworten. Manchmal braucht es Fantasie, um mit den Erinnerungen zu leben. Und vor dem Tod muss sie sich in Acht nehmen. Egal ob das Ende männlich oder weiblich ist. Fragen?

Sie ist aufgeregt. Immer vor Interviews, sagt sie, damit wir gleich wissen, wie es um sie steht. Ganz in Schwarz empfängt Brunamaria Dal Lago Veneri uns in ihrer Wohnung in Zwölfmalgreien. Ihre Füße stecken in Birkenstock-Sandalen. Sie geht ein bisschen schwer, ein Knie ist aufmüpfig und schmerzt auch nach der Operation. Hinter ihr im Eingang taucht aus dem Dunkel Karl Valentin auf. Ja, der, der Münchner Volkssänger und Wortverdreher. Die Schattenzeichnung von Franziska Bilek hat lebensgroß Gestalt angenommen.
Wer immer ihr die Figur geschenkt hat, wusste, dass Brunamaria sich mit ihr verbünden würde.
Es geht schon los. „Ich sage dir, was ich weiß, was ich nicht weiß, sag' ich dir nicht", warnt sie mich. Dafür gibt sie Ulrich Egger freie Hand: „Alles kannst du fotografieren. Auch meine Schuhsohlen." Karl Valentin, denke ich, steht nicht zufällig im Eingang. Man soll die Dinge nicht so tragisch nehmen, wie sie sind, sagte Valentin einst. Brunamaria scheint ihn gerade wörtlich zu nehmen. Es wirkt. Wir lachen. Sie mit.

geschieht ihr recht, meint sie, dass sie so viel zu tun habe: „Ich sage das ohne Rhetorik: Ich bin alt, das weiß ich, und deshalb muss ich meine Zeit so gut nutzen, wie ich kann."
Bei Brunamarias Arbeitsweise klingt das eindeutiger, als es ist. Linear war Zeit für Brunamaria höchstens an der Universität. Sie studierte Literatur und Sprachen, war Schülerin von Italo Calvino. Bekannt wurde sie als Volkskundlerin, Schriftstellerin, Übersetzerin, Anthropologin, Kulturvermittlerin. Fast ein Leben lang bewegt sie sich schon zwischen den Sprachen, zwischen den Geschichten, zwischen den Traditionen. Das Springen zwischen den Gewissheiten ist ihre Methode, um zu einer geraden Sicht der Dinge zu gelangen. „Das habe ich nicht studiert, aber es hat mich immer interessiert", sagt sie.
Natürlich ist sie unter Zeitdruck. „Ich muss lesen, lesen, lesen", drängt sie. Das hat mit ihrer Weltsicht zu tun. Ihre Zeit war immer keinteiliger als bei anderen Menschen, weil sie aus allem das Doppelte herauszuholen sucht. „Ich bin ja selber eine große Mischung", lacht sie schallend. Wir führen das Gespräch auf Italienisch, aber Brunamaria selbst torpediert das Einsprachige, immer wieder fallen ihr Begriffe im Südtiroler Dialekt ein, dann kriegen die Sätze eben eine andere Wendung. Sie ist in Bozen aufgewachsen, „ich fühle mich als Südtirolerin", betont sie, dann wird es kompliziert: Ihre Vorfahren stammen aus dem Trentino, aber ihre Mutter ist in Innsbruck aufge-

VOM BEWAHREN UND VOM ERSCHAFFEN

„Jeden Tag, wenn ich aufwache, danke ich Gott, dass er mir noch einen Tag gibt, an dem ich denken kann."

„Soll ich Lippenstift auflegen? Ein Foulard vielleicht?" Wir finden sie perfekt, wie sie ist. Lebhaft, rothaarig, mit wachen, mitunter strengen Augen, bereit, die Wörter zu wetzen, die Sätze zu schleifen, das Rätsel des Lebens sprachlich zu garen.

Bis über die Ohren in Arbeit: So überlistet Brunamaria die drohende Leere des Alters.

Sie ist mehr als beschäftigt in diesen Wochen. Eine sonntägliche Kolumne wird von ihr erwartet, am Libretto zu einer Oper über König Laurin formuliert sie seit zwei Jahren, drei Bücher sind in Arbeit. Eins über das Essen, eins über das bewegte Sein, eins über die philosophischen Fragen, die man sich als Mensch so stellen kann.
Für ein viertes gibt es eine Anfrage vom Verlag. „Etwas über Tiere", sagt sie, „ich denke, ich werde es machen." Es

wachsen, eine Großmutter war Ungarin, die andere Ladinerin, dann gab es noch den norwegischen Urgroßvater. Alle erzählten ihr die alten Mythen aus ihrer jeweiligen Welt, während Brunamarias Augen immer größer wurden und immer tiefer in die Volksseelen blickten. „Ich war so fasziniert davon, dass ich nie dachte, diese unterschiedlichen Kulturen zum Beruf zu machen", sagt sie.

Eine Wohnung voll Geschichten. Fantasie hilft Brunamaria, mit den Erinnerungen zu leben.

Im Prinzip führt sie einfach eine Familientradition weiter: Sie erzählt Geschichten von früher.
Nur systematisch und schriftlich. Damit alles bleibt. Ihre Stärke: Sie dringt ein ins Reich der Fantasie, der Sagen und der Erinnerungen, weil es ihr Anspruch ist, aus den Wurzeln der Kultur die Realität zu erklären.

„Ich war schon immer neugierig und fantasievoll", erklärt sie. Einer ihrer Enkel, der sein Studium bereits abgeschlossen hat, sagte ihr auf den Kopf zu, sie bilde sich viele Sachen ein. „Er hat recht. Es stimmt. Manchmal erfinde ich etwas, und vielleicht glaube ich es dann sogar. Ich weiß nicht. Ecco. Così. Warum auch nicht?", kokettiert sie.

Es ist still in der großen Wohnung aus den 1970er Jahren, seit ihr Mann Roland vor 25 Jahren unerwartet früh verstorben ist und die vier Kinder tröpfchenweise ausgezogen sind. „Nein, ich fühle mich nicht einsam", sagt sie. Ihre Kinder, zwei Söhne, zwei Töchter, besuchen sie, sie hat acht Enkelinnen und Enkel zwischen 27 und vier, die sie regelmäßig sieht. Bei diesen ist sie „Omina", eine Verschmelzung von Oma und Nonnina. „Und die Fantasie beflügelt die Erinnerungen, die ich um mich herum spüre." Die Fantasie kann sich allerorten entzünden, die Wohnung ist so eingerichtet, dass in allen Ecken, Winkeln, Ablagen Geschichten schlummern: auf den Bildern, die dicht hängen, an den Familienfotos, den Nippes, die sie geschenkt kriegte, in den Büchern, die in kleinen Stapeln schwer durchschaubarer Ordnung überall in die Höhe wachsen, am Platz, den sie ihrer alten Puppe zugewiesen hat, angesichts der zwei Künstler, die ihr die liebsten sind: Karl Plattner und Willy Valier, mit beiden war sie befreundet, beide waren Trauzeugen bei ihrer Hochzeit.

Wer hat nun die Schüssel zerbrochen? Erklärungsversuche der Enkelinnen …

Mittlerweile kocht Brunamaria einmal in der Woche zu Mittag für drei Enkelinnen. Sie hat ein enges Verhältnis zu ihnen. Heikle Fragen besprechen die Jungen gerne mit der Großmutter. Sie haben verstanden, dass Brunamaria auf besondere Art hinter die Dinge schauen kann.

Als kürzlich eine Salatschüssel zu Bruch ging, keimten in den drei Mädchen unterschiedliche Erklärungsversuche auf. Die Erste gab dem Material die Schuld, die Zweite untersuchte die Bruchstellen, die Dritte meinte, sicher hätten die Feen, die bei Omina Brunamaria wohnten, die Schüssel zerbrochen. Das war selbst Brunamaria zu viel. Basta, habe sie gesagt, jetzt wird aufgekehrt.

Insgeheim hat sie sich über die Episode gefreut. Wie sie jetzt gesteht. Sie findet ja, dass Kinder heute in der Schule ziemlich wenig Sinnvolles lernen. Sie müssten also auf alte Wege des Erkenntnisgewinns zurückgreifen. Dass ihre Mädchen das ganz automatisch tun, findet sie großartig: „Es zeigt", sagt sie, „wie auch Jugendliche von heute fantasievoll Erklärungen für Unerklärliches suchen. Gleich wie es die Menschen schon immer getan haben."

Viele Antworten auf ihre Fragen findet Brunamaria Dal Lago Veneri bei der Beobachtung alltäglicher Dinge und indem sie vergleicht, wie Menschen unterschiedlicher Sprache und Kultur mit ähnlichen Herausforderungen

„Nur wer sich immer wieder auf das Leben einlässt, findet neue Antworten."

Mit ihrem Mann, erzählt sie uns, habe sie großes Glück erlebt: „Ich hatte einen wunderbaren Partner, der mich wachsen ließ." Auch in die Richtung, die sie nehmen wollte: „Er hat mir Raum gegeben für meine Studien, meine Eigenheiten, meine Geschichten." Mehr vielleicht als den Kindern oft lieb war.

„Ich glaube, meine Kinder haben das gehasst", erinnert sie sich. Sie glaubt, sie haben erst viel später den Wert ihrer Geschichten erkannt. Dochdoch, sagt sie, als ich widersprechen will: „Ich erinnere mich, wie mein jüngster Sohn Richard gesagt hat, meine Freunde kommen nur zu uns, weil du immer Geschichten erzählst. Er war sehr zornig dabei." Nur eine Sache habe sie aus dem Schlamassel gerettet: „Ich konnte gut kochen. Immerhin", lacht sie. So macht sie es oft in unserem Gespräch: Ernste Partien zerstiebt sie mit einem ironischen Schlenker. „Man darf sich nicht zu ernst nehmen", winkt sie ab, als ich sie darauf anspreche.

umgehen. Alles Theoretische liegt ihr nicht besonders. Sie vertraut ihrem Gespür und dem Reiz unmöglich scheinender Kombinationen, schließlich sei alle Wissenschaft genau daraus entstanden, behauptet sie: „Leben heißt für mich: mit Intuition jene Gesetze zu erkennen, nach denen unsere Welt funktioniert."

Zweimal ist Brunamaria dem Tod entkommen. Genügt es beim dritten Mal, die richtige Antwort zu finden?

Besonders am Ende ist die Intuition das, was das Endliche erträglich macht. Mit der Gesetzmäßigkeit der letzten Dinge plagt Brunamaria sich wie alle anderen. Den Tod umkreist sie schon lange. Als täglichen Gefährten, als sprachliche Pointe, oder auch als Missgeschick. In einem Essay schrieb sie, es nehme ihr die Angst zu wissen, dass der Tod im Deutschen männlich sei, im Italienischen weiblich.

Der Begriff sei also alles andere als eindeutig. Auch als ihr Enkel fragte, ob sie sich vor dem Sterben fürchte, sagte sie allen Ernstes, vielleicht, wenn es so weit sei, schrecklich, aber eigentlich nicht. Der Enkel fragte mehrmals nach. Aber sie blieb bei ihrer Antwort.

gert mich, aber was soll ich tun?" Das Alter sei eben kein Märchen, sondern eine echte Angelegenheit. Und sie spüre natürlich, wie die Kraft in ihrem Körper nachlasse. Schade, sagt sie, jetzt werde sie es nicht mehr schaffen, sich mit dem Fallschirm aus dem Himmel zu werfen, „das

„Ich versuche meine Tage gut auszufüllen, damit ich zufrieden sterbe."

Zweimal war Brunamaria schon auf der Schwelle. Als Kind stürzte sie vom Balkon in die Tiefe, vor wenigen Jahren drohte sie, in Griechenland zu ertrinken, obwohl sie eine gute Schwimmerin ist. Für sie steht fest: „Der Tod ist ein Moment extremer Unachtsamkeit."
Zweimal sei sie davongekommen, scherzt sie, um ernst hinzuzufügen, beim dritten Mal wird es nicht gut gehen. Sie hat sich zur Regel gemacht: Sie muss aufpassen. Es ist noch viel zu viel offen im Leben. Sie weiß noch nicht alles: „Fragen, Fragen, Fragen! Unendlich viele Fragen! Das Leben ist eine einzige Frage. Auch ohne Antworten. Fragen!"
Es sei ihre Aufgabe, Antworten zu finden. Darin sieht sie einen Lebenssinn: „Nur wer sich immer wieder auf das Leben einlässt, findet neue Antworten." Sie nennt es auch den Drang zum Irren.

Das beste Rezept gegen das Alter? Dranbleiben am Leben, sagt Brunamaria.

Immer, wenn sie arbeitet, läuft im Hintergrund das Radio, drittes Programm, betont sie. Sie beginnt um halb zehn. Isst zu Mittag eine Kleinigkeit. Macht weiter um drei Uhr. Bis halb sieben. Dann ist es genug. Sie braucht auch Zeit zum Lesen. „Ich versuche, meine Tage gut auszufüllen, damit ich zufrieden sterbe."
Dranbleiben am Leben, das ist Brunamarias Lebensrezept. „Du musst weiterlernen, du musst dich ärgern, du musst dich freuen. Nimm die Menschen, die sich nicht mehr interessieren für die anderen und für die Dinge, das ist das wahre Alter."
So gesehen ist Brunamaria ein junges Mädchen. Kürzlich brannten ihr drei Töpfe durch, weil sie über dem Schreiben vergessen hatte, den Herd abzudrehen. Sagt es und lacht aus vollem Hals, denn „jeden Tag, wenn ich aufwache, danke ich Gott, dass er mir noch einen Tag gibt, an dem ich denken kann".
Das wäre das Schlimmste für sie. Wenn ihr Kopf sie im Stich lässt. Mit dem kaputten Knie kann sie leben: „Es är-

wollte ich immer, und alle nehmen mich deshalb auf den Arm". Und auch in den Norden komme sie wohl nicht mehr. Überhaupt sei sie zu wenig gereist in ihrem Leben. Ich frage mich, ob das Reisen zu kurz kam, weil es zu viele geografische Fixpunkte in ihrem Leben gab. Bozen, wo sie sich zu Hause fühlt, Vigo di Fassa, wo sie ein Haus in den Bergen erbte, Griechenland, wo sie seit 50 Jahren das Meer kennt. An allen drei Orten fand sie, was sie brauchte. Sie liebt das Meer wie die Berge, weil das Leben und die Schwierigkeiten sich in beiden Welten ähneln, sie ist begeistert, wenn sie sich mit Berglern und Maritimen unterhalten kann und deren Geschichten hört. Begegnungen, egal wo, hat sie immer herbeigesehnt und möglich gemacht. Am Tisch der Familie Veneri war immer Platz für einen Teller mehr. „So bleibt das Leben in Bewegung", ist Brunamaria überzeugt. Und auf den Fortgang komme es an. Stillstand ist für sie unerträglich. Sie bringt es kaum fertig, ruhig zu sitzen.

Samblana ist die Frühlingswiese von Brunamaria. Mit Wissenschaft hat sie nichts zu tun.

Stillleben gibt es für Brunamaria nicht einmal in der Landschaft. Alles lebt hier. Berge, Steine, Wiesen, Wälder. Um sich begreiflich zu machen, zieht sie ein schönes Bild in unserer Vorstellung auf: „Wenn du im Frühling hoch hinaufgehst, der Schnee ist gerade geschmolzen, und du siehst diese Wiesen voll mit rosa und weißen Krokus ... natürlich denke ich da sofort an den Schleier der Samblana." Ulrich und ich schauen ratlos. Zu Hause schaue ich nach. Samblana, die Winterkönigin in der Dolomitensage, hütet unter ihrem Mantel die alten Seelen in Gestalt von Mädchen. Mich gruselt.
Aber ich verstehe jetzt, was Brunamaria meint. Die Menschen legen sich mit ihren Geschichten eine Weltsicht zurecht, die zum Ort passt. Ein Findling, ein Wald, ein Baum an exponierter Stelle, der Lichteinfall, da die Landschaft überall anders ist, kommen viele mögliche Geschichten zustande. „Die Menschen sind verschieden,

weil die Landschaft verschieden ist; diese Prägung geht bis in die Sprache hinein", ist Brunamarias These. „Aber das ist eine Idee von mir, wissenschaftlich ist es nicht erwiesen." Dennoch, der Keim der Störung, dass in der Fantasie das Leben komplexer sein darf als die Wissenschaft uns weismachen will, ist erlösend. Alle Fragen wieder einmal offen.

Hoffentlich wird es nicht so schlimm wie es schon ist, hat Karl Valentin an ähnlicher Stelle gesagt. Anders Brunamaria. Und jetzt machen wir uns einen Kaffee, schließt sie energisch. Ulrich, nicht aufräumen bei mir! *Finito*. Schluss.

*„Fragen, Fragen, Fragen! Unendlich viele Fragen!
Das Leben ist eine einzige Frage. Auch ohne Antworten. Fragen!"*

„ICH BIN ÜBERZEUGT, DER TOD IST EIN MOMENT EXTREMER UNACHTSAMKEIT."

Brunamaria Dal Lago Veneri, 1935 in Bozen geboren, wo sie lebt und arbeitet. Ihre Vorfahren stammen aus dem altösterreichischen Sprachraum. Sie wächst mehrsprachig – italienisch, deutsch, ladinisch – auf, kann sich auf Griechisch unterhalten, zählt aber bis heute auf Deutsch. Sie studiert Literatur und Sprachen an der *Bocconi* in Mailand, u. a. bei Italo Calvino, unterrichtet an Südtiroler Schulen, ist Gastdozentin an Universitäten in Italien, Österreich und der Schweiz. Bekannt wird sie als Volkskundlerin, Schriftstellerin und Übersetzerin mit Studien, Essays, Publikationen über die Mythen und Lebensweisen im Dolomitenraum. Sie übersetzt Hesse, Mann, H. C. Artmann und die Grimm'schen Märchen ins Italienische. 2014 erhält sie das Verdienstkreuz des Landes Tirol für ihre Leistungen in der Kulturvermittlung. „Darauf bin ich sehr stolz", sagt sie. Brunamaria Dal Lago war mit dem Architekten Roland Veneri verheiratet, der mit ihr die Offenheit für Menschen und neue Begegnungen, u. a. mit Hermann Hesse, Helmut Ensslin, Alexander Langer, Pier Paolo Pasolini, teilte. Der Künstler Karl Plattner war ihr Trauzeuge, mit dem Schriftsteller Franz Tumler war sie befreundet. Noch heute schreibt sie eine sonntägliche Kolumne im *Corriere della Sera*, ihre Bücher erschienen u. a. bei Mondadori, Alpha Beta, Folio. Drei neue Bücher sind in Arbeit.

HUBERT EGGER

Der Erfinder

„DIE NATUR HAT DAS MIT DEM ALTWERDEN GESCHICKT GELÖST. NATÜRLICHE DEMENZ SCHÜTZT UNS. WAS ANGEHÖRIGE VERRÜCKT MACHT, NIMMT DEN BETROFFENEN DIE ANGST VOR DEM TOD, SONST MÜSSTEN WIR JA PANIK HABEN."

„ES IST NICHT ALLES ETHISCH GERECHTFERTIGT,
WAS MACHBAR IST. ZUM GLÜCK HABEN WIR ALLE EIN
GEWISSEN, WENN WIR DARAUF HÖREN WOLLEN."

Gott? Nein. Ein Helfer? Vielleicht. Hubert Egger baut Hände und Füße, er ist der Erfinder der denkenden und der fühlenden Prothese. Verblüffend: Er gibt seine Erkenntnisse gratis preis, damit die Prothesen zu fairem Preis auf den Markt kommen. Warum er nebenbei Radiosendungen moderiert und Märchen liest. Wann sein Gewissen sagt, dass es mit der Forschung zum Cyborg genug ist. Und warum er Altern für wichtig hält. Fragen des Menschseins als Techniker?

Was habe ich nur wieder gedacht? Dass er den Pentagon-Nimbus ausspielt? Er steht am Bahnsteig in Innsbruck, sagt er, als er mich anruft. Er ist leichter zu erreichen als meine Mutter, denke ich bei mir. Wie geht das? Innsbruck, höre ich. Pentagon, kontert mein Kopf. Ich erkläre es Ihnen. Ein Freund ist mit der Geschichte bei uns zum Mittagessen aufgekreuzt. Lange her. Er war damals genauso überrascht wie ich jetzt. Nach Jahren habe er Hubert Egger wieder getroffen, erzählte er. Er hatte ihn als Radiotechniker bei einem lokalen Privatsender in Bozen kennengelernt. „Was machst du?", fragte er harmlos. „Meine Miete zahlt derzeit das Pentagon", antwortete Hubert Egger.
Korrekt wäre jetzt: Linz. Aber Hubert Egger ist, als versuchte man, Quecksilber mit den Fingern zurück ins Fieberthermometer zu rollen. Immer zischt eine Blase ab. Das liegt nicht daran, dass er viel im Zug sitzt. Es liegt daran, dass er Hightech erfindet und als Mensch handelt. Dass im Olymp der Wissenschaft ein Platz für ihn reserviert ist und er lieber jede Woche wie ein Bumerang von Wien nach Linz nach Brixen und retour fährt. Dass er fürs amerikanische Verteidigungsministerium forsche und gleichzeitig Radiosendungen zum Konsumentenschutz moderierte. Dass er reich sein könnte und alles tut, um es nicht zu werden. Dass er Cyborgs baut und sich auf sein Gefühl verlässt.
Immer wenn der Erfolg ihm oder seinem Auftraggeber mehr bringen könnte als den Menschen, deren Leben er verbessern will, dreht Hubert Egger sich um und geht in eine andere Richtung.
Mitten in so einem Moment treffen wir ihn. Er wartet in Brixen auf uns. Von seinem schmucklosen Büro in der Privatklinik *Brixsana* schauen wir hinauf nach St. Andrä, wo er aufgewachsen ist. „Man sieht das Haus sogar", sagt Hubert Egger. Er schließt gerade noch einen Schrank, in dem Holzfußmodelle kreuz und quer liegen, als hätte man Menschen kopfüber hineingesteckt.

Erfinder bleiben oder Schöpfer werden? Warum Hubert Egger sein Wissen für viele Menschen leistbar machen will.

Hubert Egger baut Hände und Füße, schreiben die Medien seit Jahren begeistert. Tatsächlich ist er der Erfinder der denkenden und der fühlenden Prothese und damit so etwas wie Gott. „Ein Helfer vielleicht", rückt er das Gespräch zurecht. Was für die Menschen, denen das Leben von einem Tag auf den anderen ein Bein, einen Arm, eine Hand, einen Fuß genommen hat, einerlei ist. „Die bisherigen Prothesen werden mitunter als Gerät am Körper empfunden, wie eine Krücke", erklärt er uns den Unterschied, „wenn ein Mensch mit diesen Prothesen den Boden berührt, spürt er den Boden, als wäre es sein Fuß." Er nimmt eine rosa Beingummihülle in die Hand, fährt hinein. Der Fuß selbst steht daneben, ein Skelett aus Design, Mechanik und Technologie, in dem Sensoren Nervensignale elektrisch vom und ans Gehirn weiterleiten. Ich höre fasziniert zu und will mir nicht vorstellen, wie es ist. Er merkt, wie ich mit mir ringe, es nicht zu zeigen, und wie Ulrich seine Kamera als Schutz vor sein Auge zieht, und fasst an sein Hosenbein. „Ich sehe da auch nicht meinen Knochen oder meine Gefäße, es funktioniert halt einfach", sagt er. Ich weiß natürlich, wie sehr ich so einen Fuß haben wollte, wenn. „Ja", sagt Hubert Egger, „jetzt haben die Menschen die Möglichkeit, ihre Prothesen wirklich als Teil ihres Körpers zu empfinden und zu bewegen." Wenn man es sich leisten kann, schwingt

> *„Autos sind mir nicht so wichtig. Freundschaften sind mir wichtig. Menschen. Und die habe ich. Gerade deswegen und viel mehr, wenn ich weniger Geld habe. Mit mehr Geld werden die Freunde weniger."*

in seiner Erklärung mit. Und das ist das Problem. Für die Patienten und für Hubert Egger.
Deswegen fährt er jede Woche von Wien, wo er lebt, über Linz, wo er an der Fachhochschule arbeitet, nach Brixen. Um Menschen zu empfangen, die seine Erfindung nicht nur preisen, sondern brauchen. Um Start-ups und Kleinunternehmern zu beweisen, dass sie mit seiner Idee Geld verdienen könnten. Um nicht nur Erfinder zu bleiben,

sondern Schöpfer zu werden. Er hat seinen Forscherdrang eingefroren, um seinen Prothesen auf den Markt zu helfen: „Ich habe mich gefragt, was möchte ich für mich? Und das ist mein Weg: Ich freue mich, wenn ich Menschen sehe, die meine Prothese tragen, weil sie erschwinglich ist."

Warum stürzen Papierflieger ab und Bienen nicht? Wie Hubert Egger das Rätsel um den Phantomschmerz löste.

Mangel. Das ist das Reizwort für Hubert Egger. Der Welt mangelt es. Nicht an Produkten, aber an Chancen. Er selber kommt aus einer Kindheit, in der das meiste gefehlt hat. Verfügbar war für den Bergbauernbub alles, was menschliche Empfindung war. Wie die Dinge funktionieren, reimte Hubert sich allein zusammen. Warum fliegen Papierflieger nie schön? Warum fliegt eine Biene tadellos? Was er verstand, baute er zusammen. Am besten mit Strom. Dann lief vieles gleich richtig gut.
Der Vater bremste, du wirst Maurer. Die Lehrer schubsten, Hubert studiert Elektrotechnik. Eine gute Wahl. Ende der 1980er Jahre wartet die Mobilfunkbranche auf Absolventen wie ihn. Überall sind Handymasten zu errichten, Netze zu spannen, Menschen zu verbinden. Die Kommunikationstechnik macht Quantensprünge. Hubert Egger weiß es noch nicht, aber schon damals ist er im Prothesengeschäft: Menschen merken bald, dass ihnen ohne Handy in der Hand etwas fehlt.
Er sieht den Erfolg der Technik. Er riecht die Gier der Anbieter. Er spürt, wie er da wieder raus will. Immer öfter hört er einer Freundin zu, die als Krankenschwester arbeitet. Sie erzählt ihm von der Arbeit auf einer Pflegestation. Von den Alten, die unter Phantomschmerzen leiden, weil ihnen zu allem Übrigen noch eine Gliedmaße amputiert wurde. „Warum tut etwas weh, was nicht mehr da ist, was passiert da?" Hubert ist sofort alarmiert. Er geht ins Krankenhaus und fordert: „Ich will als Pflegehelfer arbeiten." Man wundert sich. Aber er darf. „Ich habe den Mut gehabt zu tun, was ich spüre", sagt er heute.
Zwei Jahre pflegt er in Teilzeit alte Menschen, indem er untersucht, wie im Körper Nerven verlaufen, wie Nervenenden aussehen, wenn sie abgetrennt sind, wie Medikamente bei den einen wirken, bei den anderen nicht. Er googelt, er studiert Lehrbücher. So richtig weiter kommt er nicht. Er beschließt, Medizin zu studieren: „Nerven sehen kann man halt wirklich nur beim Sezieren von Leichen. Und zu denen kommt man, wenn man sich zum Medizinstudium anmeldet."
Von Anfang an weiß er: Er studiert, um zu verstehen, nicht um Arzt zu werden. Er bleibt der Techniker, der Modelle baut. Nerven sind wie elektrische Leitungen, sagt er. Sie transportieren Signale vom und zum Gehirn. Damit wir etwas ertasten oder erfühlen, versorgen Rezeptoren auf der Haut die Leitungen, ähnlich wie ein Kabel, an dem ein Mikrofon dranhängt. „Und was passiert, wenn ich das Mikrofon abstecke vom Kabel?" Rhetorische Frage. „Das Gehirn sucht das Signal, dreht den Verstärker immer weiter auf, damit das Mikrofon empfindlicher wird, und dann kann am Lautsprecher ein Brummton herauskommen", sagt er. Der Phantomschmerz nach Hubert Egger.
Als Techniker schaut er, woran es liegt, und kommt zum Schluss: Der Schmerz hört auf, wenn man die Nervenenden nicht ins Leere laufen lässt.

Was darf ein denkender Arm kosten? Deshalb musste Hubert Egger *Ottobock* verlassen.

Darauf ist das Pentagon scharf. Aber das weiß damals nur *Ottobock*, der Weltmarktführer für Prothetik. Hubert Egger bewirbt sich, wird sofort genommen, kriegt ein Team und legt los. Sein Auftrag: Arme und Hände entwickeln, die so sind wie natürliche; die amerikanische Regierung wollte ihre Kriegspolitik rechtfertigen, indem sie versehrte Soldaten so gut wie möglich versorgte. „Verteidigungsministerum, das war immer eine Sorge, aber bitte, wenn man in einem Unternehmen arbeitet, muss man sich auch beugen", erzählt er. Zwölf Jahre ist er üppig mit Forschungsgeld ausgestattet.
Als die gedankengesteuerte Prothese 2007 vorgestellt wird, stehen Offiziere stolz und halten mit dem künstlichen Arm ihre Kinder in die Kamera. Die Medien kreischen. Zum ersten Mal denken Menschen ihre Bewegung, und künstliche Arme verstehen. Hubert Egger wird gefeiert, die Prothese zum Patent angemeldet. *Ottobock* sitzt auf seinem Forschungseinhorn drauf. 120.000 Euro kostet ein neuer Arm. Hubert Egger dämmert es: „Wer soll sich das leisten können?" Seine Erfindung erscheint so ganz und gar sinnlos.
Er verzichtet auf das ihm zustehende Erfinderhonorar und kündigt. Seine Ideen nimmt er mit. Lukrative Jobangebote schlägt er aus. Er erinnert sich, was seine Eltern gesagt haben: „Tu, was du für richtig hältst. Und tu es mit Maß und Ziel. Das habe ich mir gemerkt." An der Fachhochschule Oberösterreich in Linz forscht er weiter. Mit Studenten entsteht hier nach der denkenden die fühlende Prothese. Der wahre Durchbruch in der Prothetik: Über eingebaute elektrische Sensoren spürt der Patient

jetzt wieder den Boden wie mit der Fußsohle. Diesmal entscheidet Hubert Egger für sich: Die Ergebnisse werden publiziert. Damit ist ein Patent sinnlos. Das Wissen ist frei. Gemeinfrei. Er fühlt sich so besser: „Von Habgier habe ich mich nie täuschen lassen, das hat bei mir nie funktioniert." Das vermittelt er auch seinen Studenten. Für ihre Arbeit an der Prothese haben sie ihre alten Handys zerlegt. „Da haben wir uns Geld gespart", sagt Hubert Egger. „Unser Ziel war klar: Wir wollen unser Wissen in den Dienst der Menschen stellen, die es brauchen."

Wie frei ist ein Forscher? *Zum Mensch-ärgere-dich-nicht muss es reichen, sagt Hubert Egger.*

Er findet, es ist Zeit geworden, der Gesellschaft etwas zurückzugeben. Von dem Stipendium für sein Studium, von den öffentlichen Forschungsgeldern. „Das Geld kommt ja nie aus einer Maschine, sondern immer von den Menschen, die arbeiten", rechtfertigt er sich. Seine Studenten ruft er deshalb auf, Start-ups zu gründen, in denen einzelne Bestandteile der Prothesen industriell gefertigt werden. „Wie in der Autoindustrie", schwebt ihm vor. Er stellt in Aussicht, die Neustarter zu beraten. Nein, sagt er, bezahlt werden will er dafür nicht.
Er wirkt glücklich, wie er dasitzt. Einen Stift in der Hand, sofort auf dem Sprung, wenn er zeichnen soll, wie seine Prothesen funktionieren. Er spricht ausführlich. Unermüdlich.

Er freut sich über Fragen. „Menschen, die Fragen stellen, haben etwas verstanden", sagt er. In den Prüfungen lasse er seine Studenten die Fragen stellen.
Auch diese? Hat er nicht Angst zu verhungern? Irgendwann? Im Alter? „Nein, ich habe mein Gehalt. Ich habe genug", antwortet er. Hubert Egger lebt für seine Arbeit. Er hat keine Kinder. Gagen für Vorträge lässt er direkt an den Verein *Südtiroler Ärzte für die Welt* überweisen. Zu Hause besitzt er nicht einmal einen Fernsehapparat. Technologisch sei sein Haushalt komplett unterbesetzt. Wenn er in Südtirol ist, gleitet er am Gleitschirm durch die Luft. In Wien geht er ins Theater. Kellertheater, präzisiert er. Sein kleines Auto braucht er nur in Südtirol. „Autos sind mir nicht so wichtig. Freundschaften sind mir wichtig. Menschen. Und die habe ich. Gerade deswegen und viel mehr, wenn ich weniger Geld habe. Mit mehr Geld werden die Freunde weniger", ist er sicher. Im gleichen Atemzug fügt er hinzu: „Und sollten sich die Zeiten ändern und ich würde ärmer, dann ist das auch keine Schande."
Hauptsache ist, das sagt er deutlich, er fühlt sich frei. Dazu gehört, dass er so oft wie möglich seine Mutter sehen will. „Sie kann jederzeit nicht mehr sein", sagt er. Beim *Mensch-ärgere-dich-nicht* lässt er sie neuerdings gewinnen. Weil sie es gewohnt ist. Früher hat sie beim Spielen immer gewonnen. Heute verwechselt sie die Farben und fährt mit der falschen Figur. „Aber das macht nichts", sagt der Sohn liebevoll.
Hubert Eggers Mutter ist 96. Sie darf vergesslich sein, sagt Hubert: „Man muss sie nicht immer herausholen aus ihrer Welt." Und jetzt wird es interessant: „Den Alterungsprozess kann man trotz modernster Technik nicht umkehren, zum Glück." Will er, dessen Prothesen, wie er zugibt, Menschen zu Cyborgs machen, alle Gebrechen hinnehmen? Ohne Optimierung?

Selbstoptimierung im Alter? Dazu fallen Hubert Egger nur drei Dinge ein.

Also, holt er aus, er habe in seinen Lehrjahren im Krankenhaus auch würdevolles Altern miterlebt. Für ihn ist die Gebrechlichkeit eines Menschen im Prozess des Alterns normaler Bestandteil des Lebens. „Wir müssen uns

> „Meine Eltern haben zu mir gesagt: Tu, was du für richtig hältst.
> Und tu es mit Maß und Ziel. Das habe ich mir gemerkt."

damit auseinandersetzen", sagt er, „und es ist unsere Aufgabe, Menschen die Angst vor dem Altern zu nehmen, indem wir diese Lebenssituation erträglich machen." Von der Idee, dass man einfach austauschen kann, was nicht mehr funktioniert, hält er nichts. „Alles wird nie gehen, dazu hat die Natur im Zuge der Evolution zu faszinierend gearbeitet", sagt er.
Dennoch: Machbar ist heute mehr, als er für richtig hält. Künstliche Körperteile sind in einzelnen Funktionen bereits besser als die natürlichen. Forscher wie Hugh Herr vom MIT in Boston prophezeien, es werde in Zukunft keine Behinderungen mehr geben. Ernsthaft wird an Projekten gearbeitet, ins menschliche Gehirn einzugreifen. Das geht Hubert Egger zu weit. Sein Gewissen lenkt seine Forscherlaune: „Für mich ist die Grenze dort, wo

ich sie spüre." Er weiß, auch seine Erkenntnisse können missbraucht werden. Vom Militär, von Wissenschaftlern, von Verzweifelten. „Es ist nicht alles ethisch gerechtfertigt, was machbar ist. Zum Glück haben wir alle ein Gewissen. Wir müssen nur darauf hören wollen."

besonders, sagt er, „weil ich verstehen will, welche Bilder Kindern in unterschiedlichen Kulturen vermittelt werden". Bis vor einem Jahr moderierte er im österreichischen Radio Orange eine Sendung über Konsumentenschutz. Live. Selbst als er bei *Ottobock* ein Team mit 20 For-

> „Ich setze mich mit spirituellen Fragen auseinander, für die es keine wissenschaftliche Antwort gibt. Und da suche ich keine Antwort. Es ist schön, wenn man manchmal etwas nicht weiß, aber einfach spürt."

Leicht gesagt. Wie streng wird er mit sich selber sein, wenn er merkt, der Körper braucht eine Korrektur? Es überrascht mich, dass er überlegen muss. Sein persönlicher Griff ins menschliche Ersatzteillager wäre, aus heutiger Sicht, wie er betont, höchst unspektakulär: ein Herzschrittmacher, ein künstliches Gelenk, „wäre ich von Beschwerden belastet", eine Prothese, „wenn ich einen Arm oder ein Bein verlieren würde". Und dann die Einschränkung: „Aber im hohen Alter, also im letzten Fünftel des durchschnittlichen Lebens, würde ich das nicht mehr machen lassen." Dann müssten Schmerzmittel übernehmen, sagt er, und er würde „dem herannahenden Tod mit einer gewissen Neugier begegnen". Oder doch mit Panik? Vielleicht Demenz herbeisehnen? Es ist sympathisch, wie er nichts kategorisch ausschließt. Oder macht sich der Forschergeist stark, damit die Furcht kleiner wird? Er ist selbst im Zweifel.

Er tröstet sich mit einer Beobachtung, die er oft gemacht hat, zuletzt bei seiner Mutter: „Die Natur hat das mit dem Altwerden geschickt gelöst. Natürliche Demenz schützt uns. Was Angehörige verrückt macht, nimmt den Betroffenen die Angst vor dem Tod", ist er überzeugt, „sonst müssten wir ja Panik haben."

Eine Antwort auf alles? Führt zur Frage, warum Hubert Egger auch im Radio moderiert.

Er freut sich, dass das Nachdenken über den Tod in seinem Kopf Sicherheiten knickt, die ihm die Technologie eingeredet hat. Er glaubt nicht an die Technik, sagt er. Und es langweilt ihn, dass man ihr alles zutraut: „Ich setze mich mit spirituellen Fragen auseinander, für die es keine wissenschaftliche Antwort gibt. Und da suche ich keine Antwort. Es ist schön, wenn man manchmal etwas nicht weiß, aber einfach spürt."
Dieses Gefühl hat sich Hubert Egger nie nehmen lassen. Auch als Techniker will er Mensch sein. Er liest. Märchen

schern leitete, verschwand er einmal pro Woche für Stunden im Studio.
Als Erfinder konnte er das. Er wusste immer, dass er das mit der Prothese hinkriegt. „Ich habe die Fähigkeit, Bilder im Kopf zu erzeugen. Ich habe immer gesehen, wie ein Mensch mit meiner Prothese gehen wird", erklärt er, „da wusste ich noch lange nicht, wie ich es mache."
In den USA ist die fühlende Prothese als marktfähiges Medizinprodukt zugelassen, sagt er. Die denkende Prothese, korrigiere ich vorsichtig. Hat er etwa ein Bild gesehen? Er lacht aus vollem Hals über seinen Verhaspler. „Ja, genau, weil sie bei mir im Kopf schon da ist." Ein Scherz diesmal.
Genau an dem Tag, an dem ich über Hubert Egger schreibe, lese ich zufällig: Die fühlende (sic!) Prothese steht vor der Markteinführung. Ein Bild von der Pressekonferenz: Hubert Egger hält einen Fuß in die Kameras. Er hat es geschafft. Ganz ohne Pentagon. Ohne *Ottobock*. Mit *Saphenus*, einem österreichischen Start-up.

Hubert Egger, 1964 geboren, wächst mit acht Geschwistern auf dem Oberrutznerhof in St. Andrä oberhalb von Brixen auf. Studiert Elektrotechnik/Nachrichtentechnik an der Technischen Universität Wien. Als Pflegehelfer im Spital *Haus der Barmherzigkeit* in Wien lernt er Patienten kennen, die unter Phantomschmerzen leiden. Sein Forschergeist ist geweckt. Um zu verstehen, wie Nerven funktionieren, beschließt er, Medizin zu studieren, und schließt das Studium als Medizintechniker ab. 2000 bis 2011 leitet er bei *Ottobock*, dem Weltmarktführer im Bereich der Prothetik, ein Projekt zur Entwicklung einer bionischen Armprothese; das Projekt wird vom US-Pentagon finanziert. 2007 wird ein Prototyp der denkenden Prothese vorgestellt. 2009 eine weitere Sensation: der Prototyp der fühlenden Handprothese.

Seit 2012 ist Egger Professor für Prothetik an der Fachhochschule Oberösterreich in Linz. Dort entwickelt er mit Studenten die erste fühlende Fußprothese. Er verzichtet auf eine Patentierung und stellt sein Wissen frei zur Verfügung. Sein Ziel: Start-ups und junge Unternehmer finden, die die Prothese zu fairem Preis auf den Markt bringen.

In der Privatklinik *Brixsana* in Brixen baut Hubert Egger mit einem Chirurgen und einem Orthopädietechniker derzeit ein Kompetenzzentrum für Prothetik auf. Er arbeitet mit der Universitätsklinik Innsbruck zusammen.

Der erste Prototyp von Eggers fühlender Fußprothese ist im Technischen Museum in Wien ausgestellt. 2014 wird die gedankengesteuerte Hightech-Prothese von der FDA in den USA als Marktprodukt zugelassen. Im Mai 2019 kündigen Hubert Egger und das österreichische Start-up *Saphenus* die bevorstehende Markteinführung der fühlenden Fußprothese an.

HANS KAMMERLANDER

SERGIO PICCINELLI

IM TURNSCHUH GEBOREN UND ZUM STILLHALTEN GEZWUNGEN

HANS KAMMERLANDER
Der Extrembergsteiger

„WENN DU ALLES ANDENKST, WAS PASSIEREN KÖNNTE, WENN DU DEN LETZTEN REST KINDHEIT IN DIR VERLOREN HAST, WIRD ALLES ZU GEFÄHRLICH. DU MUSST EINFACH LOSGEHEN UND DAVON AUSGEHEN, ES PASSIERT NICHTS. DAS IST MIR IMMER GUT GELUNGEN. GELINGT MIR IMMER NOCH."

Nach dem Wettlauf. Riskieren, am Gipfel stehen, weiterlaufen – jahrelang lebte Hans Kammerlander am Limit. Anders als viele Seilpartner erlebt der Extrembergsteiger nun das Glück, in die Jahre zu kommen. Mit dem Alter sei das Leben schöner geworden, sagt er. Kammerlander hat die Schönheit der Langsamkeit entdeckt. Wie bremst sich einer ein, der immer der Schnellste sein wollte?

Als Idiot, sagt er, ohne groß nachzudenken. Die Frage war, wie er in die Geschichte eingehen wird. In diesem Moment wusste ich: Er ist der Richtige.
Ulrich und ich haben lange diskutiert. Welchen Extrembergsteiger nehmen wir? Er hat es schwerer als andere, habe ich gesagt. Er hat einen Menschen totgefahren, zweifelt Ulrich. Er muss mit einem Fehler leben, den er nicht wiedergutmachen kann, sage ich. Er ist betrunken mit dem Auto gefahren, widerspricht Ulrich. Er weiß das, beharre ich, deshalb interessiert er mich. Und Ulrich gibt nach.
Wir umschlängeln einen alten Hochglanz-Fiat 500. Kammerlanders Lebensgefährtin Rosi lässt uns ins Haus. „Der ist 1960 auf der Olympiade in Rom gefahren", sagt sie ein wenig spöttisch, „er wurde gerade geliefert, aber die Garage ist voll". Das Haus in Ahornach hoch über Sand in Taufers war nicht schwer zu finden. Ein Pagodendach kommt unter Südtirols Bauideen selten vor. In der Diele ein Boden aus großen Steinplatten, wie sie die Bauern früher in der *Labe* verlegten. Darauf ein riesiger Buddha. Die zwei Welten des Hans Kammerlander. Er selber telefoniert noch, Zigarette in der Hand. Es ist Februar. Die Tür zur Terrasse steht offen. Eine Biene brummt auf uns zu. Weiter unten die Stimmen der Kindergartenkinder, die im Schnee toben.

bin jetzt viel glücklicher als in der Wettkampfzeit, wo wir total unter Druck waren." Die Zeit der Wettläufe ist vorbei. Die Rekorde sind verbucht. Zwölf der 14 Achttausender, die erste Skiabfahrt vom Everest, die *Seven Second Summits* auf allen Kontinenten. Ein neuer Ehrgeiz hat Hans Kammerlander erfasst: Er will im Alter nicht *kauzig* werden wie viele seiner Kollegen, scheeläugig gegenüber den Erfolgen der Jungen, die nachrücken, blind gegenüber dem eigenen Kräfteschwund.

Warum nicht einfach die Grenzen verschieben wie Hans Kammerlander? Vom Laufen am Limit zum Spielen mit der Reserve.

Die Grenze markiert hat seine Tochter. Sie kam zur Welt, als Hans 50 war. „Da habe ich gemerkt, ich habe jetzt echt Verantwortung und ich kann mich nicht mehr steigern. Ich muss jetzt nur noch langsam die Treppe hinunter, wie ich sie vorher hinaufgestiegen bin." Jetzt ist er fast 62, er hat noch einige Stufen vor sich. Auf manchen trödelt er: „Früher hatte ich nie Zeit, einen Erfolg zu genießen." Langsam. Das Wort gefällt ihm, der immer ein Schneller war. Der noch immer den Geschwindigkeitsrekord hält bei der Besteigung des Everest. Der beim 8000-m-Gipfelsturm auf Eispickel und Schokolade verzichtete, damit sein Rucksack leichter wurde. Der lieber mutig war, als das Kletterseil einzuhaken. Der gerne seinen Weg geht, weil die Regeln der anderen ihn bremsen. Der von sich sagt, er sei auf Expeditionen risikobereiter gewesen als Reinhold Messner: „Wenn du im Wettlauf drinnen bist und den auch annimmst, kannst du nicht mit Restreserven spielen; du musst immer versuchen, ans Limit

„Das Alter macht dich schwächer, und das ist okay so. Jetzt habe ich Ideen im Kopf, die habe ich früher nicht gehabt, als ich so aktiv war. Lauter gute Geschichten."

Sofort frage ich Rosi nach dem Moosstock. Sie zeigt hinter dem Haus in die Höhe. „Der Moosstock ist noch immer sein Lieblingsberg", verrät sie. Mit acht folgte Hans einem deutschen Ehepaar heimlich auf den Gipfel, die Kammerlander waren keine Berggeher, höchstens Bergbezwinger, weil sie in der Steilheit ihr Auskommen suchen mussten. In seinen besten Jahren sprintete Hans den Moosstock in einer Stunde acht Minuten auf die Spitze. 1725 Höhenmeter.
500-mal war er oben. Schätzt er, als er in die Stube kommt: „Ich bin froh, dass ich das nicht mehr machen muss. Ich

zu gehen. Wir waren oft schon brutal am Limit." Vorbei. Nun entdeckt Hans Kammerlander die Schönheit der Langsamkeit.
Tourist wird er deshalb keiner. Ziele sind immer noch wichtiger als Erinnerungen, sagt er. Nur anstacheln und treiben lässt er sich nicht mehr. Früher hatten die Berge Macht über ihn: „In dem Moment, wo ich im Büro ein Bild vom Ziel hängen hatte, war es vorbei, dann habe ich gewusst, da wirst du wieder hingehen." Jetzt hat er das Kommando über den Berg übernommen: „Ich tue nichts mehr, wenn ich nicht überzeugt bin, dass ich es kann.

Irgendwohin gehen und dann murksen, das sollen die Jungen tun. Ich mag das nicht mehr."

Der neue Blick auf spitze Kegel: Deshalb kann Hans mit dem VW-Samba-Bus nach Hause fahren.

Hans ist jetzt auf Matterhörner gepolt. Also Berge, die als Solitär aufragen, das Bild eines Berges, wie Kinder es malen, als spitzen Kegel. Es gibt sie auf allen Kontinenten, sagt er und zählt auf: Russland, Indien, Nepal, der *Alpamayo* in Peru, in China stehe der Zwillingsbruder des Schweizer Originals, den *Mount Assiniboine* in Kanada hat Hans 2013 mit Simon Gietl bestiegen. Gietl ist einer der Jungen, die Kammerlander auf den Fersen sind. Ein Bewunderer, den der Vater als Kind zu Kammerlanders Vorträgen mitgenommen hat und der von damals noch die Autogrammkarten bewahrt.

Hans bleibt – für seine Begriffe – nun auf mittlerer Höhe. Er begleitet auf Trekkingtouren Menschen, die die Achttausender umrunden, ohne sie zu ersteigen. Er nimmt Touristen in den Dolomiten die Angst vor Höhe und Tiefe, „für mich ist das inzwischen mehr Hobby als Beruf, ich tu das richtig gerne", und rasselt dann gemütlich in seinem alten, perfekt gepflegten VW-Samba-Bus nach Hause ins Ahrntal. Wenn nichts ansteht, fährt er morgens zwei Stunden Ski und geht anschließend ins Kammerlander-Bergbüro.

Seine Vorträge wachsen seit einigen Jahren über seine Erlebnisse hinaus und in die Vergangenheit zurück. Er denkt jetzt über Zusammenhänge nach und bettet seine Abenteuer in die große Alpingeschichte ein. „Das Alter macht dich schwächer, und das ist okay. Dafür habe ich jetzt Ideen im Kopf, die habe ich früher nicht gehabt, als ich so aktiv war. Lauter gute Geschichten", sprudelt er. Ihr müsst Entscheidungen treffen, kann er nun bei Coachings in Seelenruhe zu Unternehmensmitarbeitern sagen. Und wenn er ins Himalajagebiet fährt wie 2018 vor Weihnachten, kriegt der Berg seine Aufmerksamkeit und die Kultur der Region seine Bewunderung. „Wenn ich vom Berg zurückkomme, nehme ich mir richtig Zeit,

„Im Lauf der Jahre hast du so viel erlebt, aber im Endeffekt wenig Zeit, weil du immer weiterläufst."

raste auch gerne, dann schau ich mir Land und Leute an und sehe einen Ort, wo ich schon oft war, komplett mit neuen Augen." Hans ist viel gereist, wo er nicht war, sind die Berge einfach zu mickrig gewesen. Oder nur schön wie das Matterhorn, das will er jetzt herausfinden.

Er hat Glück. Er ist noch da und kann nun Zeit abwickeln wie ein Seil, das länger ist als bei anderen, so kommt es mir vor. Drei Seilpartner sind ihm geblieben. Mehr nicht. Hans weiß, das ist eine elende Bilanz.

Der neue Kinofilm von Gerald Salmina ist ganz frisch, als wir uns treffen: Manaslu. 1991 hat Hans Kammerlander dort zwei Freunde verloren. Friedl Mutschlechner wurde neben Hans vom Blitz erschlagen, Carlo Großrubatscher rutschte in den Tod, Hans Kammerlander selbst stürzte in eine Krise und wollte von Bergen nichts mehr wissen. Eine Zeit lang. Es ist eben nur eine der Tragödien in Hans Kammerlanders Leben.

Ich schaue mir seine Hände an. Alle Finger sind dran. Die Zehen? „Der linke Fuß war einmal bis zum Gelenk hin

bringen. Die Mutter stirbt, als Hans zehn ist. Ängstlich war sie, sagt er. Er wäre wohl nie Bergsteiger geworden, wenn sie länger gelebt hätte: „Das war ein Wahnsinn! Wenn wir Kinder auf der Ofenbank gelegen sind und heruntergeschaut haben, hat sie schon geschrien: ‚Aufpassen!'" Der Vater hingegen traute den Kindern viel zu. Bis an den Rand der steil abfallenden Felswände ließ er seine Söhne die Wiesen mähen. „Bis ganz nach vorne," sagt Hans, „sogar die letzten Grashalme, da konnte ich wirklich schauen, wie ich mich fühle, so weit vorne." Vorne vor dem Nichts. Der Vater sagte nur: „Seid vorsichtig und steigt nicht auf das gemähte Gras drauf, sonst rutscht ihr ab." Im Winter wurde das Holz aus dem Wald gezogen. Es war eine gefährliche Arbeit, bei der jeder auf der Hut sein musste. Bis heute mag Hans keinen Schlitten mehr ziehen. Nicht einmal durch die Antarktis.

Eine Schinderei sei die Armut gewesen, erinnert er sich. Außerdem ohne große Perspektive. „Auf dem Hof gab es wenig Chancen", erinnert sich Hans. In der Dorfschule

„Ich glaube, ich bin jetzt viel glücklicher als in der Wettkampfzeit, wo wir total unter Druck waren. Jetzt habe ich tolle Erinnerungen, die Freude am Berg ist geblieben, und das Muss ist verschwunden. Ich muss gar nichts mehr."

auf schwarz, jetzt ist alles wieder in Ordnung, ich spüre es kaum mehr", sagt er und bewegt wie zum Beweis seine Finger. An seinem Hals baumelt der *Dzi-Stein*, der magische Stein der Tibeter. Wenn ein Stück absplittert, glauben die Bewohner des Himalaja, ein Unheil ist am Stein abgeprallt. Hans Kammerlanders Stein scheint unversehrt. Er ist flankiert von zwei Gipfelsteinchen: eines vom Everest, eines vom K2. „Von den wichtigsten Bergen nehme ich immer ein paar Steinchen mit; wenn die dann geschliffen sind, hat das etwas", erklärt er. Den Dzi-Stein hat Reinhold Messner ihm nach dem ersten gemeinsamen Achttausender geschenkt. Er trägt ihn immer: „Das ist ein alter, der kostet heute so viel wie ein Auto." Zweimal schon hat er den Stein verloren und wiedergefunden. Sein Schutzengel wohl.

Das Höhentraining von Hans in der Kindheit? Wiesen mähen bis zum letzten Grashalm vor dem Abgrund.

Die Basis war schlecht. Hans wuchs auf einem kleinen Hof auf, im gleichen Dorf, wo jetzt sein Haus steht. Vier Kühe hatte die Familie, der Vater, ein Schuster, pachtete Wiesen dazu, um Vieh und Familie über die Runden zu

habe er keine Sprachen gelernt, auch sonst wenig. Skifahren brachte er sich selber bei, ebenso das Klettern. In Ahornach war man aus der Welt. Nach der Schule wird Hans Maurer, danach Skilehrer, dann Bergführer.

Sein Bruder erwischt ihn, wie er als Jugendlicher ohne Seil am Berg herumkraxelt. Er spendiert Hans den ersten Kletterkurs. In den Dolomiten wird diesem beigebracht, dass „es nicht reicht, mutig zu sein, man muss auch genau sein". Hans lernt Friedl Mutschlechner kennen, der wie er am Bau arbeitet. Ihn bezeichnet er als Lehrmeister, „er war ein Kletterer auf höchstem Niveau".

Reinhold Messner dagegen gab ihm Aussicht auf den Ruhm, als er anrief und Hans auf Expedition einlud. Spätestens da wusste Hans, was er konnte: „Der Messner macht das nicht, weil er es gut meint, sondern weil er meint, das könnte ein Partner sein."

Ein Kopf zum Überleben oder das Blödeste, was man am Berg mithaben kann.

Hans Kammerlander hat einen guten Kopf. Zwar könne er sich keine Telefonnummer merken und keine Vornamen wie er sagt, dafür weiß er in einer Felswand auch nach

„IM NACHHINEIN, WO ICH GEWISSE GESCHICHTEN AUFARBEITE, WIRD MIR KLAR, WIE VIEL GLÜCK ICH GEHABT HABE."

Jahren jeden Griff, den er einmal gemacht hat und der ihn in der Not heil vom Berg herunterbringt. „Das interessiert mich. Ich weiß, das ist wichtig, damit ich mich nicht in Fallen begebe."

Sein Kopf hat ihn lebenstüchtig gemacht. Zum einen, weil er sich auf Wichtiges konzentrieren kann, zum anderen, weil er seinen Träger nicht aus der Ruhe bringt. Sogar vor einem Aufbruch auf die höchsten Gipfel der Welt hat Hans seinen Kopf unter Kontrolle, er schläft, wenn andere sich nervös herumwälzen: „Der Kopf sagt immer *Nein*. Der Kopf ist das Blödeste, was du am Berg mithaben kannst, der macht immer alles so schwer."
Hans wehrt sich gegen negatives Denken. Er gibt seinem Körper zu tun, damit der Kopf zur Ruhe kommt. Denn: „Wenn du alles andenkst, was passieren könnte, wenn du den letzten Rest Kindheit in dir verloren hast, wird alles zu gefährlich. Du musst einfach losgehen und davon ausgehen, es passiert nichts. Das ist mir immer gut gelungen. Gelingt mir immer noch." Sobald er Angst kriegt, dreht er um. Sagt er.

Mein Telefon klingelt. Ich muss drangehen. Aus dem Augenwinkel sehe ich, wie Hans auf die Terrasse geht. Ein Päckchen *Gauloises* bleibt am Tisch zurück. Als ich nachkomme, zeigt er auf den Kirchturm ganz in der Nähe: „Die Turmspitze ist so hoch wie der Brenner." Solche Dinge merkt Hans sich. Das Rauchen hat er übrigens von den Sherpas gelernt. Nach einem strapaziösen Aufstieg war Rauchen vor dem Zelt wie eine Belohnung für ihn. Wieder einen Tag überlebt, könnte man meinen.

Er fürchtet den Tod nicht, hat er in Interviews oft erzählt, weil der Körper sich schütze im Todesschock, er habe das oft erlebt. Auch mir sagt er nichts anderes. Was bringt ihn denn dann aus der Ruhe? Nichts? Doch, sagt er, zwei Dinge: die Nachrichten über das Weltgeschehen und der Überfluss der Konsumgesellschaft von heute, wenn etwa in Hotels beim Frühstück die Augen größer als der Mund sind. Das eine mache ihm Angst, das andere ist ihm zuwider: „Spätestens auf den Expeditionen habe ich gemerkt, dass ich auf ganz viel verzichten kann. Auf extrem viel. Das habe ich als Kind schon gekonnt und das habe ich beibehalten."

Er kann zwei Tage nichts essen. Kein Problem, sagt er. Wenn er auf den Berg gehe, trinke er oft nur einen Espresso morgens. Am Abend fällt ihm dann ein, er hat den ganzen Tag noch nichts gegessen. Und manchmal raucht er, er zeigt auf die brennende Zigarette, ein ganzes Jahr nicht, ohne dass ihm das schwerfällt.

Tatsächlich wirkt er genügsam. Seine Oldtimer sind alles

„ICH TUE NICHTS, WENN ICH NICHT ÜBERZEUGT BIN, DASS ICH ES KANN. IRGENDWO HINGEHEN UND DANN MURKSEN, DAS SOLLEN DIE JUNGEN TUN. ICH MAG DAS NICHT MEHR."

andere als Sportflitzer, es fällt ihm offenbar leicht zu sagen: „Bevor du deine Konkurrenten kritisierst, musst du deine eigenen Fehler anschauen" und „Natürlich haben wir getrickst, wenn wir nicht weitergekommen sind, mit Steinchen, die wir in eine Spalte geklemmt haben, oder mit Fichtenpech, mit dem wir die Hände klebrig gemacht haben." Er schont seine Zunft nicht: „Die Alpinisten sind Egoisten, es wird viel verherrlicht. Die Alpingeschichte ist nicht so sauber, wie sie klingt."

Hans am Berg und Hans im Tal sind zwei, die sich in die Quere kommen und einen Mann das Leben kosten. Er ist jetzt so weit, dass er mit der Schuld leben kann, sagt er.

Er kennt die Helden besser als wir alle. Ich habe das Gefühl, dass er die Wahrheit sagt. Schon deshalb, weil er selber sich am Berg leichter tut als im Tal. Immer schon. Kompromisse waren nie seine Stärke. Kompromisse treiben dich nicht auf 8000 Meter, denke ich. Die Kehrseite: Je weniger einer braucht, umso unverzichtbarer werden die Dinge, die ihm wirklich wichtig sind. Für die Bedürfnisse der anderen ist dann mitunter wenig Platz.

Mehrere Beziehungen gingen in die Brüche. Heute versteht er, warum: „Du brauchst schon ein dickes Fell, um mit einem Extrembergsteiger zusammenzuleben." Regeln sind für ihn da, um jene zu schützen, die nicht auf sich aufpassen können. „Ich kann mich einfach nicht anpassen", gibt er zu. Im Tal fühlt er sich wie „eine gesteuerte Schablone". Dafür ist er penibel, wie er einen Gipfel zurücklässt: „Ich habe am Everest nicht einmal ein Zündholz weggeworfen. Null, nichts."

Die Diskrepanz zwischen Hans im Tal und Hans am Berg wird ihm 2013 zum Verhängnis. Er macht sich schuldig an einem Unfall, bei dem ein junger Mann stirbt. Hass und Unverständnis prasseln auf ihn ein. Er überwindet seine Scham, tritt die Flucht nach vorne an, spricht offen, stellt sich Fragen der Journalisten und Filmemacher.

Mit sich selber flieht er dorthin, wo das Leben für ihn stets am intensivsten war. In Nepal und Tibet. Bei seinen Sherpafreunden. Bei den Menschen, die ihm – so scheint es – in ihrer unvertuschten Lebensweise näher sind als wir. Die leben, wie die Natur es ihnen zugesteht. „Diese Menschen nehmen ihr Schicksal an. Ich habe immer versucht, das von ihnen zu lernen. Mein Schicksal anzunehmen." Er nennt es nicht Rezept. „Das wäre zu einfach. Viel zu einfach, wenn man das aus einem Buch herauslernen könnte. Nein, Unglück musst du selber mitmachen, dann siehst du plötzlich, wie andere damit umgehen, und du erkennst, ich hänge so bei mir, ich wälze das ständig im Kopf. Die anderen schaffen es, wieder fröhlich zu sein. Wie?"

Er ist so weit, dass er sagen kann: „Das ist passiert. Es ist so. Ich kann es nicht vergessen, ich kann es nur annehmen." Er mag wieder nach vorne schauen. Sich selber anschauen. Nach vorne gehen.

Sein Ruhm für die gute Sache: Wann Hans verstanden hat, dass seine Abenteuer andere Menschen besser leben lassen. Und warum der Manaslu ruhig warten kann.

Früher zeigte jeder Pfeil für ihn steil nach oben. Jenseits der 60 hat Hans Kammerlander Richtung geändert. Er nimmt sich Zeit für die Hilfsprojekte, für die er seit Jahren Spenden sammelt, er schaut sich an, was die Sponsoren machen, für die er Botschafter ist, er besucht die Kinder in den Schulen, die neu und sauber dastehen, weil die Berge ihn bekannt machten: „Jetzt sehe ich, dass wir nicht nur Blödsinn gemacht haben, sondern auch Dinge, die Sinn stiften."

Er kann damit leben, dass er 2017 zum zweiten Mal nicht auf dem Manaslu-Gipfel stand. „Gar kein Problem", sagt er und winkt ab, „der Berg bleibt stehen". 1991 schien er ihm noch davonzulaufen. Hans war der Letzte gewesen, der aufgab und umkehrte. Er war der Einzige, der weiterleben durfte. Damals entschied er: Wenigstens die Halskette seines Freundes Friedl Mutschlechner mit dem Dzi-Stein muss gerettet werden.

27 Jahre später treffe ich Mutschlechners Sohn auf der Hochzeit meines Bruders. Er ist Trauzeuge. Ja, sagt er, den Dzi-Stein seines Vaters hat er noch. Nein, er trägt ihn selten, er hat Angst, ihn zu verlieren.

*„Ich habe es als Kind schon gehabt und danach immer beibehalten:
Ich kann auf viel verzichten, auf extrem viel."*

Hans Kammerlander, 1956 geboren, wächst als Jüngstes von sechs Kindern auf einem kleinen Bauernhof in Ahornach im Südtiroler Ahrntal auf. Er ist zehn, als seine Mutter stirbt. Mit 15 meldet sein Bruder ihn zum Kletterkurs an. Das Skifahren bringt sich Hans selber bei. Beide Disziplinen begründen später seine Marke: Extrembergsteigen und Extremskifahren. Nach der Schule wird Kammerlander Maurer, arbeitet aber bald als staatlich geprüfter Skilehrer und Bergführer. Mit den Alpinisten Friedl Mutschlechner und Hanspeter Eisendle leitet er von 1988 bis 2003 die Alpinschule Südtirol. 1982 lädt Reinhold Messner ihn zur ersten Expedition ein: auf den Cho Oyu. In den folgenden Jahren besteigt Kammerlander zwölf der 14 Achttausender. Seine Rekorde, die er bis heute hält: die schnellste Besteigung des Everest (1996 im Alleingang) sowie die Skiabfahrten von Nanga Parbat (1990) und Everest (1996). 2009 bis 2012 besteigt er die *Seven Second Summits*, die zweithöchsten Berge auf allen Kontinenten. Zwei Schicksalsjahre: 1991 sterben bei der Expedition auf den Manaslu Hans Kammerlanders Seilpartner Carlo Großrubatscher und Friedl Mutschlechner; 26 Jahre später entsteht darüber der Film *Manaslu* von Gerald Salmina. 2013 verursacht Hans Kammerlander alkoholisiert einen Autounfall, bei dem ein junger Mann aus dem Ahrntal stirbt. Im gleichen Jahr beschließt er, mit dem Höhenbergsteigen aufzuhören. Sein aktuelles Ziel: die schönsten Berge der Welt. Kammerlander lebt mit seiner Partnerin Rosi in Ahornach. Er organisiert und begleitet Trekkingreisen und Alpintouren, engagiert sich in Hilfsprojekten in Nepal, hält Vorträge und arbeitet im Coaching-Bereich. In seiner Garage sammelt er Oldtimer. Seine Tochter wächst in Hamburg auf. „Ich möchte nicht unbedingt, dass sie klettert", sagt er, „da würde ich mir Sorgen machen." Seine Leidenschaft gilt noch immer dem Skifahren: „Ich kann nicht mehr klettern wie in meinen besten Zeiten, aber Ski fahren: Da kann es steil sein, wie es will, das ist mir ganz egal."

SERGIO PICCINELLI

Der Rollstuhlfahrer

„MIT 20 IST ES WENIGER SCHLIMM ALS MIT 40. MIT 40 HAST DU DEIN LEBEN EINGERICHTET, MIT 20 MUSST DU NOCH GEMACHT WERDEN. UND ICH HATTE GROSSE LUST ZU LEBEN."

Oberflächlichkeit hilft. Sagt Sergio Piccinelli, für den sich das Leben auch in schweren Krisen schnell wieder bunt färbt. Seit einem Autounfall vor 54 Jahren sitzt der Lehrer für Italienisch, Geschichte und Geografie im Rollstuhl. „Besser mit 20 als mit 40", ist Sergios Fazit. Dass er nicht Perry Mason werden konnte, hat er mit vier anderen Leidenschaften aufgewogen: Kunst, Fotografie, Jazz und Fußball. Damit kommt er viel herum. Sogar auf Facebook, was seine ehemaligen Schüler entzückt. *Ehi Profe …*

Das Tor zum Hof springt auf wie von Geisterhand. Erst dann erblicke ich Sergio Piccinelli in seinem Rollstuhl. Er wartet auf der kleinen Terrasse und hält den Öffner in die Höhe. Stufen führen zum Eingang. Mir ist entgangen, wie viele es sind. Sergio Piccinelli zählt alle Stufen.
Mir gefällt das Gespräch sofort. Er widerspricht gerne. Vor allem dann, wenn man es nicht erwartet. Typischer Perry-Mason-Trick, würde ich sagen. Sie erinnern sich vielleicht an die TV-Serie über den spitzfindigen Strafverteidiger, der Unschuldige aus einer vertrackten Anklage freiredete. Als Sergio Piccinelli jung war, wollte er der italienische Perry Mason werden. Der echte, zum Anrufen. Einen Partner hatte er bereits gefunden. Mit seinen Prüfungen an der Universität Mailand kam er gut weiter. Er sah sein Leben klar vor sich.
Im Rückspiegel dann wurde Sergio Piccinelli Merans beliebtester Lehrer. So hört man.

wieder ist mir die Situation aus der Hand gerutscht, aber die Perioden wurden mit der Zeit kürzer". Schon lange empfindet er den Rollstuhl „nicht mehr als Einschränkung, sondern als vorzügliches Instrument der Fortbewegung".
Die Wohnung, in der Sergio Piccinelli mit seiner Frau lebt, zeigt, dass er sich gut abgelenkt hat. Es ist nahezu unmöglich herauszufinden, welche Farbe die Wände haben, so eng nebeneinander und übereinander hängen die Bilder, bis unter die Decke und sogar im Badezimmer. Auf Tischchen und am Boden stehen afrikanische Skulpturen, wenn man es schafft, sich in der Dichte zu einem Objekt durchzusehen, erkennt man, wie schön einzelne wirklich sind. „Welches Bild hast du zuletzt gekauft", fragt Ulrich. Und Sergio kontert: „Mit welcher Kamera fotografierst du?"

Eine ernste Sache: Warum Sergio beim Fußball praktisch immer eine Gastritis kriegt.

Fotografie und Kunst sind zwei von Sergio Piccinellis Leidenschaften. Im Flur entdecke ich auch noch den Fußball. Die Widmung ist gut sichtbar. Sie stammt von Livio Bazzoli, dem Meraner Serie-A-Schiedsrichter. *1990* steht da. „Pro Vercelli gegen Biellese", winkt Sergio ab, als wollte er sagen, das ist doch kein Fußball. Sergio ist für Inter Mailand. „Echt, du bist Interista?", fragt Ulrich. „Voll! Ich

„Das Leben erklärt sich von selbst. Eher frage ich mich, was für einen Sinn der Tod hat. Plötzlich – track – ist es vorbei. Da müsste mal einer den Sinn erforschen."

Als es passierte, hat er – wie er sagt – zwei und zwei zusammengezählt. Er war auf den Beifahrersitz geschleudert worden, „ich habe meine Beine nicht gespürt, sie haben sich nur schwer angefühlt, und ich hatte Schmerzen im Rücken, als mich die Retter aus dem Auto zogen". Ein paar Monate später eröffneten ihm die Ärzte, dass er nie mehr gehen würde. „Ich habe geweint", sagt er, „aber nach zwei Stunden dachte ich an andere Sachen: was im Fernsehen läuft, welches Kunstwerk ich kaufen könnte, solche Dinge." Ich muss sehr ungläubig geschaut haben, denn er sagt, als hätte ich nicht verstanden: „Das hat mich keine große Anstrengung gekostet. Ich bin so. Oberflächlich ist wohl das richtige Wort. Ich lasse mich schnell ablenken. Und schon färbt das Leben sich wieder bunt."
Perry Mason löste seine Fälle in 50 Fernsehminuten.
Krisen habe es natürlich gegeben, gibt Sergio zu, „immer

leide an akuter chronischer Gastritis, wenn Inter spielt. *Tifosaccio!*", sagt Sergio ganz ernst.
Früher war er oft im Stadion, jetzt nicht mehr, es ist acht Jahre her, dass er zum letzten Spiel nach Brescia fuhr. Natürlich spielte Inter. „Sie schoben dich in den Block, der für Menschen mit Behinderung reserviert war", erinnert er sich. Das konnte gut gehen oder nicht: „Einmal stand ich neben einem Mann, der die ganze Zeit versucht hat, mich zu beißen. Es war etwas schwierig, dem Spiel zu folgen."
Und wir müssen lachen. Sergio lässt beim Erzählen kaum eine Pointe aus. Die Wörter laufen leicht hin, wie ein Güterzug, dem das Gewicht seiner Last verfliegt, sobald er in Fahrt ist.
Seit 54 Jahren sitzt Sergio Piccinelli im Rollstuhl. Ich bemerke, dass er die Angewohnheit hat, seinen rechten Fuß

neben dem Rollstuhl auf den Boden zu stellen. „Ja", sagt er, als ich ihn darauf anspreche, „minimale Bewegungen gehen. Das hilft. Ich kann mir wenigstens die Schuhe zubinden oder mich vom Bett in den Stuhl hieven."

Er war 20, als er den Autounfall hatte. „Weniger schlimm als mit 40", sagt er sehr bestimmt. „Mit 40 hast du dein Leben eingerichtet, deine Frau hat dich unter anderen Umständen geheiratet und das Bild, das du von dir selber hast, ist gefestigt. Vielleicht hast du auch einen Kredit laufen und wenn du dann nicht mehr arbeiten kannst ..." Mit 40 wirft dich ein solcher Unfall aus der Bahn, findet er. Mit 20 bist du nicht einmal in der Spur. Da darf man auch von Perry Mason träumen. „Mit 20 musst du noch gemacht werden", formuliert es Sergio, „und ich hatte große Lust zu leben."

Leben in Level zwei: Wie Sergio nicht mehr Anwalt werden konnte.

Der Unfall hat alles auf null gesetzt. Neustart. Nächster Schwierigkeitsgrad. Die Stufen, die das Leben für Sergio einbaute, spürte er erst mit der Zeit. Drei Monate lag er in einem Krankenhaus in Mailand, danach kam er für drei Jahre in eine Rehaklinik in Meran. Rekonvaleszenz, Gymnastik, Krankenhausluft und Krankenhausbekanntschaften betteten ihn auf Watte: „Ich war wie ein Maschinist auf dem Ozean. Der fühlt sich auf seinem Schiff am wohlsten. Solange ich in der Klinik war, ging es mir gut", sagt er. Am schlimmsten war für ihn, wenn er zwischendurch nach Hause durfte.

sehung anrollte. Er war jetzt 24. Perry Mason hatte sich aus dem Staub gemacht, Sergio konnte nicht mehr Anwalt werden. „Um Anwalt zu werden, musst du zuerst als Praktikant arbeiten, das heißt, du musst Akten ins Gericht tragen, und die Gerichte waren damals nicht barrierefrei zugänglich", erklärt er. Neue Helden mussten her. So beschloss er, in Padua italienische Literatur zu studieren, ohne großen Kummer, wie es scheint: „Mir hat das Rechtsstudium gefallen, aber eigentlich galt meine Liebe schon immer der Literatur und der Geschichte." Wie gut das Schicksal einen durchschaut, möchte man da fragen. In Padua lernt Sergio Piccinelli seine Frau Marya kennen. Sie studiert das Gleiche wie er, und sie fühlt sich dem gewachsen, was auf beide zukommt.

Er sieht noch im Kopf, wie seine Frau 1977 mit dem Telegramm auf die Terrasse rannte. Man wollte ihn am Gymnasium in Bruneck, Sergios erste Stelle. Er schlug das Angebot aus. „Ich war ein Feigling", sagt er heute. Im Gymnasium in Meran hält er eine Woche, in der er einen Lehrer vertreten soll, mit großem Aufwand gerade so durch. „Drei Stockwerke", das hat er nicht vergessen. Es gab keinen Aufzug, er musste sich mit einem Krückengestell die Stiegen hinaufqualen, seine Frau schleppte den Rollstuhl nach oben. In der Mittelschule, in der er schließlich seine fixe Stelle fand, fuhr dann ein Aufzug, hielt aber nicht dort, wo Sergio aus- und einsteigen musste. Erst mit der Zeit wurde eine Lösung gefunden. Kurz: Sergio weiß, was es heißt, nicht auf gleicher Höhe zu sein, oder welche Anstrengung es kostet, mit den anderen auf eine Stufe zu kommen.

> „Um Anwalt zu werden, musst du zuerst als Praktikant arbeiten, das heißt, du musst Akten ins Gericht tragen, und die Gerichte waren damals nicht barrierefrei zugänglich."

Seine Schwestern waren in Südtirol verheiratet. Seine Eltern, die in Manerbio bei Brescia lebten, zogen nach Meran, um näher bei ihrem Sohn zu sein. Die Familie rückte zusammen. Allerdings im dritten Stock eines Hauses ohne Aufzug: „78 Stufen, ich hatte damals nicht einmal einen Rollstuhl", sagt er. Mich beruhigt, als er zugibt: „Das ist lange her, und natürlich ist die Zeit eine trickreiche Weichzeichnerin. Aber: Im Krankenhaus habe ich Spaß gehabt, ich kannte alle, vom Heizraum im Keller bis zur Büglerei im Dachboden. Es gab viele junge Patienten wie mich. Daheim war nur das Essen besser."

Es dauerte ein weiteres Jahr, bis Sergio gegen die Vor-

Ich glaube, ich schätze ihn richtig ein, wenn ich sage, mehr als der Verlust der Gehkraft macht ihm der Verlust der Selbstverständlichkeit zu schaffen. Er war kein großer Sportler, behauptet er. Schwimmen, ein bisschen Tennis, in der Jugend Fußball mit den Nachbarskindern und später bei den Schulturnieren. Er sei der gewesen, der die Tore geschossen habe, sagt er, aber nicht, weil er so schnell war, sondern weil er drauflosschoss: „Ich habe nie verstanden, warum ich im Feld stehen durfte und mein Banknachbar nicht. Der konnte dribbeln. Und geschossen hat er auch."

„ICH SITZE SEIT 54 JAHREN IM ROLLSTUHL. ICH EMPFINDE IHN NICHT MEHR ALS EINSCHRÄNKUNG, SONDERN ALS VORZÜGLICHES INSTRUMENT DER FORTBEWEGUNG."

„DAS HAT MICH KEINE GROSSE ANSTRENGUNG GEKOSTET. ICH BIN SO. OBERFLÄCHLICH IST WOHL DAS RICHTIGE WORT. ICH LASSE MICH SCHNELL ABLENKEN. UND SCHON FÄRBT DAS LEBEN SICH WIEDER BUNT."

Ein Talent, das man brauchen kann: Wie Sergio sich mit seinem Vater in Selbstironie übte.

Sergio Piccinelli neigt zum Understatement. Wenn das Leben ihm die Spitze zeigt, kappt er diese mit Selbstironie. Er hat das als Kind mit seinem Vater eingeübt: „Wenn wir allein waren, durfte ich ihn auf den Arm nehmen, so lange ich wollte. Vor anderen musste ich ernst bleiben." Er sei in einer guten Familie aufgewachsen, betont er, mit Herz und Humor.

Seine Art ist subtil. So sagt er, es tue ihm leid, dass er nie Deutsch gelernt habe, aber er gehöre wohl zu der „raren Spezies", die sich eher in Hieroglyphen und Etruskisch verliere als in den modernen Sprachen: „Ich kann mir keine Vokabeln merken." Auf Gymnastik habe er nie Lust, aber die Übungen nach seinem Unfall hätten er und seine Mitpatienten mit „Campusgeist" absolviert. Als Kunstsammler nennt er sich „manisch zwanghaft", wenngleich als Investor ungeeignet: „1992 musste ich entscheiden, will ich einen Boetti kaufen oder einen gewissen Pusole? Gefallen hat mir Boetti, gekauft habe ich Pusole, ich dachte, Boetti ist schon teuer, aus Pusole kann noch etwas werden. Die Geschichte zeigt, wie gut ich es getroffen habe. Kennen Sie Pusole? Sehen Sie!" Seine technologischen Geräte seien manchmal nur durch einen „Schamanen" zu besänftigen, und auf Reisen gehe er nie ohne Fotoapparat: „Soll das ein Scherz sein?"

Fortan habe er mit Tricks gearbeitet, sagt er. Leicht durchschaubaren Tricks. „Mit elf oder zwölf haben Jugendliche einen ausgeprägten Sinn für Gerechtigkeit. Ich habe immer gesagt: Ich bin extrem ungerecht und deshalb wird gemacht, was ich sage", erzählt er. „Aber weil ich das so offen gesagt habe, war das in Ordnung für sie." Sein Fach redete er absichtlich schlecht, um es im Anschluss als unabdingbares Übel anzupreisen: „Geschichte ist schwierig, langweilig, unsympathisch, aber leider notwendig." Und die Schüler hatten ein Einsehen.

Auf Facebook öffentlich der Beweis: *Professore, was für eine Freude, Sie hier wiederzusehen!*", steht in Sergios Account mehrfach zu lesen.

Seine letzten Schützlinge sind heute in den Dreißigern. Sergio Piccinelli ging 1999 in Pension. Sein Körper spielte nicht mehr ganz mit.

Sieben Briefe in eigener Sache: Als Sergio mit dem Stadtbus die Gehsteige entlangfuhr.

Für die Politik reichten die Kräfte noch locker. 2000 kandidierte Sergio Piccinelli für den Gemeinderat in Meran, als *Noi per l'Alto Adige*, deutsch: Wir für Südtirol, eine Vorläufergruppierung der *Demokratischen Partei*. Sergio war einer der Gründer. Und weil alle Parteimitglieder sich auf die Liste setzen ließen, fühlte er sich in der Pflicht. Er kam durch. „Ich kam als Letzter rein", sagt dazu Sergio.

„Ich bin Zeuge, wie sehr die Welt sich verändert hat in all den Jahren. Die Haltung Menschen mit Beeinträchtigungen gegenüber ist anders geworden, im Vergleich zu damals, nach meinem Unfall, ist es jetzt großartig, porca miseria ..."

Er muss dementieren, Merans beliebtester Lehrer gewesen zu sein. „Es würde mich natürlich freuen", sagt er. Aber nein, wer sagt denn so etwas, schüttelt er den Kopf. Obwohl er mit den meisten Schülern wirklich gut ausgekommen sei, wagt er sich wieder vor. „Ich habe für viele Klassen eine Empathie entwickelt, ich mochte meine Schüler, das haben sie wahrscheinlich gespürt." Sonst? Nichts Besonderes, wehrt er sich.

Sein erster Tag sei schrecklich gewesen. „Sie haben mich zerfleischt. Ich war mit den Nerven am Ende", sagt er dramatisch. Bis eine Schülerin riet, er solle die Tür offenlassen, alle fürchteten sich vor dem Schuldiener Serra. „Da gab es nur ein Problem: Ich hatte auch Angst vor dem Schuldiener Serra, also konnte ich die Tür nicht aufmachen."

Man kann ihn gut gebrauchen. Er wird *Beauftragter für die Belange von Menschen mit Beeinträchtigungen*, und später, als er nicht mehr politisch aktiv ist, Mitglied im *Südtiroler Monitoringausschuss für die Rechte von Menschen mit Behinderungen*. Es ist eine Aufgabe, die ihm gefällt. Er informiert sich, plant, telefoniert, schreibt, er lernt, dass Blinde andere Bedürfnisse haben als Rollstuhlfahrer, er erreicht, dass die Stadtbusse mit ihm die Straßen abfahren und eine Plattform entwickeln, damit Menschen mit Rollstühlen und Kinderwägen einfacher ein- und aussteigen können. Sieben Briefe schrieb er allein an die italienische Eisenbahnverwaltung. „Am Ende haben wir es für Meran geschafft: zwei Rampen und Züge, die bündig zum Bahnsteig die Türen öffnen", sagt er zufrieden. Den Bahnhof

Bozen kriegt er auch noch dran. So hofft er. Er hat schon eine „beeindruckende Sammlung" von Antworten von Politikern und Eisenbahnverwaltern. Nachgeben will er nicht. Er kommt fast ins Fluchen, als er sagt: „Ich bin Zeuge, wie sehr die Welt sich verändert hat in all den Jahren. Die Haltung Menschen mit Beeinträchtigungen gegenüber ist anders geworden, im Vergleich zu damals, nach meinem Unfall, ist es jetzt großartig, *porca miseria* ..."

Man kann nur ahnen, was er erlebt hat. Er hat nie stillgehalten. Er wollte mobil sein, auch wenn ihn das Hartnäckigkeit und manche Enttäuschung kostete. In den besten Zeiten haben seine Frau und er jedes Jahr zwei Reisen gemacht. Es sind Reisen um die halbe Welt. Er zeigt uns seine Fotobücher. Nachmittags arbeitet er immer daran, sie füllen mittlerweile Regale. Es gibt Fotobücher über die USA, Ägypten, Mailand, Afrika genauso wie über die Kunstmesse *Artefiera* in Bologna, die er jedes Jahr besucht. Die Bücher macht er nur für sich.

Bei *Jazz Safari* bleiben wir hängen. An der Fotodokumentation in Schwarzweiß sieht man Sergios Gründlichkeit. Die Piccinelli haben ein Haus am Meer, in der Nähe von Comacchio. Von den Jazzkonzerten im Sommer hat Sergio dort ganz wenige ausgelassen. Als wir die Seite mit Franco D'Andrea aufblättern, erzählt er eine Geschichte. „Meine Frau findet Franco D'Andrea langweilig", sagt er, „sie wollte sein Konzert nicht sehen." Sergio musste alleine nach Comacchio fahren, um den Meraner Pianisten und Jazzkomponisten zu erleben. Mit Stativ und Fotoapparat machte er sich auf den Weg über das holperige Pflaster. „Ich hatte auch noch das Aufnahmegerät dabei, ich nehme alle Konzerte auf, auch wenn ich sie danach nie wieder anhöre, und dann mit dem Rollstuhl über die Pflastersteine. Eine Mühsal, o Maria!"

Er schaffte es, die Fotos sind der Beweis. „Keine besonders guten Fotos", relativiert Sergio, „die Bedingungen waren auch nie wirklich günstig bei den Konzerten." Dafür habe er an jenem Abend einen Jazztrompeter entdeckt, den damals niemand kannte. Er zeigt auf ein Foto, und wir erraten mit einigem Zögern Paolo Fresu, blutjung, von einem begeisterten Sergio eingefangen.

Diese Frage ist falsch gestellt: Warum Sergio nie über den Sinn des Lebens nachdenkt.

Zum Jazz ist Sergio Piccinelli übrigens über die Literatur gekommen. Zur Kunst über die Organisation *Santerasmo Club d'Arte*, die in Mailand ins Krankenhaus kam und Bilder auf Raten verkaufte. Zur Fotografie über einen befreundeten Maler. Und zu Facebook, weil er die Geburtstagswünsche beantworten musste, die seine Freunde posteten.

Nach dem Lebenssinn zu suchen, ist für ihn Zeitverschwendung. „Das Leben erklärt sich von selbst", sagt er, „eher frage ich mich, welchen Sinn der Tod hat." Bis jetzt hat er keine Antwort gefunden. „Plötzlich – track – ist es vorbei. Da müsste mal einer nachforschen."

2014 war er auf der Kippe. Lungenentzündung mit beidseitiger Embolie. Danach musste er sich von ganz unten wieder hinaufrappeln.

Während er uns davon erzählt, fällt ihm ein, dass er heuer vielleicht nicht wie geplant ans Meer fahren kann. Eine medizinische Untersuchung steht bevor, die ihn mit Sorge erfüllt. Dass alles von vorne anfängt. Noch einmal. Tagsüber denke er nicht daran, sagt er.

Tagsüber ist er bereit, jeder Unbill ins Auge zu blicken. „Haben Sie *Der Unterhändler* gesehen?", fragt er. Ich schüttle den Kopf. In Steven Spielbergs Film über den russischen Spion Rudolf Abel gibt es einen Dialog zwischen Mark Rylance alias Abel und Tom Hanks als dessen Anwalt. Rylance ist drauf und dran, zum Tode verurteilt zu werden. Hanks fragt ihn, ob er sich nie Sorgen mache. Die Antwort: „Würde das helfen?"

Klarer Fall. Abel ist ein anderes Kaliber als Perry Mason.

Sergio Piccinelli, 1945 geboren, wächst in Manerbio bei Brescia mit zwei älteren Schwestern auf. Sein Vater arbeitet als Abteilungsleiter in der Wollfabrik Marzotto. Nach der Matura am klassischen Gymnasium in Brescia beginnt Sergio ein Jurastudium in Mailand. 1965 wird er bei einem Autounfall so schwer verletzt, dass er seitdem im Rollstuhl sitzt. Im Rehazentrum der Böhlerklinik in Meran ist Sergio drei Jahre rekonvaleszent. Seine Schwestern sind in Südtirol verheiratet. Nun zieht der Rest der Familie ebenfalls nach Meran. Da das Jurastudium sich als aussichtslos erweist, beginnt Sergio 1969 ein Studium der italienischen Literatur in Padua, das er abschließt. 1977 erhält er eine Stelle als Lehrer für Italienisch, Geschichte und Geografie an der italienischen Mittelschule *Giovanni Segantini* in Meran. 1999 geht er an dieser Schule in Pension.

2000 wird er für *Noi per l'Alto Adige* in den Gemeinderat von Meran gewählt. Bis 2005 ist er dort *Sonderbeauftragter für die Belange von Menschen mit Beeinträchtigung*. 2015 bis 2019 ist er Mitglied im *Südtiroler Monitoringausschuss für die Rechte von Menschen mit Behinderungen*. Sergio Piccinelli lebt mit seiner Frau Marya in Meran. Das Paar ist seit 44 Jahren verheiratet.

HENRY MARTIN _RENATE KOSTNER PIZZININI_

EINEN ORT FINDEN UND EINEN ORT ANBIETEN

HENRY MARTIN

Der Zugereiste

„ES GIBT DAS LEBEN, ES GIBT DEN TOD. DA GEHT ES UNS ALLEN GLEICH. MAN MUSS EINFACH LEBEN. DAMIT LEBEN KÖNNEN, DASS ES FRAGEN GIBT, DIE KEINE ANTWORT HABEN."

Nichts war geplant. Aber es gehe ihm schrecklich gut, sagt Henry Martin. Seit 40 Jahren lebt der Kunstkritiker, Autor und Übersetzer aus Philadelphia auf einem abgelegenen Bauernhof in Südtirol. Für seine Freiheit warf er alle Sicherheiten über Bord. Das Leben hat für ihn entschieden, sagt er. So einfach?

Die Abzweigung von der Bergstraße nach Völser Aicha klappt so plötzlich nach unten, dass man das Gefühl hat, ins Nichts zu fahren. Als würde das Auto gleich abheben. Kurz danach die Gabelung, an der sich alles entscheidet. „Nimm den wahrscheinlichsten Weg", hat Henry Martin früher einmal gesagt. Daran denke ich, während es weiter abwärts geht, fast bis ins Tal hinunter. Vorher muss die Straße aufhören. Dann sind wir richtig.

Die Kurven sehen alle gleich aus, schmal und unübersichtlich. Endlich Henry. Auf der Stadelbrücke. In T-Shirt, Strickjacke, Hausschuhen. Er hält Ausschau nach uns. Mein Bauch entspannt sich. Was nur wahrscheinlich ist, macht mich meistens nervös. Für Henry ist es anders. Er lebt in dem Wissen, der Weg, den er einschlägt, scheint der richtige zu sein. Man kann es nicht wissen, sagt er oft in Gesprächen. Zumindest nicht mit Sicherheit wissen. Irgendwo kräht ein Hahn. Es ist früher Nachmittag und im Januar 2019 hier in der Einsamkeit nur scheinbar ruhig. Gleich fangen Maschinen zu lärmen an. Am Prackfolerhof wird gebaut, der junge Bauer lässt einen Weinkeller in den Berg graben.

von sich sagt, das Leben habe für ihn bestimmt. „Nichts war geplant in meinem Leben", gibt er uns zu verstehen.

Bei Hänsel und Gretel: Wenn die Welt zu cool wird, landet man in Südtirol.

Nur so konnte er wohl in Südtirol landen, am Berg, auf einem Hof, in der Einöde. Von Philadelphia über Mailand und Rom. Einer, der mit Michelangelo Pistoletto gearbeitet hat und der noch heute mit den internationalen *Fluxus*- und *Arte-Povera*-Künstlern befreundet ist: „Der Prackfolerhof? Das war ein Traum. Absolut ein Traum. Jetzt ist es schön, aber damals in den 1970er Jahren war das Hänsel und Gretel. Unglaublich."

Henry stammt aus Philadelphia, Berty aus Bozen, also eine kurvenreiche, halbe Autostunde vom Hof entfernt, auf dem sie leben. Nicht was Sie vielleicht denken. Henry lebte schon in Südtirol, als er Berty kennenlernte. Er wollte damals Ski fahren und ein Buch fertigschreiben, er brauchte Ruhe, er hatte genug von der Kunstszene in Mailand und in Rom, „ich war stuff", sagt er sehr südtirolerisch. Ein Freund hatte ihm eine Wohnung besorgt. Und Henry blieb: „Es gab keinen Grund mehr wegzugehen."

Das ist Henrys Version. Man könnte die Geschichte rückwärts auch ganz anders lesen. So zum Beispiel.

Henry kam nach Südtirol, weil er sich in Mailand als Dozent der Bocconi-Universität mit einem Südtiroler

„In Südtirol gibt es diese verbohrte Geschichte zwischen Deutschen und Italienern. Die (deutschsprachigen) Südtiroler haben kein Problem mit mir gehabt, sie hatten so viele Probleme mit den Italienern."

Seit 40 Jahren wohnen Henry Martin und Berty Skuber hier. In einer Wohnung mit Zugang über die Stadelbrücke. Berty ist Künstlerin. Wenn man Küche, Arbeitszimmer, Bad, Henrys Zimmer, Wände, das frühere Kinderzimmer, Kommoden, Tischchen, Balkon, Fensterbalken inspiziert, geht einem auf, was es heißt, Kunst zu leben: Berty braucht tausend Sachen, um arbeiten zu können, Henry sagt, „um denken zu können." Henry ist Experte für mittelalterliche englische Literatur, Kritiker für Avantgardekunst der 1960er und 1970er Jahre, Autor, Übersetzer, seit einigen Jahren Schatzmeister einer Kunststiftung in Venedig und im Übrigen ein Mann, der

Studenten anfreundete. Nach Italien kam Henry, weil man an der Universität in Mailand gerade jemanden wie Henry suchte, der Chaucer, den mittelalterlichen, englischen Autor, unterrichten konnte, und Henry seinem Mentor, Bill Wilson, Gehör schenkte. Dieser sagte, jeder Romantiker fährt nach Italien. „Jawohl", sagte darauf Henry. Vorher studierte er Chaucer, weil Bill Wilson ihn dafür begeisterte. Und er lernte Italienisch, weil „man Chaucer nicht verstehen kann, ohne Boccaccio im Original zu lesen". Nur Deutsch. Das scheint ein Zufall zu sein. „An der Universität musste man eine Fremdsprache lernen", sagt Henry, „Deutsch war eine Tragödie am

Anfang". Heute spricht er es überlegt, mit charmanter Tiefstapelei, hie und da schleichen sich kleine Südtiroler Schlampereien ein.

Henry war also wie gemacht für Südtirol. Er konnte Deutsch und Italienisch, und sein Leben brauchte eine neue Richtung. Ohne Kunstszene, ohne Universität, ohne Ablenkung. Südtirol hatte all das 1971. Henry besaß eine Schreibmaschine und eine kleine Summe Geld, die seine Großmutter ihm vererbt hatte. Er wollte schauen, wie weit er damit kommt: „So habe ich gesagt, ein, zwei Jahre kann ich leben. Danach werden wir sehen, ob man von der Schreibmaschine leben kann. Das hat komischerweise geklappt."

Henry schreibt fortan für renommierte Kunstmagazine, er übersetzt italienische Romane und Sachbücher ins Englische. Findet sogar einen Verleger, der fragt, welche Autoren er gerne übersetzen würde. Kuratiert die eine oder andere Ausstellung. Schreibt Monografien über Künstler. Er kann leben. „Es sind immer neue Dinge dazugekommen", sagt er. Zuletzt, vor 15 Jahren, die Verwaltung der *Emily Harvey Foundation* in Venedig, die Künstlern, Musikern, Tänzern Arbeitsaufenthalte in der Lagunenstadt ermöglicht. Seitdem pendeln Berty und er jeden Monat zwischen dem Prackfolerhof und Venedig. Henry: „Sagen wir, wir leben wie Künstler, wie man sich vorstellt, dass Künstler leben. Bohemienhaft."

sich. „Wir leben in einer Welt, in der alle alles wissen, aber das Leben ist nicht so! Leute kennenzulernen, die nicht dieses Bedürfnis von Sicherheit haben, das war sehr wichtig für mich."

Seine Eltern fanden sich damit ab, dass er – genauso wie sein Bruder – nicht in ihre Fußstapfen treten würde: „Sie wussten, wer ich war. Irgendwie."

Dennoch, er sei seinem Vater ähnlich, ist Henry überzeugt. Das ist nicht ganz leicht zu verstehen. Henrys Vater war Geschäftsmann, gemeinsam betrieben die Eltern eine große Wäscherei in Yeadon bei Philadelphia. Beide arbeiteten hart, als Zuwanderer aus dem Süden der USA wollten sie es im Norden zu Erfolg, Wohlstand und Ansehen bringen. Den Traum, Medizin zu studieren, hatte Henrys Vater da längst aufgegeben. Es war einfach kein Geld mehr da gewesen, um auch das 13. Kind studieren zu lassen.

Vater und Sohn finden bei Platon zueinander. „Mein Vater hat angefangen, mit mir Platon zu lesen, da war ich acht Jahre alt", erinnert sich Henry. In gewisser Weise habe sein Vater also ein Doppelleben geführt, eines fürs Geschäft, eines für den Intellekt. „Und ich habe davon nur die eine Seite übernommen", lacht Henry.

Der Vater besucht Henry ein einziges Mal auf dem Prackfolerhof. Es seien drei Wochen mit tiefgründigen Gesprächen gewesen, sagt Henry: „Mein Vater war ein Intellektueller.

„Sagen wir, wir leben wie Künstler. Wie man sich vorstellt, dass Künstler leben. Bohemienhaft."

Zu normal für Henry: Weil Bürger Antworten suchen, müssen Künstler Fragen stellen.

Wahrscheinlich ist, dass Henry kaum etwas mehr langweilt als Sicherheit. Schon als Kind fühlte er sich eingeengt. Schwierig sei er gewesen, sagt er. „Das war alles sehr kleinbürgerlich, total normal, viel zu normal für mich." Er sei sehr wach gewesen, habe viel gelesen, immer auf der Suche nach Leuten, „die mir ähnlich waren".

Erst in New York, nach dem Studium, findet er, was er sucht. Menschen und Künstler, für die er später den Begriff „Fluxers" prägen wird und die er als offen und echt beschreibt: „Ich konnte Fragen stellen und musste nicht alles wissen. Ray Johnson und diese Leute waren Menschen, die mit Unsicherheit leben konnten", erinnert er

Er hat nur nicht so gelebt, weil das nicht möglich war." Sie kommen sich sehr nahe in dieser Zeit. Näher als irgendjemand ahnen konnte. Henry Martin senior stirbt völlig unerwartet auf seiner ersten und letzten Reise nach Europa. Er bleibt hier, auf dem Bozner Friedhof.

Platon musste recht behalten. Leben bedeutet Unsicherheit, deshalb ist Mut der Schlüssel zum Leben, das sei die erste Lehre seines Vaters gewesen, sagt Henry und zitiert einen Dialog zwischen zwei Gelehrten aus Platons *Kritias*: „Der eine sagt, es ist klar, dass das Universum einen Anfang gehabt hat; und der andere sagt, aber es ist ebenso klar, es könnte auch keinen Anfang gehabt haben." Das findet er lustig: „Diese Fragen kann man nicht beantworten." Selbst die moderne Physik mit ihrer Forschung komme da nicht recht voran.

Die Lust am Nichtwissen: Wie man Leben und Tod nehmen kann, wenn man Henry ist.

Bis heute lebt Henry mit einer Lust am Nichtwissen. Fragen, sagt er, sind wichtig, die Antworten bleiben offen. „Es gibt das Leben, es gibt den Tod, da geht es uns allen gleich. Man muss einfach leben. Damit leben können, dass es Fragen gibt, die keine Antwort haben."
„Was machst du, damit du gut leben kannst?", hake ich nach.
„Ich weiß nicht, ich habe keine Angst. Nur das. Das ist das Problem und die Lösung zugleich: keine Angst zu haben."
„Wie macht man das?"
„Keine Ahnung."
„Hast du nie Angst gehabt im Leben?"
„Eigentlich nicht. Ich fürchte mich auf der Autobahn und vor ein paar anderen Dingen. Aber Angst vor dem Leben? Das nicht."
Henry war 22, als er nach Europa kam. Im Gepäck hatte er Wasser von einem Eiswürfel aus New York, das sollte er in Rom bei einem Künstler abgeben, damit dieser daraus einen römischen Eiswürfel einfror. Doch stattdessen erwartete ihn in Rom ein Telegramm, das ihn zu einem Festival nach Palermo einlud. Er fuhr hin. Henry nahm alle Umwege, er würde wohl sagen, die wahrscheinlichsten Wege, bis er schließlich in Mailand ankam, wo er hinwollte.
Vier Jahre unterrichtet er an der Bocconi-Universität. Als die Sprachenfakultät geschlossen wird, erkennt er, dass er nie wieder an eine Universität zurückkehren wird: „Immer sollte man Klarheiten schaffen, aber das bin ich nicht."
Der Druck, unverrückbare Einschätzungen zu liefern, nervt ihn auch als Kritiker, der die soeben entstehende Kunst einordnen soll. 1968 wird er als Kritiker zum *Arte Povera Festival* in Amalfi eingeladen. Als dem Künstler Michelangelo Pistoletto bei seinem Schauspiel *Lo Zoo*, der Zoo, ein Schauspieler fehlt, springt Henry kurz entschlossen ein. Und das Festival muss ohne Kritiker auskommen. Das Leben bietet an, und Henry streckt manchmal die Hand aus. Seit Jahren liest er Krimis, weil George Brecht, ein Künstler aus der New Yorker Zeit, ihm diese kartonweise schickte. Und sobald er mit einem Buch fertig ist, zerschneidet Berty dieses zu winzigen Artefakten.

Warum sich gegen das Schicksal wehren, fragt Henry. Es weiß offenbar, was gut ist.

„Mein Leben ist voll wunderbarer Zufälle gewesen", sagt Henry. Er ist überzeugt: „Man hat ein Karma, ein Schicksal. In dieses muss man hineinwachsen. Das war immer mein Modus, um mit dem Leben ins Reine zu kommen." So ist Henry in Bozen auch Berty begegnet. Zufällig oder wie vom Schicksal arrangiert. Henry traf in Bozen einen Mailänder Freund, gemeinsam gingen sie zur Vernissage

> „Ich hatte nie wirklich große Schwierigkeiten im Leben. Oder vielleicht hatte ich sie, ich habe sie aber nicht erkannt."

eines Künstlers, den beide aus Mailand kannten. Kommt, sagte dieser am gleichen Abend, eine Freundin von mir eröffnet heute ebenfalls eine Ausstellung. Das war Berty. Danach dauerte es nur noch ein Jahr, bevor sie zusammen ins Kino gingen und bald darauf eine Wohnung suchten.
„Das ist eine sehr schöne Geschichte", lacht Henry. Die Bauern des Prackfolerhofs hatten ein Haus zu vermieten. Drei Wochen lang haben Henry und Berty jeden Sonntag das Haus besichtigt. Zusammen mit den Prackfolerbauern Hans und Frieda. Dann war klar: Das Haus war zu klein. „Das haben wir gewusst", soll der alte Prackfoler gesagt haben, „aber wir haben noch ein Haus, am Hof unten." Da hat Henry verstanden: Das erste Haus war nur ein Test gewesen. Nach drei Wochen hatten die Prackfoler den schwarzen Amerikaner und seine Südtiroler Frau für gut befunden. Heute gehören sie fast zur Familie.
Das sei bestimmt schwierig gewesen in Südtirol in den 1970er Jahren, als Fremder, werfe ich ein. Überhaupt nicht, sagt Henry: „Man hat nie mit einer ganzen Kultur zu tun, man hat immer mit einzelnen Leuten zu tun." Er habe gar nicht so viel Kontakt mit Südtirolern gehabt. „Am Prackfolerhof waren wir zu Hause, aber wir sind viel gereist. Und wenn wir daheim waren, haben wir nichts gebraucht. Wir wollten nichts von den Leuten. Wir waren einfach da. Sie hatten keine Angst vor uns." Trotzdem waren die Südtiroler doch bestimmt verschlossen damals, probiere ich es noch einmal. „Verschlossen sind sie", gibt Henry endlich zu, „aber es gibt diese verbohrte Geschichte zwischen Deutschen und Italienern, sie haben kein Problem mit mir gehabt, sie hatten so viele Probleme mit den Italienern."
Henry! Wir lachen beide. Henry ist nicht beizukommen.

Er sieht, was er sehen will. Wie wir alle. In seinem Fall ist es das Gute. Wer sagt, denke ich bei mir, dass das nicht genauso wahrscheinlich ist wie das Schlechte? Ich fühle mich von Henry angesteckt.

Weil es schön ist, daran zu glauben. Wenn man im Arbeitszimmer von Henry Martin sitzt, das heimelig ist von all den Objekten, Bildern, Büchern, scheint die Welt wirklich sanfter. Unaufgeregt. Jetzt, wo die Arbeiter Feierabend haben, auch stiller. Allein die vielfarbige Katze fordert maunzend ihren Stuhl zurück. Aber kann man sich so täuschen lassen?

Henry, setze ich an, du bist in den USA in einer Zeit aufgewachsen, wo es für Schwarze schwierig war … „Ja und nein", sagt er nach einer Weile, und ich meine, ein leises Seufzen zu hören, „diese Rassenprobleme sind eigentlich Klassenprobleme. Bürgerliche schwarze Familien im Norden war eine Sache, arme schwarze Familien im Süden, das war etwas völlig anderes. Man wusste, in welchem Land man lebt, man wusste, was für Änderungen kommen müssten. Aber faktische Probleme hatten wir als Familie nicht." Er sei absolut privilegiert aufgewachsen, betont er.

Wie es einem schrecklich gut geht? Wer sagt denn, dass man Schwierigkeiten sehen muss.

Henry Martin ist wahrscheinlich, was man einen glücklichen Menschen nennt. „Es geht mir schrecklich gut", sagt er, „ich habe nie wirklich große Schwierigkeiten im Leben gehabt." Und dann, wie es zu Henry passt: „Oder vielleicht habe ich die gehabt, aber ich habe sie nicht wahrgenommen."

Er ist 77. Raucht vier Zigaretten am Tag. Macht keinen Sport, „ich bin schrecklich faul". Er isst weniger als früher, trinkt weniger Wein, „daran merkt man das Alter". Er sagt das leichthin. Mit dem Alter hat er keine Schwierigkeiten. Noch immer ist er groß, schlank, fast dünn, schlacksig. Er kann bis zwei Uhr nachts arbeiten und danach bis elf Uhr morgens schlafen. Oder früh aufstehen, wenn er Termine hat. „Ich habe nie etwas gemacht, was ich nicht machen wollte. Vielleicht ist das das Geheimnis", vermutet Henry.

„Bist du ein Perfektionist, Henry?"

„Eigentlich schon. Ich kann mich in eine Arbeit sehr hineinsteigern."

„Das macht nicht immer glücklich …"

„Aber es macht nicht unglücklich. Probleme zu lösen, macht mir Spaß. Es hilft, die Dinge zu nehmen, wie sie kommen. Und neue Dinge einfach zu machen. Ich glaube, das hält auch jung."

Warum der wahrscheinlichste Weg vielleicht doch der richtige ist.

Es ist alles so gegangen, wie es gehen sollte, lautet einer der weisesten Sätze von Henry. Er hat deshalb nie überlegt, in die USA zurückzugehen. Obwohl er sich noch immer sehr als Amerikaner fühle, lässt er plötzlich mit einem gewissen Stolz durchblicken: „Ich lese mehr über die Geschehnisse in den USA als über jene in Italien. Aber wie könnte man sagen, mehr aus Scham. Ich finde es ungeheuerlich, was aus diesem Land geworden ist. Es wird nicht so bleiben, aber inzwischen ist es beschämend", spielt Henry auf die Präsidentschaft von Donald Trump an.

Zurückgehen hieße, vom Prackfolerhof auszuziehen: „Das kommt nicht infrage. Das wäre unmöglich", wehrt Henry ab, „ich wüsste nicht, wie man das tut."

Auf Zeit. Das geht. Henry und Berty sitzen oft auf gepackten Koffern. Nach unserem Gespräch fahren sie erst nach Nizza, wo Berty eine Ausstellung aufbaut, danach nach Venedig.

Das abenteuerlichste Stück der Reise ist wahrscheinlich die Fahrt vom Hof bis zum Bahnhof nach Bozen, stelle ich mir vor. Nicht für Henry und Berty, wie sich herausstellt. Nein, sagen sie, also das geht so: „Nach Venedig fahren wir manchmal mit dem Auto, manchmal mit dem Zug. Mit dem Zug ist es bequemer. Meistens bringt uns die Luise vom Prackfolerhof zum Bahnhof und holt uns wieder ab. Manchmal nehmen wir ein Taxi. Der lokale Taxifahrer macht einen guten Preis. Er ist jener, der auch die Kinder vom Hof zur Schule bringt."

Natürlich, der wahrscheinlichste Weg.

Henry Martin, 1942 in Philadelphia (USA) geboren und aufgewachsen, studiert Englische Literatur am Bowdoin College (Maine/USA) und an der New York University. In New York findet er Kontakt zu Künstlern wie Ray Johnson, George Maciunas, Dick Higgins, Alison Knowles, Philip Corner usw., die als Exponenten der internationalen Künstlerbewegung *Fluxus* bekannt werden; mit einigen ist er bis heute befreundet. 1965 wird er als Dozent an die *Bocconi*-Universität nach Mailand berufen. Vier Jahre lehrt er dort Englische Literatur. Gleichzeitig bewegt er sich im Umfeld der Avantgarde-Künstler von *Arte Povera*, *Fluxus* und *Nuclear Art* in Mailand und Rom. Der Vorsatz, einen Winter lang Ski zu fahren und ein Buch zu schreiben, bringt ihn 1971 nach Südtirol.

Henry Martin ist Kunstkritiker, Autor und Übersetzer. Er gilt als Experte der Kunstströmungen Fluxus und *Arte Povera* und schrieb als Kunstkritiker u. a. für *Art International, Art and Artist, Studio International, Art News*. Von ihm erschienen u. a. Monografien über die Künstler Duchamp, Arman, Baruchello und George Brecht. Aus dem Italienischen übersetzte er u. a. die Romane von Anna Maria Ortese und Giorgio Manganelli. Zuletzt erschien die englische Version der Memoiren des Kunstsammlers Gino Di Maggio. Am Museion, Museum für moderne und zeitgenössische Kunst in Bozen, kuratierte er 1992 die *Fluxus*-Ausstellung *Fluxers*, ein Begriff, den er geprägt hat.

Seit 2004 ist er Finanzchef der *Emily Harvey Foundation* mit Sitz in New York und Venedig, die Künstlerinnen und Künstlern Arbeitsaufenthalte in Venedig ermöglicht.

Er lebt mit der Künstlerin Berty Skuber auf einem abgelegenen Bauernhof in Unteraicha bei Bozen. Sie haben einen Sohn, John-Daniel, Anthropologe, Fotograf, Musiker.

RENATE KOSTNER PIZZININI

Die Hoteliersfrau

„ICH HABE GEKÄMPFT. IMMER GEKÄMPFT. UND VIEL GEARBEITET. ABER ICH WERDE NIE AUFGEBEN. WENN ICH STERBE, WILL ICH AM KIRCHPLATZ EIN GROSSES BUFFET HABEN, UND DIE MUSIK SOLL SPIELEN."

Sie hat dem Leben mehr abgetrotzt, als dieses ursprünglich geben wollte. Jetzt soll Renate Kostner kürzertreten. Sie hat selber dafür gesorgt, als sie Sohn Carlo die Zügel des Hotels in die Hand gab. Nur: Was tun, wenn man nie müde wird?

Es ist ruhig an der Rezeption. Alle Gäste sind schon sportlich unterwegs in Kolfuschg. Ich schaue an mir herab, ob man das Loch im Kleid sieht. Es geht. Dann kommt Bewegung in die Szenerie. Renate Kostner Pizzinini steigt die Treppe herab, im blauen Hosenanzug, auf Schuhen mit Louis-Absätzen. Alles passt. Sie ist kleiner und zierlicher, als ihre Stimme am Telefon vermuten ließ. Das Kompliment rollt lächelnd über ihre Lippen: „Sie haben sich aber schön gemacht."

O Mensch, denke ich, das hätte doch ich sagen müssen, und drücke meine Tasche an mich. Warum habe ich nur dieses Kleid angezogen?

Nach dem Gespräch – so viel verrate ich Ihnen gleich – kann ich gelöst sagen: Ich hätte es nie geschafft, Renate Kostner zuvorzukommen. Selbst mit einem Kleid ohne Loch. Nie. Sie ist immer früher dran. Weil sie eine ist, die Erste sein will. In vielen Dingen, nicht in allen. Vor allem jedoch, weil sie es drauf anlegt, als Erste den Menschen ein Lächeln zu entlocken.

Als Hotelierin ist sie gut darin. 48 Jahre, sagt sie, ist sie jeden Abend von Tisch zu Tisch gegangen und hat sich mit den Gästen unterhalten. Gefügige, Spröde, Schüchterne, sie kannte sie alle, wenn sich ein Staatschef ankündigte, studierte sie im Vorfeld die Landessitten und die wirtschaftliche Lage, damit sie gute Figur machte beim Small Talk. Als Sandro Pertini, damals Staatspräsident von Italien, zum Essen kam, trieb sie die Sänger aus dem Dorf zusammen und überlebte mit ihrer Leutseligkeit Renate, damit es besser klingt". Zwischen Bildern und Skulpturen ist heute ihr Platz im Hotel, seit sie und ihr Mann, den sie liebevoll *Peppele* nennt, 2013 das Szepter an Sohn Carlo und Schwiegertochter Marion übergeben haben. Die Stammgäste kommen nun hierher, wenn sie Renate sehen wollen, auch jene, denen die Kunst ganz einerlei ist.

In der Galerie ist sie für sich. Und morgens um fünf, wenn sie wieder einmal den Mond fotografiert. Es geht ihr nach, dass andere die Mondfinsternis im Juli 2018 fotografieren konnten und sie nicht. Ein Gewitter hat ihr das Spektakel verdorben. Warum der Mond so wichtig für sie ist, fragen wir. „Ich weiß es nicht", gesteht sie, „vielleicht weil der Mond so launisch ist wie die Menschen." Sie fotografiere auch die Sonne, sagt sie, „aber nur Sonnenaufgänge". Dafür gehe sie abends allein auf die Alm und schlafe in einer Hütte.

Dass sie in Pension ist, weiß sie zwar. Sie weiß nur mit dem Begriff nichts anzufangen. Renate Kostner ist als Rastlose geboren. Kommt mit zwei Stunden Schlaf aus. Heute macht ihr das zu schaffen, „weil ich nie müde bin". Als sie jung war, hat es sie davor bewahrt zu scheitern. Oder einfach, eine andere Renate werden zu müssen. Irgendwie hört sich ihr Leben an, als hätte sie viele Wetten mit sich und der Welt abgeschlossen.

Von Renate kann man lernen: Du musst an dich glauben, wenn es sonst niemand tut.

Sie wuchs arm auf. Ihre Eltern führten einen Gasthof mit 20 Betten in Kolfuschg; es gab ein Bad, „mit automatischer Spülung", habe ihr Vater stolz in den Prospekt geschrieben. Renates Strumpfhosen waren aus kratziger Schafwolle. Mit acht stand sie im einzigen Kiosk des Tales

> *„Ich habe so eine komische Art. Ich nehme ein Kompliment gerne an, aber gebe es noch lieber zurück."*

auch, dass sie dem Honorigen das Bier über das Hemd goss. „Ich habe viele berühmte Menschen kennengelernt, und ich habe alle Gäste verwöhnt, aber ich habe mich nie mit ihnen verbrüdert." Das klarzustellen, darauf legt sie Wert.

Kein Mensch weiß, wie viele Wetten mit dem Leben Renate laufen hat.

Sie führt uns in ihre Galerie. Renée, französisch, „von auf einem Hocker hinter dem Tresen, um Geld zu verdienen. Den ersten Kaugummi teilte sie in sieben Stücke, da war sie zehn. Sie erinnert sich noch heute, wie glücklich sie war, als sie den Kugelschreiber auf der Straße fand. Obwohl dieser nicht schrieb.

Als Teenager bei den Nonnen im Mariengarten in St. Pauls bei Bozen verstand sie, dass das Leben von sich aus nicht großzügig ist. Drei Jahre lang kriegte sie keinen Besuch im Internat. Vom Gadertal ins Überetsch brauchte man

damals einen Tag, undenkbar für ihre Eltern. Und das Honigglas, das sie mitbrachte, nahmen die Klosterfrauen ihr sofort ab. „Andere Eltern haben etwas gespendet und die Nonnen damit milde gestimmt", ist sie überzeugt, „wir hatten nichts zu geben." Als sie im Speisesaal mit dem Stuhl Lärm machte, kam es zum Eklat: „Zur Strafe musste ich den Stuhl 100-mal leise unter den Tisch stellen. Das habe ich 99-mal gemacht. Beim 100. Mal habe ich ihn mit voller Kraft hineingeworfen." Ergebnis: 100-mal von vorn. Aber sie haben sie nicht kleingekriegt.

Als junge Frau erkannte sie, dass nicht einmal ihre Verwandten an die Tatkraft des weiblichen Geschlechts glaubten. Renate war 23, als ihr Vater starb, er hatte ihr ein Stück Grund hinterlassen. Dort baute sie ein Haus, um ihre ältere Schwester auszahlen zu können. Und nachts ging sie heimlich klettern. Als ihre Tante sagte, jetzt, wo ihr nur noch drei Frauen seid, werdet ihr den Rohbau wohl verkaufen, schleuderte Renate zurück: „Lieber krieche ich am Boden."

Als Geschäftsfrau erfuhr sie, dass ihre Träume sich nur erfüllten, wenn sie selber nicht lockerließ. 1968, sie waren jung verheiratet, fingen Renate und Peppele an, ihr neues Hotel zu bauen. „Ohne eine Lira", sagt Renate mit Nachdruck. Der Schwiegervater hatte sich aus dem Projekt zurückgezogen, die Banken in Südtirol und im Ausland schüttelten den Kopf. „Ihr schafft es so und so nicht", kolportiert Renate die Absagen der Kreditinstitute. Sie hatte zwei kleine Kinder, mit dem dritten stand sie hochschwanger und weinend bei einem Bankdirektor in der Tür: „Ich garantiere Ihnen, wir schaffen es, mit Ihnen oder ohne Sie."

Schon immer konnte sie gut rechnen. Sie war die Klassenbeste. Kein Handwerker habe beim Bau verloren, verkündet sie froh. Sie habe einfach gesagt, wenn ihr mich hopsgehen lasst, kriegt ihr 30 Prozent, also wartet ein Jahr, dann zahl ich euch auch noch die Zinsen. Und so kam es.

„Geschuftet haben wir Tag und Nacht", erinnert sie sich. 1970 kam das vierte Kind. Carlo. Es gab viele Nächte, wo sie nicht ins Bett kamen. „Wir haben einen Cappuccino getrunken und weitergemacht. Alle vier Stunden habe ich nebenbei den Carlo gestillt." In die Kirche sei sie gegangen, um zu rasten.

Die Kostnerbrüder, ein Bus, ein Pferd und die Wüste. Was ist daran gerecht?

Sie schlägt ihren Vorfahren nach. Sagt man. Großonkel Franz und Großvater Josef. Die Kostnerbrüder aus Corvara waren Bergführer und geologische Kenner und gelten im Tal als Tourismuspioniere. Der eine brach 1902 zu einer Expedition nach Zentralasien auf und kam drei Jahre später wohlbehalten zurück. Der andere erforschte den Kaukasus. Von beiden erzählt sie gern. Den Spuren von Onkel Franz folgte sie 2014 durch die Taklamakanwüste. Es wurmt sie, dass der Großonkel zu Pferd unterwegs war und sie in einem – wenngleich klapprigen – Bus. „Ich habe mich geschämt. Früher sind sie bei Tag unter den Wagen gelegen, weil es so heiß war. Sie sind nur nachts weitergezogen …"

Für Renate ist das Leben vor allem eine Frage der Gerechtigkeit. So schrieb sie den Schwestern im Mariengarten nach vielen Jahren einen Brief, in dem sie schilderte, wie sie im Internat behandelt wurde. „Ich habe mir das nicht gefallen lassen", erklärt sie. Und als man ihr sagte, sie dürfe keinen Tennisplatz für ihr Hotel bauen, blieb sie 14 Jahre lang hartnäckig, bis sie die Genehmigung hatte: „Ich habe nicht nachgegeben", sagt sie. Andere haben genau deshalb oft auf Renate gewartet. Bei den Versammlungen des Tourismusvereins konnten alle sicher sein, dass Renate am Ende aufstand. „Wir haben auf dich gewartet", sagten die anderen Hoteliers. Renate sagt: „Ich habe es nie für mich getan. Immer fürs Dorf."

„Ich bin dankbar für mein Leben", sagt sie, „ich habe so viel erleben dürfen." 90 Länder der Erde hat sie bereist. Meist mit dem Zelt. Zweimal war sie in Lebensgefahr. „Als ich höhenkrank wurde und als ich von einem Nilpferd verfolgt wurde", erzählt sie noch heute mit Schrecken.

Renates Erbe: Ein Hotel, noch mehr Erinnerungen und Geschichten, die gut ausgehen.

Das Hotel ist voll mit ihrem Leben und mit ihren Erinnerungen. Wir kommen kaum vom Fleck, als Renate uns das Hotel zeigt. Sie besitzt Musikinstrumente, Pfeifen, Masken aus aller Welt, Kunstwerke, alte und neue, internationale und regionale, ergatterte und erworbene. Zu jedem Objekt gibt es eine Geschichte. Sie spricht jetzt leise, schleicht auf ihren schönen Stöckelschuhen. Ein bisschen, um die Gäste nicht zu stören, ein bisschen, weil sie spürt, dass sie hier im Hotel selber mehr oder weniger nur noch wohnt und ihr Sohn mit dem Hotel auch ihre Geschichten geerbt hat. Ob er will oder nicht.

Sie kann sich noch so zurückhalten: Die Gäste kennen sie trotzdem. Renate redet mit allen. Sie spricht auch die Radler, die uns schwitzend entgegenkommen, an: „O, Sie haben schon trainiert", schmeichelt sie, oder: „O che bravo. Complimenti."

Das Lächeln kommt prompt. Sie hat es auch diesmal geschafft. „Ich liebe Menschen", sagt sie, „ich liebe alle, die etwas leisten." Das zeigt sie. Sie grüßt jeden im Dorf. Sie

„Ich bin dankbar für mein Leben. Ich habe so viel erleben dürfen."

Es ist leicht, ihr zuzuhören. Sie spricht kraftvoll, warmherzig, lebendig, jung. Gleichzeitig unermüdlich. Es surrt Energie in dieser kleinen Frau. Sie ist noch lange nicht fertig mit diesem Leben. Alt? „Wenn ich in den Spiegel schaue, sehe ich eine alte *Gratschn*", witzelt sie. Aber sie schminke sich nie. „Die Leute kennen mich so, und damit hat sich die Sache", sagt sie. Nur auf ihre Figur passe sie auf: „Ich esse sehr wenig." Sie wiegt 46 Kilo, und „wenn ich 200 Gramm drüber bin, faste ich, da bin ich diszipliniert". Natürlich.

Ich denke, vor Renate muss das Leben sich in Acht nehmen. Hier plätschert nichts dahin. Sie wird sich immer so hinstellen, dass am Ende sie lenkt. Das hat auch viel Gutes. Es zeigt, dass es sich lohnt, mutig zu sein.

schreibt Dankesbriefe … für Sportler, Musikkapellen, Sozialvereine, verziert diese mit ihren Landschaftsfotos und steckt einen Geldschein dazu, wenn sie meint, helfen zu können. Zu Weihnachten besucht sie Alleinstehende und Kranke im Dorf. „Das habe ich von meiner Mutter so gelernt", sagt sie.

Sie mag eben Geschichten, die gut ausgehen. Auch bei den anderen. Sie sei vielleicht, vermutet sie, die Erste in Südtirol gewesen, die den pakistanischen Mitarbeitern eine Küche ins Zimmer bauen ließ, damit sie im Ramadan spätabends noch kochen konnten. Zufrieden berichtet sie, wie ehemalige Angestellte heute selber große Hotels führen und noch immer zu Besuch kommen, weil sie sich hier einst mehr zu Hause fühlten als daheim. Und sie erzählt, dass sie gerne betet. Ich entdecke, dass ihr das Wasser in den Augen steht bei diesen Geschichten: „Ich habe so eine komische Art", gibt sie zu, „ich nehme ein Kompliment gerne an, aber gebe es noch lieber zurück."

Gut, Gilbert hat sich quergelegt, aber sonst?

Es ist nicht falsche Bescheidenheit oder gar Großspurigkeit, die aus ihr spricht, es ist das Wohlwollen einer Frau, die auch Niederlagen kennt und weiß, dass Menschen Anerkennung brauchen, um weiterzumachen.
Selbst Renate ist nicht alles geglückt. Am meisten schmerzt sie, heute noch, dass sie nicht studieren durfte. Sie wollte es. Unbedingt. Es ging einfach nicht, sagt sie: „Wir haben das Geld nicht gehabt." Das Vorhaben, Sprachen zu lernen, scheiterte, weil sie in England arbeiten musste, statt zu lernen, und in Frankreich nie ankam, weil damals ihr Vater starb. Jetzt ist es zu spät, weil ihr Mann sie braucht.
Sie lässt sich nur nicht bremsen. Wenn ein Weg versperrt war, nahm Renate den Ausweg. Sie holte alles nach. Auf ihren Reisen, mit ihren Gästen, zuletzt mit der Kunst. Ihre Neugier war immer stärker als ihre Sorgen.
„Ich habe gekämpft. Immer gekämpft. Und mein Mann hat mich tun lassen", sagt sie rückblickend. Das habe ihr die Angst vor dem Leben genommen und vor dem Tod. „Ich fürchte mich vor nichts mehr", ist sie sicher, „ich habe schon mein Sterbebildchen gemacht, weil ich es aus meinen Fotos und mit meinen Worten gestalten will." Sogleich packt sie wieder der Übermut. Eine Renate Kostner wird nie Regie führen lassen: „Wenn ich sterbe, will ich am Kirchplatz ein großes Buffet, Musik soll spielen ..." Ihre Schwiegertochter habe entsetzt geschaut, als sie bei Tisch die Inszenierung durchexerzierte. Das könne sie nicht machen, die Leute würden sich dann über sie, Marion, den Mund zerreißen. Renate aber hat nur ihren Peppele angesehen: „Du weißt, was würden die Kolfuschger sagen?" Und Peppele lächelte milde: „Sie würden sagen, ‚Echt Renate!'"

Echt Renate ist, nie aufzugeben. Nur einer ist offenbar noch geradliniger als sie. Gilbert Prousch. Wie sie ein Ladiner. Der international gefeierte Künstler des Duos Gilbert & George schwor sich, das Gadertal und Südtirol nie wieder in sein Leben treten zu lassen. Als Renate kurz davor war, in Lo nate noch immer. In ihrer Galerie in Kolfuschg hängt nur eine Lithografie von Gilbert & George. Ein Nürnberger Galerist hat sie vermittelt, er war 30 Jahre Gast im Hotel Cappella. „So habe ich wenigstens diese Lithografie von Gilbert", sagt sie. Nein, ist sie entschlossen, ich schreibe ihm nicht mehr.

„ICH HÄTTE SO GERNE STUDIERT. ABER WIR HATTEN DAS GELD EINFACH NICHT."

Renate Kostner Pizzinini, geboren 1940, Hotelierin, Globetrotter und Galeristin. Wuchs in Kolfuschg im Südtiroler Gadertal in armen Verhältnissen auf. Aus dem Gasthof ihrer Familie baute sie mit ihrem Mann Josef Pizzinini 1968 das Hotel Cappella in Kolfuschg als Vier-Sterne-S-Hotel auf. Das Hotel gehört zu den fünf ersten Art Hotels Italiens. 2006 wurde es Romantikhotel.
Renate Kostner war 27 Jahre lang Vorsitzende der Sozialfürsorge im Gadertal, 20 Jahre Präsidentin des Kindergartens in Kolfuschg, 16 Jahre Vorstandsmitglied im Tourismusverein in Corvara. Sie bereiste 90 Länder der Welt, meist mit dem Zelt. 1989 gründete sie die Kunstgalerie Renée, die sie heute noch leitet. 2016 wurde sie für ihr Engagement im Sozialwesen und in der Kultur mit der Verdienstmedaille des Landes Tirol ausgezeichnet.
Sie hat vier Kinder. 2013 übernahmen Sohn Carlo und Schwiegertochter Marion Demetz das Hotel. Renate ist froh, einen Nachfolger zu haben. Aber ganz aussteigen? Das fällt ihr schwer.

JOHANNES GRAF TRAPP

MARIA ANCILLA HOHENEGGER

VOM EWIGEN LEBEN UND VOM EWIGEN STAMMBAUM

MARIA ANCILLA HOHENEGGER

Die Äbtissin

„BEI MIR HAT DER HERRGOTT WIRKLICH GUT ARBEITEN MÜSSEN. ICH DENKE MIR OFT: WENN ER MICH GEFUNDEN HAT, DANN FINDET ER ANDERE AUCH."

Für immer und ewig. Der Herrgott hat sie hierhergestellt, sagt Maria Ancilla Hohenegger, Äbtissin von Kloster Säben. Obwohl sie es ihm wahrlich nicht leichtgemacht hat. Als Jugendliche suchte sie ihren Lebenssinn in der Esoterik. Nun ist sie ausersehen, Säben zu retten. Drei Nonnen leben noch auf dem heiligen Berg. Wir müssen durchhalten, über unsere Zeit hinaus, sagt die Äbtissin. Wie lange genau?

Sie flüstert beinahe, als sie öffnet. Dabei bin ich sicher, dass das die richtige Pforte ist. Nicht an der Klausurpforte klingeln, habe ich mir gemerkt. Sie sieht anders aus, als ich sie in Erinnerung hatte. Vor fünf Jahren suchten wir in der Stube zusammen Boden und Bank ab, ich hatte meine Brieftasche verloren. Als ich ging, legte sie mir ans Herz, ich sollte zum heiligen Antonius beten.

Nun steht sie in einem blassblauen Kleid vor mir, das aussieht, als wäre es zu groß. Sie trägt eine Kopfhaube, die eher gebauscht als drapiert wirkt. Feingliedrig zu erahnen unter dem Gewand, führt sie uns den Gang entlang zur Stube, die ich schon kenne. Zirbe oben, unten, rundum. Ein Duft von Holz und Geschichte. Wasser steht bereit, von dem sie uns anbietet. Dann verschwindet sie. Die Tür ist fast geschlossen, als ihr Kopf noch einmal zurückkommt: „Ich muss mich schön machen." Leise. Das ist der Ton auf Säben.

Wieder eine weniger. Dem Kloster gehen seit Jahren die Nonnen aus. Drei leben derzeit auf Säben, dem heiligen Berg, den niemand übersehen kann, der Südtirol in Nord-Süd-Richtung durchquert. „Drei Jüngere", präzisiert Äbtissin Ancilla. Der Strohhalm, der Säben retten soll, ist dünn wie ein Nähfaden. Sie weiß es. Und. Sie wartet. Gottergeben, bei ihr stimmt das Wort wirklich.

Zu aller natürlichen Not flickt nun Papst Franziskus Säben am Zeug. In seiner Schrift *Cor orans* verfügte er 2018, dass erst acht Nonnen ein eigenständiges Kloster machen und es keine Äbtissin mehr gibt, wenn die Zahl unter fünf rutscht. „Bei einer Neuwahl wird das so sein", erklärt Äbtissin Ancilla. In Säben wird in fünf Jahren gewählt, wenn sie 70 wird. „Das dauert noch", hält sie sich in der Reserve.

Als sie ins Kloster eintrat vor 39 Jahren, war sie die Dreißigste. „Nie hätte ich mir vorstellen können, wie es ist, dass man die Panik kriegt", sagt sie und, als würde sie das nicht betreffen, ohne Punkt weiter: „Aber wir haben keine Panik."

Einer wird es richten. Und auf diesen vertraut sie. Er allein weiß, warum sie die Äbtissin sein wird, die Säben vor dem Aus bewahren muss. „Er hat mich hierhergestellt", sagt sie einfach.

Er kennt sie ziemlich gut. Weiß, wie er mit ihr umgehen muss. Und mit solchen, die sind, wie sie in ihrer Jugend

„Schweigen halten. Die Gedanken sammeln. Eine Stunde am Tag ‚lectio'.
Von daher darf ich sagen, wir leben im Luxus.
Wer kann sich das draußen schon leisten?"

Sie tritt ein und ist wie immer. Im Habit, schwarz, weiß, streng, stoffschwer. Ringe an beiden Händen. Die Äbtissin, wie wir sie erwarten. Maria Ancilla Hohenegger. Nicht protzig, aber amtvoll.

Drei Wochen vor unserem Gespräch ist Altäbtissin Marcellina Pustet gestorben. Sie kommt sofort darauf zu sprechen. „Wie sie gestorben ist, mit großer innerer Ruhe, das hat uns ein Stück weit die Angst vor dem Tod genommen", sagt sie. Seit 2006 haben die Nonnen ihre Mutter Marcellina gepflegt, die letzten drei Jahre rund um die Uhr. „Sie war so menschlich, sie hat uns sehr geprägt", sagt Äbtissin Maria Ancilla Hohenegger.

Ein Kloster mit drei Nonnen. Ohne Aussicht auf mehr. Kann eine Äbtissin Panik haben?

war. Sie meint es ernst, als sie zu uns sagt: „Bei mir hat der Herrgott wirklich gut arbeiten müssen. Ich denke mir oft: Wenn er mich gefunden hat, dann findet er andere auch." Und ich denke: diese Ruhe! Säben hat nicht ewig Zeit. Wie kann sie nur?

Die junge Maria war Kindergärtnerin und weit weg, als Jesus sie zurückholte. In Deutschland besuchte sie esoterische Kurse, sie „war eingeschossen", wie sie sagt, auf Glaubenslehrer, die vom „Moralin" der katholischen Kirche sprachen und mit neuen Erlösungsbotschaften lockten. „Ich habe viel Geld für diese Kurse gezahlt, deshalb waren sie für mich etwas wert", erzählt sie.

Als ihr Bruder sie in die Lichtenburg nach Nals mitnahm, wo damals Jugendseelsorger Luis Lintner die Südtiroler Jugend für die Religion begeisterte, gab sie sich bockig.

Ich beobachte, beschloss sie für sich, ich mache nicht mit. Luis Lintner jedoch wusste die Störrische und zugleich verzweifelt Suchende zu nehmen. Beichte? Bringt das etwas?", murrte sie ihm entgegen. Frech sei sie gewesen, sagt sie heute. „Probier's halt", sagte Lintner einfach. Am Beichtstuhl führte so kein Weg mehr vorbei. Der Lintner Luis, so nennt sie ihn, mit dem Nachnamen zuerst, brachte in ihrem Inneren etwas ins Rutschen: „Man konnte ihm Löcher in den Bauch fragen, er stellte nie jemanden bloß. Und er nahm kein Geld dafür, da sind mir die Ohren ein bissl aufgegangen."

Bei der Wallfahrt nach Assisi wollte sie dann unbedingt dabei sein. Die Reise stellte ihr Leben auf den Kopf. In der Kirche San Damiano sprach Jesus Klartext mit ihr.

Von der Esoterikerin zur Nonne: Als der Kindergärtnerin Maria einfiel, sie könnte ins Kloster gehen, dachte sie, jetzt bist du total verrückt.

Es war die Zeit der Vesper. Sie sieht das Kreuz in der Apsis, vorne singen die Patres, die Luft ist weihrauchschwer, Maria in Aufruhr. Sie kann nicht beten. Sie kann nicht glauben: „In diesem Moment habe ich meine ganze Not gespürt", erinnert sie sich.

Als alle die Kirche verlassen, bleibt sie. Weinend. Auf der Treppe kauert sie und fleht: „Gott, wenn es dich gibt, lass es mich wissen. So hat mein Leben keinen Sinn." Sie erzählt trotz der zeitlichen Distanz eindringlich, führt die Finger der rechten Hand vor sich zu einem Strauß zusammen, drückt sie an die Brust, wiegt leicht vor und zurück. Der Gestus des kleinen Ichs vor einem großen Ganzen, sie kann ihn bis heute.

Ein Stimmchen haucht aus ihr, als sie sagt: „Und plötzlich schaue ich auf, auf das Kreuz vorne, und mir war, als wenn mich dieser Jesus anschauen würde." Als hätte er

Ende und Anfang in einem. Zurück aus Assisi richtete sie alle Ziele auf Jesus aus. Wie ein Magnet zog er sie an. Ein einziger Gedanke leitete sie: „Wenn er so viel für mich getan hat, müsste ich auch mehr für ihn tun." Was konnte sie tun? Ins Kloster? Das Fragezeichen dahinter wurde zunehmend blasser: „Da habe ich mir gedacht, jetzt bist du total verrückt."

Sie kichert. Lacht. Sie hat Humor. Ihr Kommentar, als ich sie darauf anspreche: „Man überlebt so besser." Sie verschweigt nicht: Andere hat ihr Gang nach Säben an Wunder glauben lassen.

Säben hält durch. Es wird eine Generation kommen, die wieder nach dem Glauben fragt, sagt die Äbtissin.

Weihnachten 1979 verkündete sie ihrer Familie in Langtaufers im oberen Vinschgau: „Ich gehe ins Kloster." Was!?, sagten Eltern und Geschwister, du? Und wohin? „Das wird der Herrgott mich wissen lassen", konterte Maria. Luis Lintner, mit dem sie ihr Vorhaben besprach, schlug vor, in die Kapelle zu gehen und zu beten. Sie nahm es als Zeichen, das Richtige zu tun, er hingegen gestand ihr viel später, er sei so erschrocken, dass er nichts zu sagen wusste. Er habe sich nur gedacht, „jetzt fällt sie von einem Extrem in s andere", zitiert sie ihn.

Ein Besuch auf Säben nahm ihr den letzten Zweifel: „Die Schwestern sind so fein miteinander umgegangen." In derselben Zirbenstube, in der sie uns als Äbtissin empfängt, fasste sie ihren Entschluss. „Und weggeschickt haben sie mich nicht mehr", sagt sie beinahe kokett.

Sie besteht ihr Noviziat mit Bravour. Schließt die Tür nach draußen für immer. Auch wenn manchmal am Klosterhof außerhalb der Mauern die Zwetschgen zu pflücken waren. Mutter Marcellina gibt ihr den Namen *Ancilla*, die Magd des Herrn. Es soll wohl Programm sein. Und nur

„Jeden Abend schaue ich den Tag an. Was war gut, was nicht. Einmal unfreundlich gewesen, einmal zu rabiat und, und, und. Bei nächster Gelegenheit versuche ich, um Verzeihung zu bitten, wo ich danebengehaut habe."

ihre Augen in Ordnung gebracht, verzieht sich der Nebel in ihr: „Da habe ich gewusst, Jesus hat wirklich gelebt, er ist wirklich gestorben, er ist auferstanden, damit ICH heute sinnvoll leben kann." Die letzten Wörter kullern so schnell aus ihr, als ginge ihr die Luft aus. Hörbar atmet sie ein. Holt Luft aus ozeanischer Tiefe. Befreit. Wie damals. „Das war's", sagt sie.

einmal sagt sie halb im Scherz: „Jaja, sie heißt Ancilla, aber sie ist schon sehr gerne Regina."

Als die Nonnen Ancilla 1996 zur Äbtissin wählen, ist sie selber überrascht. Fühlt sich jedoch auch bestärkt. „Wir haben einen großen Auftrag", sagt sie. Abseits vom Getümmel der Welt erleben die Ordensfrauen von Säben, wie Menschen bei ihnen Zuflucht suchen. Sie rufen an,

sie deponieren Sorgen, „oft ganz schlimme Sachen", erklärt Äbtissin Ancilla, sie bitten, ins klösterliche Gebet aufgenommen zu werden. Sie melden sich sogar, um zu danken. „Das ist unser Grundauftrag", sagt die Äbtissin, „in unserem Gebet sollen alle mit Platz haben, wir tragen das Leid der Menschen draußen im Gebet mit." Sie ist überzeugt, dass bald eine Generation kommen wird, die wieder neu nach dem Glauben fragt: „Dann müssen Orte da sein, die Orientierung geben können. Unser Auftrag geht also über unsere Zeit hinaus."

Ein Tagesablauf, wie es die Ordensregel vorsieht. *Business as usual.* Damit sich alles ändern kann auf Säben?

Maria Ancilla Hohenegger ist die Managerin der spirituellen Durststrecke. Seit 39 Jahren ist sie im Kloster, in all dieser Zeit sind die Dinge im Konvent ins Stolpern gekommen, nicht aber das Uhrwerk, das den Rhythmus bestimmt. „Was gleich geblieben ist, ist unser Tagesablauf und die Treue zum Offizium", sagt die Äbtissin stolz, „ich darf sagen, wir leben in einem Luxus, wer kann sich das draußen schon leisten."

wie die Äbtissin es formuliert, „im Gemeinschaftsleben werden einem die Hörner alle ein bissl abgeschliffen".

Als man ihr in der Beuroner Kongregation, der Säben angehört, vor einiger Zeit ihre junge Novizin nehmen wollte, blieb sie stur und sagte, sie könne das mit ihrem Gewissen nicht vereinbaren. Dass sie nicht auf Facebook und Twitter ist, obwohl der Papst selbst regelmäßig twittert, quittiert sie mit „Da bin ich noch nicht so päpstlich". Wenn sie es nicht schafft, ihren vielen Aufgaben nachzukommen, hofft sie auf den braven Josef, Vater von Jesus: „Manches erledigt sich von selbst." Und die Verfügung von Papst Franziskus, Frauen müssen sich künftig statt fünfeinhalb neun Jahre auf das Ordensleben vorbereiten, findet sie schlicht ungerecht: „Dabei halten Frauen die Regeln besser ein als die Männer."

Kino, Theater, Urlaub? Einmal im Monat verlässt sie das Kloster, schätzt Äbtissin Ancilla.

Einmal im Monat, schätzt sie, verlässt sie das Kloster. Sie geht nicht ins Theater, „das ist mit unseren Gebetsstunden nicht vereinbar". Zu Hause im Vinschgau war sie

„Das Altwerden ist die letzte Strecke, bevor wir Gott endgültig begegnen."

Drei Schwestern oder dreißig. Das Chorgebet wird eingehalten, die Zeit der persönlichen Stille, die Regel der Klausur, die Gemeinschaftsstunde nach dem Abendessen. „Im Klosterleben verändert hat sich, dass wir von vielen wenige geworden sind", sagt die Äbtissin, nachdem sie kurz überlegt hat. So wie Dominosteine der Reihe nach umkippen, wenn der erste Stein angestoßen wird, knickte mit jeder Schwester, die weniger wurde, auch eine Aufgabe des Klosters weg: Die Wirtschaftsbereiche wurden verpachtet, die Paramentenstickerei wurde stillgelegt, die Pflege der alten Schwestern nagte an der Zeit für Korrespondenz, Verwaltung und Instandhaltung des Gebäudes. Und: Mutter Ancilla musste sich überwinden, mit dem Allradauto die steile, enge Straße in die Säbener Burg zu fahren. „Ich habe immer gedacht, das mache ich nie!" Aber dann mussten die älteren Schwestern frühmorgens zur Therapie. So blieb ihr keine Wahl: „Aber man hat sehr wenig Gegenverkehr", schmunzelt sie.

Dabei kann sie mit Widerstand umgehen. Sie weiß, was von ihr erwartet wird, sie weiß auch, wann sie für ihre Sache kämpfen muss. Vielleicht ist *Kämpfen* das falsche Wort, vielleicht ist es eher resolute Freundlichkeit, denn,

schon lange nicht mehr, im Urlaub lässt sie sich in einem fremden Kloster verwöhnen. Ob sie ins Kino gehe, frage ich. „Nein. Ich weiß nicht, ob ich überhaupt einmal im Kino war." Seitdem sie in Säben ist? „Nein", sagt sie, „ich glaube, nie im Leben …" Ein Film fällt ihr dann doch ein. Doktor Schiwago. Aus dem Jahr 1965. Ist eh ein langer Film, tröste ich sie. Sie nickt: „Und tränenreich." Genug geweint fürs Leben, verstehe ich.

Sie liest nur geistliche Bücher und die Tageszeitung *Dolomiten*. Anders die Altäbtissin. Diese wollte, als sie bettlägerig war und dem Tode nahe, vorgelesen bekommen: morgens die Bibel, mittags einen Roman, abends einen Krimi.

Darauf kann jede zählen im Kloster: Wer alt ist und Hilfe braucht, wird gepflegt. Die Gemeinschaft funktioniert. Altwerden hat im Kloster ein religiöses Fundament, sagt Äbtissin Ancilla: „Es ist die letzte Strecke, bevor wir Gott endgültig begegnen."

Sie verklärt nichts. An den vielen Mitschwestern, die bereits gegangen sind, hat sie oft genug gesehen, wie mühsam das Altern ist. „Das waren aktive Frauen, denen das Leben aus den Händen genommen wurde", sagt sie. Auch

Mutter Marcellina revidierte irgendwann ihre Meinung. Sagte sie vorher: „Ich bin gerne eine alte Frau", sagte sie später: „Nein, das Alter hat schon rechte Tücken".
Auf sich bezogen nennt Äbtissin Ancilla die Zeit des Älterwerdens „eine herausfordernde Zeit". Sie sei eine Stubenhockerin, aber sie turnt regelmäßig. „Sonst bleibt man nicht so lange jung, wie man möchte", sagt die 66-Jährige. Sie findet, „Frauen mit 60 sind heute blühende Frauen", gleichzeitig spürt sie langsam die Angst vor dem Sterben heraufkriechen: „Die ist uns angeboren, die haben wir, egal, wie religiös wir sind. Also, meinen Tod würde ich jetzt nicht unbedingt herbeisehnen."
Und hier begehe ich einen Fauxpas. „Aber für Sie ist der Tod ja nur ein Durchgang."
„Da muss ich Sie kurz korrigieren", unterbricht Äbtissin Maria Ancilla Hohenegger, „nicht nur bei mir, sondern bei jedem Menschen. Das kann vielleicht nicht jeder glauben, aber es ist so. Mit diesem Leben ist nicht alles fertig."
Sie ist berufen an ihrem Platz. Zweifellos. Eine Kämpferin für ihren Glauben.

Lass die Finger davon, wenn du dir nicht sicher bist, sagte die Mutter einen Tag vor dem ewigen Gelübde. Und Ancilla?

Ihre eigene Mutter hat es ihr lange nicht zugetraut. Am Tag vor der *ewigen Profess* redete sie der Tochter ein letztes Mal ins Gewissen: „Wie hast du's dir überlegt? Wenn das nicht dein Weg ist, lässt du mir die Finger davon!" Die Tochter reagierte vorsichtig: „Wissen tu ich es nicht, aber ich glaube es." Und die Mutter gab ihren Segen.
Sie tat gut daran. Bis heute bereut die Äbtissin ihre Entscheidung nicht. Wenn Sorgen sie quälen, „es gibt Situationen, in denen man nicht mehr beten kann", wie sie sagt, vertraut sie auf den, der sie geholt hat. Jesus. Wenn sie nur lange genug fragend von der Kirchenbank zum Kreuz hinaufschaut, hört sie ihn, der ihr versichert: „Bleib unter meinem Kreuz. Solange du unter meinem Kreuz bist, hast du immer Zukunft."
Jeden Abend zieht sie Bilanz. „Einmal unfreundlich gewesen, einmal zu rabiat und, und, und", zählt sie auf. Sie arbeitet an sich. Mehr als früher. „Und dann suche ich eine Gelegenheit, um Verzeihung zu erbitten, wo ich danebengehauen habe."
Ich glaube, sie ist überragend gut unterwegs. Der heilige Antonius jedenfalls hat auf sie gehört. Sie muss ihn für mich angerufen haben. Glaube ich fest. Die Brieftasche, die ich auf ewig verloren gab, wurde zu mir nach Hause gebracht. Unversehrt.
Kann man einen so starken Ort einfach aufgeben?

Maria Ancilla Hohenegger, geboren 1954, aufgewachsen auf einem Bauernhof in Melag/Langtaufers im Südtiroler Vinschgau mit zwei Brüdern und zwei Schwestern. Der Vater stirbt früh. In der Marienschule in Bozen wird Maria zur Kindergärtnerin ausgebildet. Acht Jahre arbeitet sie in ihrem Beruf.
1980 folgt sie ihrer Berufung und tritt ins Benediktinerinnenkloster Säben hoch über Klausen ein. 1985 legt sie als Maria Ancilla das ewige Ordensgelübde ab. 1996 wird sie zur 11. Äbtissin von Säben gewählt. Damals lebten auf Säben 13 Ordensfrauen, heute sind es drei. 2009 erhielt Maria Ancilla Hohenegger das Verdienstkreuz des Landes Tirol.
Das 1687 gegründete Kloster Säben gehört der Beuroner Kongregation an und kämpft ums Überleben. Ungeachtet der schwierigen Situation oder gerade deshalb halten die Säbener Nonnen an ihrem Tagesablauf fest: um 5 Uhr aufstehen, Morgenlob um halb 6, um halb 8 heilige Messe, ein kurzes Mittagsgebet, um halb 6 Vesper und um viertel nach 8 die Komplet, anschließend das Hohe Silentium.
Das Äbtissinnenamt ist zeitlich beschränkt: Mit 70 Jahren muss Maria Ancilla ihr Amt abgeben. Es ist ungewiss, was danach mit Kloster Säben passiert. Nach dem *Cor orans* (2018) von Papst Franziskus verlieren kontemplative Frauenklöster mit weniger als fünf Nonnen das Recht, eine eigene Äbtissin zu wählen.

JOHANNES GRAF TRAPP

Der Adelige

„SIE GLAUBEN JA NICHT, WIE VIELE LEUTE MEINEN, DASS ICH HIER MIT DER KRONE HERUMLAUFE UND ALLE ZWEI JAHRE EINEN NEUEN ROLLS-ROYCE KAUFE."

Lebenslang. Das war Johannes Graf Trapp klar, als er die Churburg erbte. Wie fühlt es sich an, wenn man so unerbittlich an die Vergangenheit gefesselt ist? Man muss das Haus gernhaben wie eine Frau, sagt der Graf. Jetzt ist Sohn Gaudenz an der Reihe, und Graf Johannes darf Pomologe sein. Was das ist?

Als wir glauben, alles ist gesagt, will der Graf uns noch etwas zeigen. Kommen Sie, sagt er und stakst mit seinen langen, dünnen Beinen voraus durch einen Gang, der einst zum Verließ führte.
Es ist ein Kampf bis aufs Blut. Und er dauert. Etwas für Buben. Denke ich und weiß schon, dass ich das nicht sagen darf. Die Schwerter blitzen, die Spannung steigt, keine Ahnung, wer sich hinter den Visieren verbirgt. Ich beobachte Johannes Graf Trapp von der Seite. Er schaut gebannt auf den Bildschirm. Stufe um Stufe hauen und stechen sich drei Ritter den Turm empor. Einer bleibt Sieger. Er atmet schwer unter seiner Blechhaube.
Das Geriss um die Churburg 1358 haben der Graf und sein Sohn Gaudenz verfilmen lassen. Man kann sich seine Familie eben nicht aussuchen. Der Graf schaut erwartungsvoll. „Wie finden Sie's?", fragt er Ulrich Egger.
„Tragen die Schauspieler Harnische aus Ihrer Rüstkammer?", frage ich. „Nein, das wäre nicht erlaubt", sagt der Graf.

ehelichte 1462 die Schwester des letzten Matscher Vogts, Gaudenz. Nicht dass die Frauen damals viel zu melden gehabt hätten … denn: Hätte Barbara von Matsch keine Söhne geboren, hätte Gaudenz selbst nicht nur Töchter gehabt, hätte der Schwiegervater Ulrich seine Mitgift pünktlich gezahlt, hätten die Trappen ihrem Matscher Verwandten nicht ständig mit Geld ausgeholfen … dann …
„Es war zum Erschrecken", sagt Graf Johannes. Er hatte keine Ahnung vom Schloss, als er dieses 1983 von seinem Onkel erbte, er war damals 37 Jahre alt, lebte mit seiner Familie in London und mittendrin in einer Karriere im Bankwesen. Das Einzige, das er von der Churburg wusste, war, dass er hier als Kind seine Sommerferien verbracht hatte, zwei Wochen im Jahr. „Das war die alte Generation", erklärt er. Sein Onkel Hans hatte ihn adoptiert, um die Erbschaftssteuer zu sparen, damit schien allen die Sache klar. Mehr gab es nicht zu tun.
So werde er es mit seinem Sohn nicht machen, schwor sich der neue Burgbesitzer. Und daran hielt er sich. 31 Jahre später, als er 68 wurde, übergab er Gaudenz, der in Zürich lebt, feierlich die Burgschlüssel: „Er ist kein Playboy, er arbeitet hart, und er hat mich, damit er in die Aufgabe hineinwachsen kann." Der Sohn zögerte. Seine Frau warnte: „Tu es nicht. Er wird dir immer dreinreden." Der Graf aber versicherte: „Das werde ich nicht."

„Abends, wenn die Lampen an sind, komm' ich mir hier vor wie im Museum. Das ist toll, gell? Was Schöneres kann man sich nicht vorstellen."

Habe ich ihn falsch eingeschätzt? Andererseits hat er sich auch in der Rüstkammer fotografieren lassen. Vor dem größten privaten Waffenarsenal Europas. Lauter Rüstungen aus dem Familienbestand. „Eiserne Garderobe" nennt Oswald Trapp, der Vater des Grafen, sie im Burgführer.
„Ist die Rüstkammer Ihr Lieblingsplatz auf der Burg?", hake ich sicherheitshalber nach. „Überhaupt nicht", wundert sich der Graf, „ich liebe Bilder." Also doch.
Ich verstehe ihn. Er muss seine Burg für die Nachkommen sichern. Da ist es nützlich, wenn seine Verwandten, die Vögte von Matsch, sich schlecht benommen haben. Ein Glück sogar. Überhaupt war viel Zufall im Spiel, bis die Churburg in die Hände von Johannes Trapp fiel.

Deshalb ist es günstig, wenn ein Vogt eine Schwester hat und kein Geld.

Alles begann mit einer günstigen Heirat. Jakob von Trapp, ein steirischer und in Tirol erfolgreicher Adliger,

Er sah sich ohnehin nie als Besitzer der Burg. Zumindest nicht nur. Um Neider abzuwiegeln, nannte er sich immer etwas schelmisch „lebenslänglicher Verwalter". Johannes Trapp schaut forschend: „Klingt doch gut, oder?" Vor allem ist es nicht gelogen: „Sie glauben ja nicht, wie viele Leute meinen, dass ich hier mit der Krone herumlaufe und alle zwei Jahre einen neuen Rolls-Royce kaufe."

Was ist besser? Wenn einen die Vorfahren im Griff haben oder der Bär brüllt?

Wir sitzen im Erker der Oberen Stube. Einem schmalen Raum, komplett mit Holz getäfelt, Sitzmöbel im Jacquardmuster. An einer Längswand hängen die gemalten Porträts von Graf Johannes und seiner Frau Cecily, gegenüber ein Hirschgeweih. Wie erwartet, knarzen die Dielen, außer dort, wo sie durch Teppiche geschützt sind. Wer hier aus dem Fenster schaut, überblickt die Vinschgauer Staatsstraße, und sieht, weit vorbeugt, wie

Besucherinnen und Besucher versuchen, sich auf dem buckeligen Pflaster des äußeren Burghofs nicht den Fuß zu verknacksen. „Abends, wenn die Lampen an sind, komm' ich mir hier vor wie im Museum. Das ist toll, gell? Was Schöneres kann man sich nicht vorstellen", sagt der Graf. „Aufpassen auf den Bären, Ulrich", warnt er, bevor wir dem toten Tier aufs Fell steigen. Gaudenz, der Sohn von Johannes, war auf der Jagd in Kamtschatka.

dernser zu werden und dabei adelig zu bleiben. Zuerst brachte er den Schlossbetrieb auf Vordermann und koppelte dafür den landwirtschaftlichen Betrieb ab, weil dieser zu wenig abwarf, um das Schloss zu erhalten. Bis zu Johannes waren die Trapp eher Schöngeister als Rechenmeister: „Wenn ein Dach zu reparieren war, wurde einfach eine Wiese verkauft." Absurd, sagte sich der neue Graf, der Volkswirtschaft studiert hatte, wenn das so

„Du musst das Haus gernhaben. Wie eine Frau. Sonst ist es eine Last. Ich habe mich verliebt in das Haus und würde mein letztes Hemd ausziehen, um es zu erhalten."

Im Übrigen ist die Familie Trapp sehr darauf bedacht, alles zu belassen, wie es schon immer war. Und wie alle Trapp es vor ihnen bis in die Gegenwart heraufgerettet haben. 500 Jahre lang. „Du musst das Haus gernhaben. Wie eine Frau. Sonst ist es eine Last", erklärt Graf Johannes. „Ich habe mich in das Haus verliebt. Und ich sage immer, ich würde mein letztes Hemd ausziehen, um es zu erhalten."
Auch jetzt noch. Obwohl er die Bürde – unter Anführungszeichen, wie er sagt – eigentlich los ist.
Jedes Jahr im Sommer verlegen Graf und Gräfin ihren Wohnsitz von Innsbruck nach Schluderns. Genau: vom zweiten Juliwochenende bis Allerheiligen. Wenn die Flagge im Vorderen Torturm weht, kann man sicher sein, der Graf ist zu Hause. Sohn Gaudenz führt diese Tradition weiter. Als wir zu Besuch sind, treffen wir seine Frau mit zwei der drei Söhne an, seine Schwester Isabelle ist aus London gekommen, die Jüngste, Valerie, ist mit ihren vier Kindern gerade abgereist. „Ich bin ein Familienmensch", sagt Graf Trapp.
Die Schludernser haben es ihm nicht leichtgemacht am Anfang. Wie ein Fremder sei er sich vorgekommen. Tatsächlich ist er auf Schloss Friedberg in Tirol aufgewachsen; wenn er in den Ferien auf die Churburg kam, blieben die Trapp unter sich. Dennoch regt ihn heute noch auf, dass die Leute damals sagten, auf der Burg sei jetzt ein Fremder. „Ich bin doch kein Fremder, ich bin ein Trapp", hätte er damals gerne gerufen. Heute sei er „anerkannt, der Herzog des Tales". Wenn er zu Fuß ins Dorf geht, zur Post, weil er noch Briefe schreibt, zur Bank, weil er sehen will, ob die Burg genug Besucher hat, grüßen ihn die Frauen: „Ach, Graf, schön, dass Sie wieder da sind."
Er hat schwer daran gearbeitet, auf seine Art ein Schlu-

weitergeht, ist irgendwann keine Wiese mehr da. Das Schloss, setzte er sich zum Ziel, musste sich selber erhalten. Danach machte er sich auf, damit die Leute in Dorf und Tal Notiz von ihm nahmen. Als Bankmann setzte er bei der Wirtschaft an. Er berief 1985 die Vinschgauer Wirtschaftsgespräche ein, die seitdem jedes Jahr stattfinden, gründete das Kulturforum Vinschgau, bestückte einen eigenen Notstandsfonds und bewies Esprit, als er die Churburg für die Ritterspiele öffnete.

Wer glaubt, Adelskinder werden verwöhnt, irrt in großem Maße.

Ein Vorbild sein, pünktlich erscheinen, auf die Menschen zugehen. Das hat man ihm eingebleut. „Ja, das ist wichtig bei uns. Das sag' ich auch immer meinen Kindern", versichert Johannes Trapp. Dazu kommt: sonntags in die Kirche und nicht im Gasthaus sitzen bis spät in die Nacht. Dem Tugendkatalog entkommt auf der Churburg so schnell niemand. 24 lateinische Sinnsprüche zieren den Arkadengang, von dem die Privatwohnung der Familie abgeht. Unübersehbar, das humanistische Bildungsideal, auch wenn der Graf salopp sagt: „Wir gehören ja nicht zum Adel, der die Klatschseiten füllt. Bei uns schlägt man seine Frau nicht, nur weil sie anderer Meinung ist. Und unsere Kinder sind nicht rauschgiftsüchtig oder haben fünf Ehen hinter sich."
Er ist, wie man sich einen Grafen vorstellt. Formvollendet. Pflichtergeben. Da kann es schon vorkommen, dass Antworten um die eigene Person herummäandern. So als hätte jemand gesagt, das Ich hat man im besten Fall für sich zu behalten oder zum Bonmot zuzuspitzen. Hätte er anders leben wollen? Können? Und wenn, wie? Natürlich

hat er darüber nachgedacht, aber eher als Gedankenspielerei, nie ernsthaft genug, um jene Wünsche zu verdrängen, die ihm als gewiss gegeben worden sind. Doch genau dieses Schwebende macht ihn als Menschen herzlich und zugänglich. Es fällt ihm leicht, sich selbst mit Ironie zu begegnen.

Johannes Trapp ist nicht verwöhnt. Er ist zur Welt gekommen, als seine Eltern nicht mehr mit Kindern gerechnet hatten, nach 19 Jahren Ehe. Dabei ist er der Älteste: „Meine Mutter hat sich damals eingerichtet auf ein kinderfreies Leben", sagt er nüchtern, „mit Blumen, Garten und Pferd. Und mein Vater war Landeskonservator in Tirol und hat uns nur in Kirchen und Burgen geschleppt. Aber das hat mich ja erst interessiert, als ich die Churburg übernahm." Seine Schwägerin, eine Psychologin, ist brutaler im Urteil: „Ihr seid seelisch verwahrlost aufgewachsen."

es gekommen sei, dass er eine Gräfin geheiratet hat, dass seine Kinder eine gute Ausbildung gekriegt haben, dass er 39 Jahre im Bankbusiness gearbeitet hat und sich jetzt nur den kleinen Finger gebrochen habe, weil er mit seinem Enkel Volleyball spiele. Aber, winkt er ab, „ob ich Würstel oder Wienerschnitzel esse, ist mir egal".

Wem die Glocke schlägt. Oder vom Glück, eine neue Generation ins Spiel zu bringen.

Draußen läutet ein Glöckchen. Er sieht auf die Uhr. Genervt, denken wir. Aber nein, zufrieden. Er hat es nicht eilig. Es ist, weil die Glocke wieder schlägt, sagt er. Sie war schon länger kaputt, man habe eine Weile laboriert daran, auch, weil die Leute im Dorf das Läuten schon vermisst haben. „Mein Sohn hat mich gebeten, mich darum zu kümmern", sagt er vorsichtshalber.

> *„Ich bin ein Familienmensch. Geld interessiert mich nicht besonders. Ich wollte nur so viel haben, um meinen Kindern eine gute Ausbildung zu ermöglichen. Aber sonst? Würstel oder Wienerschnitzel – das ist mir ganz egal."*

Warum Graf Johannes dann doch beschloss, Banker zu werden statt Förster.

Mit neun wurde Johannes ins Internat abgeschoben, nach Seitenstetten, 400 Kilometer von Schloss Friedberg, wo der kleine Trapp aufwuchs, entfernt. Von da an durfte der Bub nur in den großen Ferien nach Hause. Das hinterließ Spuren, sagt der Graf. „Ich hatte kein betreutes Zuhause. Trotzdem habe ich Heimweh gehabt. Ich habe Nägel gebissen und bin immer weinend eingeschlafen. Auch noch im Gymnasium."

An der Uni Wien entschied er sich für das Studium der Volkswirtschaft. Geld war eher knapp im Hause Trapp. Er wollte verdienen. Für den Malteser Hilfsdienst fuhr er in dieser Zeit Rettungsfahrten, um sein Budget aufzubessern. Seine spätere Frau half dort ebenfalls aus. Sie studierte Anglistik und Germanistik, versuchte, ihn mit ihrer Schwester verkuppeln, und schneller, als er Ja sagen konnte, war er schon verheiratet.

Heute, wo er sich besser kennt, denkt er, Geld hat ihn nie interessiert. „Eigentlich wollte ich Förster werden und eine Bäuerin heiraten", erzählt er, „aber vielleicht wäre ich vom Baum gefallen oder hätte mir mit der Säge den Finger abgeschnitten." Es sei also doch richtig, wie

Die Welt ist in Ordnung oben auf der Burg. Johannes Trapp hat geleistet, was man von ihm erwartet hat. Er hat das Schloss so weit gebracht, dass es sich allein erhält, sogar Flächen dazugekauft und den landwirtschaftlichen Betrieb auf biologische Produktion umgestellt, gerade so viel Schulden, dass er in der Nacht gut schlafen kann, und sein Testament seit Langem im Schreibtisch. Es ist alles geregelt: „Ich hab' auch schon mein Grabkreuz, nur das Datum fehlt."

Und das Wichtigste: „Auf jeden Fall ist für die nächsten zwei Generationen gesichert, dass ein Trapp hier weiterhin resident sein wird."

Was hätte er getan, wenn sein Sohn abgelehnt hätte? „Ich hätte eine Stiftung gemacht", sagt er, und es wird klar, dass ihm der Gedanke nicht fremd ist. Aber er hätte sich auch gefragt: „Wofür habe ich mir das 35 Jahre angetan? Bei dem vielen Herzblut, das ich hineingelegt habe."

Ihm ist seinerzeit nie in den Sinn gekommen abzulehnen. „Ich hätte es tun können", sagt er und setzt eine ganze Gedankenkaskade genealogischer Unbill frei: „Wenn wir ausgestorben wären, weil mein Onkel keine Kinder hatte, und ich wäre auch nicht auf der Welt, dann hätte mein Bruder die Churburg und Friedberg geerbt. Aber wenn er auch nicht wäre, dann wäre halt ein anderer Neffe drangekommen. Verstehen Sie?" Er winkt ab. „Da darf man sich nicht so wichtig nehmen."

Leichter gesagt als getan. Er selber stellt sich jetzt immer als Pomologe vor. Das klinge besser als Pensionist. „Da komme ich mir alt vor. Und Exbanker ist ganz langweilig." Also Pomologe. „Da wissen die Leute nicht, ist er reich, ist er arm, was ist das eigentlich?"

Das amüsiert ihn. Die Leute rätseln und über seine Besitzverhältnisse spekulieren zu lassen. Den wenigsten ist nämlich klar: „Alles hier steht unter Denkmalschutz. Ich darf nichts mitnehmen. Auch nicht das Mobiliar. Alles ist verbunden mit dem Haus. Genau genommen darf ich nicht einmal das Hirschgeweih von einem Zimmer ins andere tragen. Tu ich natürlich. Aber ich kann es nicht nach Innsbruck mitnehmen." Für eventuelle Räuber hat er deshalb einen Rat parat: „Am ehesten das Hirschgeweih. Das kannst du verkaufen. Die Rüstungen nicht. Die sind alle registriert."

Ritter oder Edelmann. So sieht ein echter Graf aus. Selbst im Kino.

Die Rüstkammer ist der Schatz der Burg. Der Graf ist es gewohnt, dort fotografiert zu werden. „Auf den Kopf aufpassen", sagt er, als wir durch die Tür gehen. Alle lachen. Er vergisst, dass er als Hüne von 1,97 Metern unter Zwergen lebt. Alle 500 Jahre wächst ein Graf über die anderen hinaus. Vor ihm war es Ulrich IX., der Ritter, der seine Tochter dem ersten Trapp zur Frau gegeben hat und vor dessen Rüstung sich Graf Johannes nun stellt. Automatisch. „Hier sehen Sie übrigens den Grafen persönlich", sagt die Frau, die gerade mit einer Besuchergruppe hereinkommt. Es wird geschaut. Gelächelt. Gewartet.

Graf Johannes hält den Blick ergeben in die Kamera gerichtet. Lässt das Unvermeidliche über sich ergehen. „Auf Wiedersehen und entschuldigen Sie bitte die Störung", sagt er, als wir fertig sind. Die Bilder, so viel ahnen wir, werden nicht gut sein. Es war zu dunkel, und der Graf mag kein Model sein. Obwohl er tapfer mitmacht.

Wir schauen ihm nach, wie er über das Holperpflaster zum Mittagessen geht. Nicht einmal er kennt die Steine so gut, dass er forsch dahinschreiten könnte. Am Nachmittag wird er nach Prad hinüberfahren. Reinhold Messner erwartet ihn. Er dreht dort eine Filmsequenz über die Erstbesteigung des Ortler, errungen durch das Pseirer Josele, der auf der Churburg Gämsenjäger war. Johannes Trapp hat eine Rolle als Komparse. Er spielt den Grafen von der Churburg. 1804 hieß er Johann Nepomuk.

Johannes Graf Trapp, 1946 auf Schloss Friedberg in Tirol geboren, Studium der Volkswirtschaft, Karriere im Bankwesen, erbt 1983 von seinem Onkel die Churburg in Schluderns im Südtiroler Vinschgau. Er muss ein Erbe erhalten, das wirtschaftlich auf wackeligen Beinen steht. Graf Johannes bringt den Schlossbetrieb auf Vordermann, stellt die Landwirtschaft auf biologische Produktion um, investiert massiv in die Besucherführung und sorgt für wirtschaftlichen Aufschwung im Vinschgau: Er begründet die Vinschgauer Wirtschaftsgespräche, finanziert einen Notstandsfonds, baut das Kulturforum Vinschgau auf und sorgt für Amüsement mit den Südtiroler Ritterspielen. Er sieht sich als „lebenslanger Verwalter" der Burg. Jedes Jahr verlegen die Grafen von Juli bis Allerheiligen ihren Wohnsitz von Innsbruck nach Schluderns. 2014 übergibt Graf Johannes seinem Sohn Gaudenz die Schlüssel der Burg. Damit hat er sein Lebensziel erreicht: Die Churburg ist auf weitere zwei Generationen für die Familie Trapp gesichert. Klar, dass Graf Johannes weiterhin gerne nach dem Rechten sieht.

LUIS
DURNWALDER

SIEGFRIED J.
SCHMIDT

VOM DENKEN UND VOM HANDELN

SIEGFRIED J. SCHMIDT

Der Philosoph

„ICH HABE DIE WISSENSCHAFT IMMER SO BETRIEBEN, DASS SIE ZU MIR PASST. ICH HABE NICHT GEFRAGT, PASSEN MEINE ERKENNTNISSE IN DIE AKADEMISCHE WELT, SONDERN KANN ICH DAMIT LEBEN."

„ICH HABE MODERATE ANFORDERUNGEN ANS GLÜCK-LICHSEIN. GUTE GESPRÄCHE GEHÖREN DAZU, EIN GUTER WEIN, AUF DEM LATEMAR ZU HOCKEN ODER WENN EINEM EIN TEXT GEGLÜCKT IST, ODER WENN MAN SIEHT, DASS JEMAND, DEM MAN NICHT VIEL ZUTRAUT, ES DOCH GESCHAFFT HAT ... UND DANN IST BESONDERS GUT, WENN MAN EINEN KLEINEN ANTEIL DAZU GELEISTET HAT."

Der Latemar. Halt den Mund, sagt der Berg zu Siegfried J. Schmidt. 1983 kaufte der Philosoph, Linguist und Dichter eine Wohnung am Karer Pass mit freiem Blick auf den Latemar. Da brauche ich nicht groß rumphilosophieren, ist er sicher. Die Zeit des Berges gehe nirgendwohin. Aber alles andere? Wie lebt man, wenn man immer denken muss?

Der Wind fegt die Bäume nieder. Genau fünf Tage nach unserem Gespräch. Die Frage ist, was das Gemetzel mit Siegfried J. Schmidts Weltsicht macht. Um Haaresbreite, erzählt er, habe ein stürzender Baum das Haus verfehlt, in dem die Schmidt ihre Wochen in Südtirol verbringen. 1983 haben sie die Wohnung am Karer Pass gekauft. Seitdem fahren sie zwei- bis dreimal im Jahr von Münster nach Südtirol. Siegfried J. Schmidt hat schon im Museion ausgestellt, an der Universität in Brixen Lehraufträge absolviert, Vorträge gehalten. Heuer waren sie später dran. Der Sommer war auch in Münster heiß, sie konnten den Garten nicht vertrocknen lassen, ebenso wenig das Grab am Friedhof. Das Leben ist voll mit Umständen. Selbst für einen Konstruktivisten, der überzeugt ist, dass jeder Mensch sich seine eigene Wirklichkeit erschafft. Wenn ich Siegfried J. Schmidt, einen Hauptvertreter des Radikalen Konstruktivismus, richtig verstehe.

„Ich brauche den Berg als Gesprächspartner. Und das finde ich hier in besonderem Maße. Schöne Berge gibt es überall. Nur: nicht in dieser Prägnanz. Um es ganz schlicht zu sagen: Da gibt es halt keinen Latemar."

Sie kennen den Latemar? Dann haben Sie den Berg noch nicht mit den Augen eines Philosophen gesehen.

Wir sitzen in der Küche. Vor uns ein Glas Wasser, ein Glas Schnaps. Siegfried J. Schmidt hat sich an die Schmalseite des Tisches gesetzt, so, dass er den Latemar im Blick hat. Er sitzt immer da. „Wo möchten Sie sitzen?", hat er mich eingangs gefragt. Ich muss gespürt haben, dass dieser Platz besetzt ist.
Er hat den Berg vermessen. Mit Körper und Geist. Er hat ihn bestiegen, von vorne und von hinten, er weiß, wie lange man dazu braucht, bei welchem Wetter, wie die Welt von oben aussieht, was unterwegs alles passieren kann und wie man Menschen, die oben plötzlich die Angst erfasst, mit Geschichten dazu bringt, den notwendigen Sprung zu wagen. Er kennt jede Scharte, bemerkt jede Veränderung. Es ist die Struktur des Latemar, die er, der Flachländer, studiert, zu jeder Tageszeit, zu jeder Jahreszeit, zu jeder Lebenszeit: „Wie geht man mit einem

„Ich kann heute kein Buch mehr lesen, in dem Geschichten erzählt werden, das langweilt mich zu Tode."

Bäume sind Siegfried J. Schmidt eigentlich vollkommen egal. Denke ich. „Ich bin kein Naturromantiker", sagt er. Kein einziges Mal kommt in unserem Gespräch ein Baum vor. Wir reden vor allem von ihm: dem Latemar. „Mein Latemar", sagt Siegfried J. Schmidt. Und das ist dann doch eine Liebeserklärung.
„Das da ist ...", er pocht mit den Fingerknöcheln auf den Tisch, „basta! basta così! Da brauch' ich nicht groß rumphilosophieren. Der tägliche Anblick genügt. Ich muss nur schauen."
„Und das tun Sie?"
„Ja. Das tue ich. Und das fasziniert mich unendlich."
„Wie viele Stunden verbringen Sie täglich im Anblick des Berges?"
„Jeden Tag eigentlich ein paar Stunden. Darum stehen auch die Liegestühle da draußen. Nicht zum Lesen, sondern zum Schauen."
„Ist Natur wichtig für Sie? Ich dachte, Sie sind der Denker, alles spielt sich in Ihrem Kopf ab ..."

solchen Naturphänomen um, zu dem man nicht von Geburt an ein Verhältnis hat, sondern zu dem man erst in frühen Mannesjahren und dann im Lauf des Lebens immer mehr Beziehung gewonnen hat?"
Er hat ihn fotografisch gebannt und er hat ihn sprachlich gemeißelt. Wie immer bei ihm mit gestochener Schärfe. Der Latemarfels mag ein Koloss sein, aber Schmidts Sprache ist dicht wie Stein. Da passt kein Zweifel, kein Lachen, keine Träne dazwischen. Nur danach lassen die Sätze einen allein zurück. In schweren Gedanken.
Sprachlich macht Siegfried J. Schmidt niemand etwas vor. In der Wissenschaft gilt er als Begründer der Empirischen Literaturwissenschaft; in der Kunst eroberte er seinen Platz als visueller Dichter. Zeit seines Lebens pendelte er zwischen diesen Polen. Auch physisch. In seinem Büro standen zwei Schreibtische. Zwischen diesen sei er hin- und hergesprungen, je nachdem ob er als Wissenschaftler an einem Projekt gearbeitet habe oder als Künstler. „Bist du nun Wissenschaftler oder bist du

Künstler?", haben ihn Akademiker und Kreative immer gefragt. „Darf ich denn nicht beides sein?", fragte er zurück. Ernst von Glasersfeld, sein Lehrer und Freund, sagte einmal, Schmidt führe ein erfolgreiches Doppelleben. Er tut es noch immer. Obwohl er seit 2006 in Rente ist. Er arbeitet ununterbrochen. Zu viele Fragen sind noch ungeklärt, zu viele Sätze noch nicht fertig. Nur der Schreibtisch ist jetzt einer. Und am Karer Pass mit Blick auf den Latemar.

Unausweichlich: Die Macht der Kränkung oder wie einer sich gegen Vater und die Welt behauptet.

Was ihm besonders gut gelungen sei im Leben, frage ich. Und er schweigt. Lange. Viel länger, als ich gedacht hätte. Dann: „Ich glaube, dass ich mich nie habe einschüchtern lassen."

sium verschickt. Das können Sie sich als Diskriminierung nicht härter vorstellen." Während die anderen mit Mercedes und Chauffeur in die Schule gebracht wurden, strampelte er auf dem Fahrrad an. Wenn er am Abend mit den Mitschülern feierte, trug er am Morgen bei diesen zu Hause als Paketbote, um etwas dazuzuverdienen, die Post durch den Dienstboteneingang. Als er ein Mädchen einlud, zusammen die Deutschen Turnmeisterschaften anzusehen, fing der Bruder des Mädchens die beiden am Eingang gewaltsam ab, „die durfte nicht mit mir zu dieser Proletenveranstaltung". Ob ich mir das vorstellen könne? „Kleinigkeiten", sagt er, „aber das summiert sich. Und deshalb wollte ich denen zeigen, wo der Hammer hängt." Er verausgabt sich im Sport. Er spielt in einer Jazzband, „1955 war das, wenn die an der Schule herausgefunden hätten, dass wir Jazz machen, wären wir von der Schule geflogen", in den letzten drei Jahren erhält er ein

„Es bleiben die Fragen. Warum hat man das und das getan, warum nicht, hätte man auch ganz anders leben können? Und dann schlicht die Ungewissheit, was passiert mit uns, wenn's mal zu Ende ist."

Auch dieser Satz sitzt. Er hat ihn Kraft gekostet. Siegfried J. Schmidt stemmt sich mit ihm gegen vieles, was seinem Leben, seinen Träumen, seiner Herkunft entgegendrückte. Er weiß, was es heißt, als feinfühliger Mensch auf Hochtouren zu fahren, um aus der tiefen Komplexität des Lebens sein Stück herauszulösen, während andere leichtfüßig auf dem Leben dahingleiten.
Er ist ein Kriegskind, erlebt seine ersten Jahre bei der Großmutter in Kärnten; nach dem Abspülen habe sie ihn auf den Schoß genommen, erinnert er sich, und ihm Geschichten erzählt, von denen er sagt, „es gibt Geschichten, die sind so Leben, dass sie nicht narrativ sind". Danach wollte er keine Geschichten mehr hören. „Ich kann heute kein Buch mehr lesen, in dem Geschichten erzählt werden, das langweilt mich zu Tode."
Im Viehwaggon kehrt die Familie nach Deutschland zurück. Jetzt lernt Siegfried seinen Vater kennen. Dieser holt Frau und Kinder aus dem Internierungslager ab; die Zukunft liegt nun in einem „armseligen, wirklich armseligen" Vorort von Essen.
Die Volksschulzeit. Nicht der Rede wert: „92 Kinder in der Klasse und ein schwindsüchtiger Lehrer."
Das Gymnasium. „Ich wurde auf das Renommiergymnasium verschickt.

Hochbegabtenstipendium. Später, im Studium, malt er. Häuser von alten Damen, Porträts von Hunden. Er muss über die Runden kommen.
Er schlägt sich durch. Wie man salopp sagt. Und er steckt Schläge ein. Als er Maler werden will, holt der Vater aus. Der Sohn soll Volksschullehrer werden. Höhere Ziele finden in der Familie keine Vorstellung. Dass Siegfried die Aufnahme in die Klasse von Joseph Beuys geschafft hat, ist im konservativen Umfeld alles andere als ein Verdienst. Heute sagt er: „Ohne diese Erfahrungen hätte ich nicht gemacht, was ich gemacht habe. Man muss wissen, wie weit runter es geht, um auch damit fertigzuwerden, wie weit rauf es geht."

Unerbittlich: Gut, wenn es für die Wissenschaft reicht. Aber was tun, damit man sich selber der Beste ist?

Fortan lässt der Sohn den Vater im Glauben. Zwar wird er nicht Maler, aber auch nicht Volksschullehrer. Er studiert Philosophie und Linguistik, wird Professor für Kommunikationstheorie und Medienkultur und experimenteller Dichter. Sein Anspruch in allem: der Beste sein. Und dazu: sich selber der Beste sein. Dieser kleine Zusatz

macht das Leben weit komplizierter. „Keine halben Sachen. Ich war immer so", gibt er zu.
Im Studium lässt er deshalb den Herrgott-Professor Heidegger links liegen und sucht sich in Peter Hartmann einen alternativen Linguistiklehrer, er lenkt seine Philosophie an der Hochschule Karlsruhe mit Überlegungen von Naturwissenschaftlern und Technikern in neue Bahnen, lädt Studentenführer Rudi Dutschke nach Alpbach zum Vortrag und wird dafür vom US-Geheimdienst aus dem Bett geholt und ist froh, als blutjunger Professor nach Bielefeld berufen zu werden, einer absoluten Reform- universität.
Er genießt es, potente Feinde zu haben. „Als ich die Texttheorie entwickelt habe, hatte ich die deutsche Sprachwissenschaft gegen mich. Dann habe ich die empirische Literaturwissenschaft entwickelt, da hatte ich dann die ganze Germanistik zum Feind. Und dann habe ich angefangen, Konstruktivismus zu machen, und da hatte ich die gesamte Philosophie zum Feind. Damit kenn' ich mich also aus."

Unbeirrbar: Jeder konstruiert sich seine Wirklichkeit, davon ist Siegfried J. Schmidt überzeugt, als Wissenschaftler und als Mensch.

Es klingt abgeklärt, wenn Siegfried J. Schmidt erzählt. Er habe sich die wärmsten Illusionen abgewöhnt, sagt er vorsichtig. Vielleicht seine Art, um nicht daran zu verzweifeln, dass er mit dem Schicksal hadern muss und dass seine wissenschaftliche Art, die Welt zu sehen, ihn zunehmend in die Bredouille bringt.

gewesen wäre als die Arbeit, weil ich dann die Schmerzen vergessen habe."
Der Kopf hat bei ihm das Kommando übernommen. Unangefochten. Er ist wie ein Nadelöhr, durch das Siegfried J. Schmidts Leben hindurch muss. Von außen wie von innen. Es scheint, als wäre bei ihm alles gedacht, selbst was gefühlt ist. Alles Sinnliche wird in Gedanken übersetzt, alle Gedanken werden in Sätzen zu Ende zerlegt.
Wenn er als Wissenschaftler und als Intellektueller ernst genommen werden will, kann er gar nicht anders. Seine These: Wir können den anderen nicht in den Kopf schauen; jeder konstruiert sich seine Wirklichkeit. Die Welt ist, wie sie ist? Nicht für Siegfried J. Schmidt. Für ihn bleibt die Welt amorph, bis er seinen persönlichen Scheinwerfer anknipst und durch die Dunkelheit leuchtet. Macht in der Summe viele Lampen, die einsam ihren Weg suchen. „Das ist schlimm genug. Ich habe die Wissenschaft immer so betrieben, dass sie zu mir passt. Ich habe nicht gefragt, passen meine Erkenntnisse in die akademische Welt, sondern kann ich damit leben. Das hat auch mit meiner körperlichen Verfassung zu tun: Wenn man sich alles so abringen muss, dann will man – verdammt noch mal – auch damit leben können."
„Denken Sie ununterbrochen?"
„Ziemlich. Ich schlafe wenig. Und ich muss mit mir noch mehr ins Reine kommen."
„Wie machen Sie das?
„Das ist eben das Problem."
„Werden Sie es jemals schaffen?"
„Man weiß eben, dass man es nicht schafft. Es bleiben die Fragen. Warum hat man das und das getan, warum

„Ich kann mich nicht erinnern, dass für mich etwas wichtiger gewesen wäre als die Arbeit, weil ich dann die Schmerzen vergessen habe."

Lassen Sie uns mit dem Körper beginnen. Ewig schon fordert dieser Disziplin von dem, der in ihm steckt. Mit 18 war Siegfried J. Schmidt ein begnadeter Geräteturner. Bei einer Kür am Hochreck dann der Fehler. Er stürzt mit dem Kopf voran ungebremst aufs Parkett. „Die haben mir damals gesagt, du musst eine Bärenkonstitution haben, eigentlich müsstest du jetzt vollkommen gelähmt sein." Er steht wieder auf. Die Schmerzen jedoch bleiben. Ein Leben lang. Die Arbeit wird seine Therapie. „Ich kann mich nicht erinnern, dass für mich etwas wichtiger

nicht, hätte man auch ganz anders leben können? Und dann schlicht die Ungewissheit, was passiert mit uns, wenn's mal zu Ende ist."
„Zu welchem Schluss sind Sie gekommen?"
„Ehrlich gesagt zu keinem. Das ist vielleicht auch der Grund, warum ich doch mit einer Restfaser am Glauben hänge."
„Wofür stehen Sie denn jeden Tag auf?"
„Fürs Frühstück."
Er lacht. Noch einmal die Kurve gekratzt, denke ich. Er

bestimmt auch. In einem seiner Texte, die um jedes Wort ringen, materiell und semantisch, macht er deutlich, was das Problem in seinen Augen ist: „Leben: es mit seinen Erinnerungen aushalten."

Unaushaltbar: der Schmerz im Körper und das Hämmern der Gedanken.

Ich habe viele seiner Sätze gelesen. Die meisten sind trostlos und schön. Es ist leichter, Siegfried J. Schmidt gegenüberzusitzen. Das Leben scheint dann weniger knapp. Dafür menschlicher. Und die Strenge, die seinen Körper zusammenhält, wird durch die Erinnerungen warm geknetet.

Unerwartet: Wann Siegfried J. Schmidt so fertig war, dass er fast vom Stuhl fiel.

Schreiben, denken, Antworten geben – damit produzierte er früher auch jene Momente, die ihn glücklich machen. Obwohl er dieses Wort nie gebrauchen würde. 2018 wurde er von der Uni Göttingen in den Club *Featured Thinker* aufgenommen. „Damit ist man eigentlich berühmt", sagt er auf Nachfrage. Nach seinem Vortrag wurde er vier Stunden lang gelöchert von Leuten, „die haben deine Sachen wirklich gelesen." Er war fasziniert. „Ich war so fertig, ich hätte vom Stuhl fallen können." Und als seine Studenten zu seiner Abschiedsvorlesung in Münster alle im T-Shirt mit seinem Konterfei erschienen, „habe ich

> „Das Schwierigste am Alter ist, dass die menschlichen Bezugspunkte wegsterben.
> Wenn das immer weniger wird, dann wird man einsam."

Er habe immer gearbeitet, sagt er. Zehn bis zwölf Stunden am Tag. Oft bis Mitternacht durch. „Darum versteh' ich nicht, dass meine Frau das ausgehalten hat", sagt er offen.
Seine Frau ist noch da. Während wir in der Küche der kleinen Ferienwohnung sprechen, liest sie draußen auf einem der Liegestühle. Vor sich die Wände des Latemar. Innen hat sie die Wände mit Stickbildern ausgeschmückt. Sie kennt ihren Mann schon lange. Eine Tochter haben sie miteinander aufgezogen. Sie pflegte die Eltern und sorgte dafür, dass das Leben weiterging. Sie hat einen siebten Sinn, sagt Siegfried J. Schmidt: „Wahrscheinlich hat sie gemerkt, dass es bei mir nicht anders geht."
Daran ändert sich auch nichts, wenn sie in Südtirol sind. Seit einiger Zeit sind neue Schmerzen da, stärker als jene, an die er sich gewöhnt hatte, die Folgen einer Krankheit machen Siegfried J. Schmidt zu schaffen, die Ärzte haben ihn verdorben, sagt er. Nichts helfe. „Total pervers faul", empfindet er sich, weil er jetzt erst um halb 10 aufsteht, sich ein Stündchen in die Sonne legt, einen Spaziergang unternimmt, nach Mittag wieder in der Sonne sitzt. Schlimmer noch: „Ich kann nur noch mit großer Mühe lesen, und was ich früher an einem Tag geschrieben habe, schreibe ich heute in einer Woche."
Was das für ihn bedeutet, kann man ermessen, wenn man weiß, dass er für sich geklärt hat: „Schreiben ist der letzte Faden zum Leben."

gedacht ..."
Er stockt, sodass ich frage:
„... ich muss weinen?"
„Ja."
„Haben Sie?"
„Bisschen."
„Ich denke, Sie sind nicht ein leicht glücklicher Mensch?"
„Not so easy."
Aber doch nicht unmöglich. „Ich habe moderate Anforderungen ans Glücklichsein", sagt er. Gespräche, wo wenig nur dahingesagt ist, gehören dazu, ein guter Wein, „auf dem Latemar zu hocken oder wenn einem ein Text geglückt ist, an den man gar nicht gedacht hat, oder wenn man sieht, dass jemand, dem man nicht viel zutraut, es doch geschafft hat ... und dann ist besonders gut, wenn man einen kleinen Anteil dazu geleistet hat".
Überhaupt zwischenmenschliche Beziehungen. „Ich brauche nicht viele, aber es muss ein paar handfeste Beziehungen geben, auf die man sich verlassen kann."
Todesfälle sind deshalb für ihn immer schwerer zu verkraften: „Das Schwierigste am Alter ist, dass diese Bezugspunkte wegsterben. Wenn das immer weniger wird, dann wird man einsam."
Es gibt tatsächlich zwei Orte, an denen ihm das Leben leichter wird. Der Berg und die Wüste. Zwei Extreme. Südtirol und Namibia.
Unter dem Latemar liest er keine E-Mails, kümmern ihn auch wissenschaftliche Probleme nur am Rande. Der

Latemar ist für Siegfried J. Schmidt ein reiner Zustand. Der Latemar kennt Jahreszeiten, Tageszeiten, Schmidts Lebenszeit, gleichzeitig ist für Schmidt ganz klar: „Die Zeit des Latemar geht nirgendwohin." Südtirol sei ein Stabilitätsversprechen, sagt er. Hier seien nie übergroße Probleme aufgetreten.
Wir flüstern fast.
„Hier sprechen Sie mit dem Latemar?"
„Ja. Und der hört geduldig zu. Und ich höre auch geduldig zu, was er sagt."
„Und was sagt er?"
„Halt den Mund."
„Das sagt er? Ziemlich brutal, finde ich."
„Nee. Klug."

Damit ist alles gesagt. Er begleitet uns hinaus. Ganz dunkelblau. Cordhose und Pullover. Wir gehen am Zaun entlang, er setzt die Füße vorsichtig auf, wie jemand, der jeden seiner Schritte zählt. Es ist ihm zuzutrauen. Kein Hauch regt sich, es ist warm an diesem späten Oktobertag.

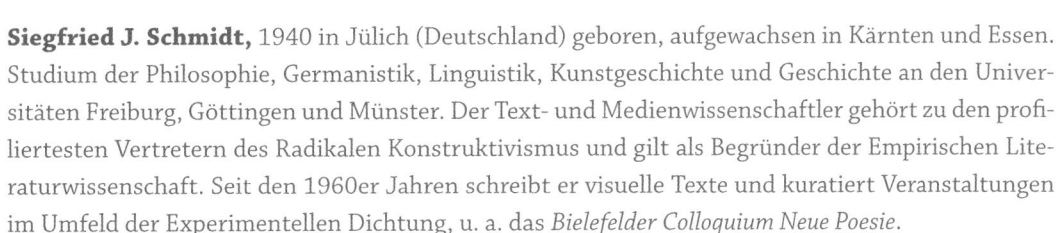

Siegfried J. Schmidt, 1940 in Jülich (Deutschland) geboren, aufgewachsen in Kärnten und Essen. Studium der Philosophie, Germanistik, Linguistik, Kunstgeschichte und Geschichte an den Universitäten Freiburg, Göttingen und Münster. Der Text- und Medienwissenschaftler gehört zu den profiliertesten Vertretern des Radikalen Konstruktivismus und gilt als Begründer der Empirischen Literaturwissenschaft. Seit den 1960er Jahren schreibt er visuelle Texte und kuratiert Veranstaltungen im Umfeld der Experimentellen Dichtung, u. a. das *Bielefelder Colloquium Neue Poesie*.
1971 ist Schmidt der jüngste Professor Deutschlands. Er baut in Bielefeld ein interdisziplinäres Institut mit Linguistik, Literatur und Sprachenzentrum auf, leitet von 1984 bis 1997 das Institut für Empirische Literatur- und Medienforschung (LUMIS) in Siegen. Von 1997 bis zur Emeritierung 2006 lehrt und forscht er am Institut für Kommunikationswissenschaft in Münster, das unter seiner Leitung zu den besten drei Instituten Deutschlands zählt. 2018 wird er in den Club *Featured Thinker* an der Universität Göttingen aufgenommen.
Schon immer führte Siegfried J. Schmidt ein Doppelleben als Wissenschaftler und experimenteller Dichter. Er schrieb 78 Bücher und hielt 700 Vorträge weltweit. Zu seinen literarischen Werken zählen u.a. *Das Latemar-Projekt* (1998) und *Latemar Nachlass 2* (2004). Einen wichtigen Teil seiner künstlerischen und wissenschaftlichen Bibliothek vermachte er der Freien Universität Bozen sowie der Landesbibliothek Teßmann und dem Museion in Bozen. Siegfried J. Schmidt lebt in Münster und Südtirol.

SCHÜCHTERN, ABER NACH AUSSEN WILL ICH DAS NICHT ZEIGEN, WEIL ICH DER MEINUNG BIN, DAS IST EINE SCHWÄCHE. UND DIE SCHWÄCHEN ZEIGT MAN HALT NICHT GERNE."

Das Glück muss man sich ein bissl richten, sagt Luis Durnwalder. Wenn der langjährige Landeshauptmann von Südtirol seine Politik so inszeniert hat wie sein Privatleben in der Rente, sollten wir die Geschichte umschreiben. Vom Machtmenschen zum Romantiker. Mit Rosen, Stacheln und Koifischen. Alles Zufall?

Wir bleiben im Eingang hängen. Ein bisschen unentschlossen. Er möchte das Gespräch gerne draußen auf der Terrasse führen, doch es hat geregnet, und in Tschirland ist es frisch an diesem Morgen: „Was meinst du, Angelika?", fragt er seine Lebensgefährtin. Wir liebäugeln mit dem Esszimmer. Oder im Wohnbereich? Ich sehe gerade noch, dass am Tischende schon jemand sitzt, die Puppe von Greta, während Luis Durnwalder vorausgeht, eine Treppe hinunter. Die Spur in sein Reich. Unterirdisch. Cool. Aus Beton.
Es wird der Esstisch oben. Mit Kaffee und Kuchen. Luis Durnwalder nimmt viel Milch. „Ich trinke sicher mehr Milch als Wein", erzählt er gut gelaunt. Schon lange stellen die Barfrauen, die ihn kennen, ihm automatisch ein Glas lauwarme Milch auf den Tresen. Sieben Kühe habe es daheim am Oberwalderhof in Pfalzen gegeben, und elf Kinder. Die Eltern hätten gern gesehen, dass der Luis Pfarrer wird. Nur so konnten sie sich leisten, ihn ins Gymnasium in Neustift zu schicken. Aber wir wissen alle, wie's gekommen ist.
Mir fällt auf: Gretas Puppe hat sich auf die andere Seite verzogen.

Im Schatten stehen? Wenigstens gibt's ältere Damen und Italiener.

Wir führen das Gespräch im August 2018. Es ist fünf Jahre her, dass er die politische Bühne verlassen hat. Ich sage dennoch Landeshauptmann zu ihm. Es freut ihn, glaube ich. Er kommt sofort auf die Umfrage des Linzer Meinungsforschungsinstituts *Market* zu sprechen, die soeben in der Tageszeitung *Dolomiten* erschienen ist. Der Beweis, dass er noch nicht vergessen ist. Er hat die Zahlen besser im Kopf als ich. Die meisten Südtiroler sagten, sie fänden Durnwalder und den neuen Landeshauptmann Arno Kompatscher gleich gut. Die seien nicht ernst zu nehmen, meint der Altlandeshauptmann: „Wie bei den Kindern, wenn man sie fragt: ‚Wen hast du lieber, den Papa oder die Mama?'" Bei den anderen aber schneidet Durnwalder besser ab. „Ein gutes Drittel höher", sagt er, und zwar bei allen Sprachgruppen, „das heißt, dass die Leute mich noch mögen."

Wenige waren umschmeichelt wie er. 44 Jahre lang stand er als Politiker im Licht, 25 Jahre davon als Landeshauptmann, er hat verlernt, wie es ist, den Schatten zu genießen. Auch als Pensionist fühlt er sich unter Leuten sicherer. „Ich werde nie durch Bozen gehen, ohne dass ich aufgehalten werde. Vor allem von den Italienern. Presidente, Lei ci manca, Sie fehlen uns, sagen sie. Erst gestern hat man mir in der Museumstraße gesagt, Sie werden immer der Landeshauptmann unserer Herzen bleiben." Er lächelt sibyllinisch: „Vor allem die älteren Damen."
Er genießt das. Die Gunst der Menschen. Schon immer. Die Menschen waren sein Trumpf. „Ich bin einer von den Leuten und ich will bei den Leuten sein."
Aufmerksamkeit, die sein Nachfolger ihm angeblich versagt und die ihm umgekehrt der Rechnungshof nicht straffrei durchgehen lassen will. Es schmerzt ihn, ohne dass er das so sagen würde. In fünf Jahren habe der neue Landeshauptmann ihn ein einziges Mal um Hilfe gebeten. Er möge ihn bei einer Beerdigung vertreten. Sonst nichts. Kein Anruf. „Nie. Nienienienie." Dafür sind die Staatsanwälte scharf auf Luis Durnwalder. Ein General habe ihn am Ende der Amtszeit gewarnt: Man werde ihm noch am Zeug flicken. „Dabei habe ich nur getan, was 50 Jahre lang niemand beanstandet hat."
Und dann grollt es über den Tisch: „Wenn ich heute noch einmal anfangen müsste, würde ich sicher nicht mehr in die Politik gehen." Wie bitte?

Immer auf der Hut sein. Manches wird ein Durnwalder nie mehr los.

Er lässt sich Zeit. Stellt das Kaffeegeschirr auf dem Tablett zusammen. Zum zweiten Mal gehen wir die Stiege hinunter. Durnwalder steigt voraus. Er ist fast privat. Trägt eine schwarze Anzughose und ein weißes Hemd. Keine Krawatte. Seine Hände sind in den Hosentaschen vergraben, die Schultern hochgezogen. In diesem Moment denke ich, er ist ein Mann, der immer ein wenig auf der Hut ist, der abwägt, wie viel von seinem Inneren er preisgeben kann, selbst wenn er will.
Er weiß, was man von ihm sagt: „Eiserne Nerven. Und unter der Hülle ist niemand mehr." Er hat sich nie die Mühe gemacht, etwas anderes zu behaupten: „Ich sag' immer: Nimm die Sachen, wie sie sind. Versuch, mit dir im Einklang zu sein, und lass nicht jeden an deinem Leben teilhaben, sonst gehört dir dein Inneres nicht mehr, weil jeder darin etwas anderes sieht." Sein Innenleben zur Diskussion zu stellen, das hätte zum Politiker Luis

Durnwalder nicht gepasst. Er merkt schnell, wenn es brenzlig wird und eine Frage ihm zu nahe kommt.

„Du bist auch selber für dein Glück verantwortlich, ein bissl musst du dazu tun, und ab und zu musst du halt auch das Herz öffnen und jemanden hineinschauen lassen."

Der riesige Raum, in den er uns führt, lässt erahnen, was das Leben mehr noch als die Politik aus Luis Durnwalder gemacht hat. Da gibt es nichts holzreich Traditionelles mehr im Stil der Villa in Pfalzen, wo zu seiner Amtszeit die berühmten Sommerpressekonferenzen stattfanden. Als wäre Luis Durnwalder ein neuer Mensch geworden. Ist er vielleicht auch. Eine gescheiterte Ehe, ein öffentliches Verhältnis, wie er selber sagt, und nun eine neue Liebe: „Du bist selber für dein Glück verantwortlich, ein bissl musst du dazu tun, und ab und zu musst du halt auch das Herz öffnen und jemanden hineinschauen lassen."
Es ist viel Platz hier unten. Die Wände glatt aus Beton, erhellt nur von Oberlichten. Daran festgemacht, genau vermessen, die Geweihe von Hirschen und Rehböcken, Schießscheiben – und Kunst. Ein Bild am anderen dran. In einer Ecke eine Bronzebüste, ein Porträt, das Gotthard Bonell von ihm malte, ein gerahmter Ausschnitt seines zerkritzelten Terminkalenders. Offizielle Devotionalien. Ein Altar seiner Macht. Daneben, aber klar abgesetzt, Fotos seiner Eltern, ein Scherenschnitt mit dem Profil seines Sohnes Hannes und von Sigrid, seiner jung verstorbenen Tochter.
Mitten im Raum ein schwarzer Flügel. Greta, sagt Luis Durnwalder, spielt Klavier.
Greta. Bei seiner kleinen Tochter, deren Großvater er sein könnte, ist Luis Durnwalder wehrlos. Da wird er weich. Wunderlieb sei sie, intelligent und sehr sensibel. Sie habe gerade einen Theaterkurs in Schloss Goldrain besucht, jetzt sei sie in Schnals und lerne Italienisch in einem Sommerkurs. „Ich möchte, dass sie gut Italienisch lernt", sagt er, der die Erziehung sonst gerne seiner Lebensgefährtin Angelika Pircher, einer Kindergärtnerin, überlässt, „sie hat ein Talent für Sprachen".

Schüchtern darf man sein, wenn man 17 italienische Regierungen überlebt.

Als Durnwalder Landeshauptmann wurde, 1989, hat er sich davor am meisten gefürchtet. Vor den Italienern und seinen Auftritten bei den Ministern in Rom. „Ich bin halt bäuerlich geprägt, und mein Aussehen und meine Umgangsformen sind auch nicht so, wie die Italiener sich das als fein vorstellen", sagt er. Außerdem sei er schüchtern und obrigkeitsgläubig, bis heute. „Ich tu' mich schwer, jemanden anzusprechen", gibt er zu. „Nach außen will ich das nicht zeigen, weil ich der Meinung bin, das ist eine Schwäche, und die Schächen zeigt man halt nicht gerne." Die Angst hielt ihn wachsam, sein Amt machte ihn mutig. Die langen Jahre als Landeshauptmann verschafften ihm einen Vorsprung, der ihn immer sicherer auftreten ließ. 17 italienische Regierungen hat er überdauert, mit der Zeit konnte ihm niemand mehr etwas erzählen. Er war besser gewappnet mit Fakten und Erfahrungen als die nachströmenden Neulinge in Rom.
Die Macht war ein warmer Mantel für Luis Durnwalder. Langsam lenkt er uns dorthin, wo das Licht in einem breiten, direkten Strahl in den Raum fällt. Er zieht ein rotes Tuch von der langen Vitrine. Legt die Orden frei, die ihm im Lauf seiner Karriere verliehen wurden. Es sind längst nicht alle, nur die wichtigsten. „Ich werde in die Geschichte eingehen als Macher. Ob man das will oder nicht", sagt er mit der starken Stimme, so, wie wir sie alle kennen, wenn er keinen Widerspruch zulassen will.

Wie einer als Macher auch den Zufall inszenieren kann.

Es ist wie eine Selbstvergewisserung. Die Erfolge, die man zählen kann, gehen automatisch auf die Habenseite des Lebens. Hier muss Luis Durnwalder nichts hinterfragen: „Manche sagen, ich sei ein Landesfürst gewesen, der letzte Patriarch, Diktator ... alles wird wahr sein, wie mich jemand gesehen hat, es hat mich aber nie so sehr interessiert."
Er wollte machen. Das war sein Anspruch. Dafür sei er gewählt worden, dass „ich eine vernünftige Politik für dieses Land mache". Auch seine Sprechstunden morgens um sechs Uhr gehören hierher: „Wir sind halt eine kleine Realität. Und ich musste Politik für dieses Land machen, für diese Bürger." Für jeden einzeln, will er fast sagen.
Mit der Parteilinie hatte er wenig am Hut. „Ich war nie einer, der philosophiert", sagt er. Die Partei habe ihn nur akzeptiert, weil sie überzeugt gewesen sei, dass seine

„Die Südtiroler sind wie Haflingerpferde. Du brauchst nur die Stalltür aufzumachen, dann laufen sie heraus. Und dann musst du einen Zaun machen, damit sie nicht zu weit laufen."

Politik auch gut für die Partei war. „Ich bin alles durch Zufall geworden", sagt er selbst. Er war eben zur richtigen Zeit am richtigen Ort. Das ist alles?

Aber wie. Durnwalder kann Orte inszenieren, dass einem schwindlig wird. Das lernen wir in Tschirland. Hinter einer nahezu unsichtbaren Tür zwirbelt sich der Raum im Untergeschoss des Hauses, in dem Luis Durnwalder mit seiner Familie lebt, wie ein Schneckenhaus von einem kühlen Ort zwischen Repräsentation und Erinnerung zum heißen Kern der Durnwalder'schen Seele zu. Da ist sie also doch noch. Die Stube. Schnörkellos. Nüchterner als wir vermutet hätten. Wir sind sprachlos.

Und in die Stille hinein, die jetzt entsteht, sagt er plötzlich: „Karten spielen tu' ich sehr gern und sehr viel. Immer noch."

Sollten Sie es nicht wissen: In die Politik kam Durnwalder, weil er beim Kartenspielen nicht gestört werden wollte. Zumindest erzählt er es so, „weil ich zu viel Pragmatiker bin". Er saß beim Jochelewirt in Pfalzen, als ein SVP-Bauer hereinstürmte und nach Kandidaten für die Bürgermeisterwahl suchte. „Ich wollte gar nicht in die Politik, aber der Peter Außerhofer ist mir so auf die Nerven gegangen, dass ich gesagt habe: ,Setz dich her, trink ein Glasl, und dann setzt du uns alle vier auf die Liste.'" So wurde Durnwalder 1969 Bürgermeister von Pfalzen. Nur damit er in Ruhe weiterspielen konnte.

Der verkannte Romantiker, der seine Bilder an Hotels verleiht.

Verlieren ist heute nicht mehr so schlimm. Er könne sogar auf die Jagd gehen, ohne zu schießen. Nicht dass es ihm oft passiert. Gerade habe er in Pfalzen einen Rehbock geschossen, im Ahrntal auch, aber in Matsch ging er auf den Hirsch und „ich habe ihn nicht gekriegt". Dafür genieße er es, „wenn ich auf dem Hochsitz bin und die Ameisen um mich herum sind, ich habe jetzt Zeit für die Stille".

„Im Grunde bin ich ein Romantiker", sagt er, während wir zurück an die Oberfläche kehren und versonnen die Koifische im Teich beobachten. Für das Futter der Fische fährt er bis nach Mühlbach. Er sammelt Tiroler Kunst, Pfeifen, alte Waffen und Taschenuhren. Sackuhren, wie er sagt. 800 Stück habe er schon. Im Garten reifen die Früchte an den Bäumen, die er gepflanzt hat. Alles andere als Vinschger Äpfel. Und einige Bilder aus seinem Besitz hängen als Leihgaben in verschiedenen Südtiroler Hotels. „Die müssen ein Fotoalbum machen mit den Bildern, die sie von mir haben, und mir einmal im Jahr ein Glasl Wein spendieren."

Es sieht so aus, als seien Ehrgeiz und Pflichtbewusstsein im Lauf der Jahre einer selbstbewussten Innerlichkeit gewichen. „Vielleicht habe ich beide Eigenschaften übertrieben, vielleicht hätte ich nicht bei acht Eröffnungen an jedem Samstag dabei sein müssen, vielleicht hätte ich auch nicht überall dreinreden müssen", gibt er heute zu, „aber ich kann nicht aus meiner Haut springen."

Das kann er wirklich nicht. „Für mich ist es eine Genugtuung, wenn ich hinausgehe, egal ob es Matsch oder Pfalzen ist, es gibt kein Dorf, wo ich nicht etwas gemacht oder bewegt habe." Nicht er allein, korrigiert er sich. Die Südtiroler mit ihm. „Die Südtiroler sind wie Haflingerpferde. Du brauchst nur die Stalltür aufzumachen, dann laufen sie hinaus. Und dann musst du einen Zaun machen, damit sie nicht zu weit laufen."

Er und die Südtiroler. Das ist Durnwalders Formel. Er kann nicht gut loslassen. Noch immer denkt er eher als Politiker denn als Familienvater. So kann er mit seiner Lebensgefährtin herrlich über Biolebensmittel streiten. „Ich habe nichts gegen Bio", sagt er, „aber wir müssen schauen, dass nicht nur acht Prozent der Menschen gesund leben; wir müssen machen, dass alles, was wir essen, gesund ist."

Das gilt eh nur für die anderen. Durnwalder selbst hat sich zeit seines Lebens kaum geschont. Als er 2013 einen Herzinfarkt erlitt, ging er den Rettungsleuten noch entgegen. Drei Tage später saß er wieder am Schreibtisch, die verordneten 14 Tage Reha kürzte er eigenmächtig auf drei herunter. Heute turnt er einmal in der Woche mit einem Personaltrainer. Und sagt: „Ich weiß nicht, ob ich gesund bin. Ich gehe jedenfalls zu den Untersuchungen, ich habe ja Zeit ..."

Du musst dich entscheiden, sagt, Luis Durnwalder: Willst du ein Stachel sein oder ein Duft?

Behende hebt er eine Zwetschge vom Boden auf. Probiert.

Während unseres Gesprächs hat er kein einziges Mal an seiner Lebensaufgabe gezweifelt. Jetzt sagt er: „Es gibt vor dem Tod ein Leben und nach dem Tod hoffentlich eines. Vor dem Tod wissen wir es genau, und dieses Leben sollen wir so gestalten, dass wir sagen können, dieses Leben habe ich genossen; ich bin nicht ein Stachel in der Gesellschaft gewesen, sondern ein angenehmer Duft."

So spricht einer, der weiß, dass er es nicht allen recht gemacht hat, aber der doch mit allem leben kann. Beneidenswert. Dass viele Südtiroler heute unzufrieden sind trotz des Wohlstands, der in Durnwalders Amtszeit gewachsen ist, scheint ihn nicht zu stören. Selbst als er etwas beleidigt sagt, heute müssten Politiker Angst haben, in eine Bar hineinzugehen, bezieht er die Ursachen weniger auf sich und die Skandale am Ende seiner Amtszeit als auf die sozialen Medien und den neuen, ungehinderten Zugang zu Informationen.

Er labt sich an den treuen Unverbesserlichen. Jeden Tag schreiben ihm Leute und bitten ihn um Hilfe. „Das Schlimme ist nur, ich kann nicht mehr helfen, nur noch einen Rat geben."

Dem Ego tut es trotzdem gut. Und sonst weiß Luis Durnwalder es zu nehmen, dass es gut wird. Wie schon 1964, als er sein Studium in Wien begann. Drei Tage übernachtete er auf einer Bank am Südbahnhof. Er hatte keine Bleibe: „Danach habe ich mich schnell zurechtgefunden." Ein Jahr später wurde er Präsident der Südtiroler Hochschülerschaft und schrieb sein Manifest, wie Südtirol modern werden muss.

Es ist alles eingetreten. Als wir unsere Sachen vom Esstisch räumen, lese ich endlich den Titel des Buchs, das dort die ganze Zeit gelegen hat. *Der Silberlöffel für Kinder.* Ein Klassiker der italienischen Küche. Die Puppe sitzt davor. Logisch: Specknödel mag Luis Durnwalder ja schon lange nicht mehr.

> *„Es gibt vor dem Tod ein Leben und nach dem Tod hoffentlich eines. Vor dem Tod wissen wir es genau, und dieses Leben sollen wir so gestalten, dass wir sagen können, dieses eine Leben habe ich genossen; ich bin nicht ein Stachel in der Gesellschaft gewesen, sondern ein angenehmer Duft."*

„ICH SAG' IMMER: NIMM DIE SACHEN, WIE SIE SIND. VERSUCH, MIT DIR IM EINKLANG ZU SEIN UND LASS NICHT JEDEN AN DEINEM LEBEN TEILHABEN, SONST GEHÖRT DIR DEIN INNERES NICHT MEHR, WEIL JEDER DARIN ETWAS ANDERES SIEHT."

Luis Durnwalder, geboren 1941 in Pfalzen, war 25 Jahre lang Landeshauptmann von Südtirol. Er studiert Agrarwissenschaften an der BoKu in Wien (heute würde er seinen Abschluss in Rechtswissenschaften machen, wie er verrät), wird 1965 Präsident der Südtiroler Hochschülerschaft, 1967 bis 1979 Direktor des Südtiroler Bauernbundes. Sein frühes Manifest für ein modernes Südtirol setzt er als Politiker um: 1969 bis 1973 ist er Bürgermeister von Pfalzen, 1973 wird er in den Landtag gewählt, 1979 bis 1989 hat er als Landesrat das Ressort Landwirtschaft inne, 1989 wird er Landeshauptmann, 2012 kündigt er an, bei den Wahlen 2013 nicht mehr anzutreten. Nach seinem Abgang steht er vor allem in der Causa Sonderfonds vor Gericht; der Prozess ist beim Druck des Buches nicht abgeschlossen.

Als Politiker galt Durnwalder als volksnah, machtbewusst, bodenständig, entscheidungstark. Seine Verdienste: Aussöhnung zwischen den Sprachgruppen, Sicherung und Ausbau der Südtiroler Autonomie, Modernisierung des Landes und Öffnung gegenüber Europa.

In seine Amtszeit als Landeshauptmann fallen privat die Scheidung von Gerda Furlan, der Mutter seiner beiden älteren Kinder, der Tod seiner Tochter Sigrid, die langjährige Liaison zur Ärztin Heike Müller, die aktuelle Beziehung zur Kindergärtnerin Angelika Pircher, mit der er eine Tochter hat. Er lebt in Tschirland bei Naturns und in Pfalzen.

GRAZIA BARBIERO

ARNALDO LONER

GEGEN DIE REGELN UND FÜR DAS GESETZ

GRAZIA BARBIERO

Die Feministin

„VERZEIH, MAMMA, ABER ICH NEHME NUR MEINE STIEFEL, MEINE BÜCHER UND ZWEI PULLOVER MIT, FERTIG. MEIN LEBEN MUSS SPARTANISCH SEIN."

Ich will die Gesellschaft verändern. Mit diesen Worten zog Grazia Barbiero blutjung aus ihrem Elternhaus in die Ehe mit einem Künstler, auf die Straße, um Frauenrechte einzufordern, in die Politik, um die Spielregeln zu ändern. Ihr Markenzeichen, das Männer schwach werden lässt: Argumente und eine sanfte Stimme. Die Feministin weiß, wie hartnäckig sie ist, und kann einen Portier wie Napoleon aussehen lassen. Noch immer? „Ich bin die Grazia von früher", sagt sie.

Sie hat zweimal angerufen, um sicherzugehen, dass wir die richtige Zenobergstraße ansteuern, jene, die hinter dem ältesten Viertel von Meran beginnt, wenn man das Passeirer Tor passiert hat und wo es eng wird für Autos. Es nieselt. Obwohl es früh am Nachmittag ist, sehnt der Tag schon düster den Abend herbei. Wie könnte es anders sein nach diesem Wochenende, sinniere ich bei mir, weil ich den Zufall gerne an die Leine nehme.
Das Wochenende war voll gewesen von Bildern und Kommentaren zum Familienweltkongress in Verona. Arbeitender Vater, fürsorgliche Mutter, glückliches Kind waren dort als gesellschaftliches Ideal postuliert worden. Mit allem Drumherum aus Abtreibungshass, Homophobie und Scheinheiligkeit. Alte Zöpfe, die mit knöcherner Hand neu geflochten werden.
Wie hat Grazia Barbiero dieses Wochenende überstanden?
Sie strahlt übers ganze Gesicht, als sie oben am Stiegenabsatz in der Tür erscheint. Ein Persönchen mit vielen Locken und einer Engelsstimme. „Soll ich das Licht ausschalten?", fragt sie, als sie die Kamera sieht. Ich kenne sie nur von Fotos.

im Südtiroler Landtag sich einen Gesetzesvorschlag der Opposition zu eigen machte. Sie war vornedran, als es darum ging, eine Familienberatung für Frauen statt für Schwangere zu konzipieren, für Südtirol ein Frauenhaus einzurichten, in Bozen einen Landesbeirat für Chancengleichheit durchzuboxen. Seit 1996 betreut sie im römischen Parlament den Alexander-Langer-Preis, mit dem Menschen ausgezeichnet werden, die – wie Grazia stolz zitiert – „dem Schicksal der anderen nicht den Rücken zuwenden".

Die Feministin mit dem Madonnengesicht: Warum Grazia nie laut wird und an Show nicht glaubt.

Ich duze sie, sie gibt mir das Gefühl, dass ich sie kenne. Seit 30 Jahren lebt und arbeitet sie in Rom und fährt nur tageweise nach Meran. „Bist du gekommen, um gegen den Familienkongress zu demonstrieren", frage ich. Sie sagt Nein. Ich will schon enttäuscht sein, als sie ergänzt: „Ich konnte nicht, war aber die ganze Zeit mit Leuten in Kontakt, die bei der Gegendemonstration dabei waren." Und? Zu welchem Schluss kommst du? Wo stehen wir denn jetzt? Als Feministin muss sie doch eine Meinung haben …
Währenddessen gehen wir langsam durch die Räume ihrer Wohnung. Ein Altbau mit Holzparkett in Fischgrätmuster, wo es zwar eine Eingangstür gibt, aber jedes Zimmer auf das Stiegenhaus hinausführt, als wäre man allein im Haus. Die wenigen Möbel sind ererbt und wirklich gewollt. Zumindest ist das mein Eindruck. Bücher in Regalen und auf Tischchen, an den Wänden Bilder von Jakob De Chirico, dem Künstler, mit dem Grazia verheiratet

„Mamma, es gibt einen Unterschied zwischen uns: Du glaubst an die Mildtätigkeit und du gibst in wunderbarer Weise, die ich bei niemand anderem gesehen habe. Aber ich will diese Gesellschaft verändern, ich will, dass die, die heute wenig haben, morgen mehr haben."

Das also ist die Frau, die 2018 die Südtiroler Volkspartei in einem offenen Brief an deren demokratisches Gewissen gemahnte, die in den 1970er Jahren für die Frauenrechte auf die Straße ging, die sich im Meraner Gemeinderat als erste Frau in die Haushaltsdiskussion einmischte, indem sie ein Budget für Frauen in Not einforderte, und die es später als kommunistische Landtagsabgeordnete zum ersten Mal schaffte, dass die Mehrheit

ist und der zu den Südtiroler Wilden der 1968er-Generation zählt. In Jakobs Kunst ist immer etwas, das aneckt. Mir fällt ein Bild auf mit einer Madonna, eine Muttergottes mit dem Gesicht von Grazia Barbiero.
Ich folge dieser Spur und erkenne, in der Wohnung wimmelt es von Artefakten der Volksreligiosität. Alte dunkle Bilder mit heiligen Motiven, glatt polierte Puppen, strahlenbekränzte Figuren, eine Fußreliquie, eingewickelte

Jesuskinder unter Glas. Man könnte auf die Idee kommen, jemand hat eine Kapelle ausgeraubt. „Aus meiner Familie", sagt sie.

Es dauert eine Weile, bis man versteht, warum Grazia Barbiero eine Rebellin ist. Es ist etwas Träumerisches in ihr. Dann diese Stimme. „Stimmchen", sagt sie selber. Ihre Stimme ist ein überraschendes Täuschungsmanöver. Eine Schlange, die ihr Gegenüber lähmt, bevor sie zubeißt. „Du hörst ja, das ist nicht die Stimme einer starken Frau", sagt sie sanft und leise, „ich werde nie laut, ich glaube nicht an Show, ich mag das nicht. Aber ich bin hartnäckig, ich kämpfe erbittert und ich argumentiere. Das ist mühevoll, weil du dich immer vorbereiten musst, denn wo nimmst du sonst deine Argumente her?"

So gewappnet brach sie in ihrer Jugend, kaum volljährig, in die Männerdomänen ein und damit in die Wortgefechte der Politik. Selbst Silvius Magnago, Südtirols Landeshauptmann in den Jahren nach dem Krieg bis in die späten 1980er Jahre, hat ihr bescheinigt, sie habe eine zarte Stimme, aber ihre Aussagen seien hart. Und Enrico Berlinguer, der Chef der Kommunistischen Partei Italiens, dem sie riet, sich in Südtirol mit der Grün-Alternativen Liste von Alexander Langer zu verbünden, machte sie kurz nach dem Gespräch zur KPI-Parteisekretärin in Südtirol.

Die Aussteuer der Tochter aus gutem Hause: ein Paar Stiefel, alle Bücher, zwei Pullover.

Das Aufbegehren begann, als Grazia heiratete. Sie war achtzehneinhalb, nach herrschendem Gesetz noch minderjährig, als sie die brave Tochter aus gutem Hause beiseiteräumte.

Ihre Eltern schlugen die Hände über dem Kopf zusammen. Grazia war eine Nachzüglerin, ihre drei Brüder sind viel älter als sie: „Manchmal hatte ich das Gefühl, als hätte ich vier Väter." Sie wehrt sich, als ihre Mutter mit der Aussteuer kommt. Sechs Koffer sind es. Grazia will nichts mitnehmen. „Verzeih, Mamma," sagte sie, „aber ich nehme nur meine Stiefel, meine Bücher und zwei Pullover mit, fertig. Mein Leben muss spartanisch sein."

Grazia wollte eben zu Jakob passen. Sie hatte viel gelesen, viel gelernt, viele Kunstkurse besucht. Sie wuchs in Bozen in einer Familie auf, von der sie heute noch schwärmt. Gutbürgerlich, behütet, aufmerksam, katholisch, aber nicht konservativ. Sie sah ihren Vater, wie er auf der Promenade Frauen ansprach, weil sie ihren Kindern eine Ohrfeige verpassten. Sie beobachtete, wie ihre Mutter Wäsche und Kleider für arme Familien beiseitelegte. Sie kannte aber auch Virginia Woolf und deren Sehnsucht nach einem selbstbestimmten Leben als Frau, ihr gefiel der Begriff *élan vital* des Philosophen Henri Bergson, wonach alles Lebendige ständig Neues schafft, sie verehrte James Joyce, der den Roman als ungeordneten Gedankenstrom seiner Figuren neu erfand. Vor allem sympathisierte sie mit den Ideen von Antonio Gramsci und dessen Kommunismus für die Praxis. Und so sagte sie eines Tages zu ihrer Mutter: „Es gibt einen großen Unterschied zwischen uns. Du glaubst an die Mildtätigkeit und du gibst so großzügig, wie ich es bei niemand anderem gesehen habe. Ich aber will diese Gesellschaft verändern, ich will, dass die, die heute wenig haben, morgen mehr haben."

Das geht auch mit Spitzendeckchen. Wenn man Grazia Barbiero ist. Die ganze Zeit schon wundere ich mich. Auf dem Tischchen zwischen uns steht ein altes Kaffeeservice aus geschnörkeltem Porzellan mit Goldrand, es wirkt wie unbenutzbar. Altersmäßig passt es zum Gesellschaftsbild von Grazias Mutter. Vielleicht Teil der Aussteuer, die irgendwann doch bei der Tochter landete. Ich widerstehe dem Drang, eine Tasse zu heben und am Tassenboden nach der Marke zu schielen.

Grazia tut so, als wäre das Porzellan nicht da. Sie hat eine besondere Art, das zu tun. Es spiegelt ihre Taktik wider, Dinge zu verändern, ohne an den bestehenden zu rütteln. In ihrem ganzen Leben war sie keine, die Mauern einreißt. Es gibt da immer Platz für Neues neben dem anderen. Sie ist nie destruktiv. Nur hartnäckig am Schieben und Stauchen der Sichtweisen. Auch ihr eigenes Leben stückelt sie nicht in Vergangenheit, Gegenwart und Zukunft: „Ich sehe mein Leben als einen Kreis", sagt sie, „mein Bewusstsein ist ein Fluss, Neues kommt dazu,

„Mein Herz schlägt für Südtirol. Obwohl Rom mir viel gegeben hat. Ich hätte dort arbeiten können, ohne mich groß einzubringen. Doch ich habe beschlossen, dass man meine kleinen Fußspuren auch in der Abgeordnetenkammer sehen soll."

wird verarbeitet, ich konstruiere meine Gegenwart kontinuierlich, verstehst du? Und wenn man so früh anfängt wie ich, kommen viele Erfahrungen zusammen, private und politische, du bist, was du gemacht und erlebt hast, für mich ist das nicht Erinnerung, sondern ein Kompass."

Eine Utopistin, die alles Private politisch nimmt: Wie Grazia sich die multikulturelle Gesellschaft wünscht.

Bei Grazia war schon immer alles Private politisch und alles Politische privat. Sie heiratete, weil sie verliebt war, aber auch, weil sie ausprobieren wollte, woran sie glaubte: eine gleichberechtigte Beziehung. Sie kriegte ihr einziges Kind, zum Glück ein Mädchen, wie sie als Feministin sagt, mit 19, „weil ich probieren wollte, wie Autorität aussehen kann, wenn sie nicht autoritär, sondern teilnehmend ist".

Sie lebte ihre Überzeugungen. Sie konnte nicht irgendwo einsteigen und einfach mitmachen. Anfang der 1970er Jahre konfrontierte sie ihren Schuldirektor in Meran mit ihren Ideen. Sie war 21, er 50, sie hatte gerade angefangen zu studieren und gleichzeitig den Wettbewerb für die Stammrolle an den deutschen Grundschulen gewonnen. Als sie an der Universität in Mailand hörte, wie Menschen mit Beeinträchtigungen in den Unterricht integriert werden können, ließ sie nicht locker, bis ihr erlaubt wurde, das Modell in der Schule zu testen, in der sie Lehrerin war: „So haben wir in Meran die ersten Integrationsklassen eingeführt."

Sie erinnert sich an ihre Triumphe, als wäre alles erst passiert, ihre Gedanken wirken frisch, wie eben geboren, so intensiv empfindet sie als die, die sie immer war: „Ich bin noch immer die Grazia von früher!" Darauf besteht sie. Es ist eine Grazia, die eine große Utopie lebt: „Ich möchte

mit den Augen von früher, und alles erscheint ihr schön. Für Südtirol schlägt ihr Herz, ihre Mission hat sie nach Rom verlegt, als sie dort 1996 ihre Stelle im Präsidium der Abgeordnetenkammer antrat: „Ich hätte da ganz unauffällig bleiben können. Aber ich wollte, dass man meine kleinen Fußspuren auch im Parlament sieht."

Als Erstes rückte sie ihr Aufgabengebiet zurecht. Sie wolle sich um Zivilrechte, Menschenrechte, Frauenrechte kümmern, legte sie dem damaligen Parlamentspräsidenten Luciano Violante dar, den sie noch aus ihrer aktiven politischen Zeit kannte. „Ich habe eine ganze wissenschaftliche Abhandlung vorbereitet, während Violante wie eine Salzsäule dastand und keine Regung zeigte." Am Ende des Sermons, als sie ihre Felle davonschwimmen sah, sagte er, das machen wir. Sie hatte wieder einmal gewonnen.

2015 tauchte Antigone auf, gemeinhin Sinnbild für den Konflikt zwischen menschlichem Gewissen und staatlichem Gesetz. Grazia erfährt, dass die Bibliotheken in Rom das antike Drama von Sophokles in verschiedenen Versionen mit Gymnasiasten und Häftlingen des Gefängnisses *Regina Coeli* einstudieren. Das gefällt ihr. Das Parlament muss die Initiative honorieren, findet sie, argumentiert, kriegt Recht und ein Okay. So kommt Antigone in die Abgeordnetenkammer, gespielt von Menschen, denen die Gesellschaft nur ihre Ränder zugesteht.

Die Sorge einer ewigen Vermittlerin: Was Grazia und ihre Mitstreiterinnen vielleicht versemmelt haben.

Grazia braucht kein Mikrofon, um Politik zu machen. Sie ist ein Mensch, der zwischen Menschen und Positionen vermitteln will. Immer und noch. Mauern sind für sie da, um gelöchert zu werden, damit man die Seite dahinter

„Mein Leben war immer kompliziert: Ich hatte immer einen Berg vor mir, den ich erklimmen musste, um auf die Spitze zu kommen. Ich habe mein Glück nie darin gesucht, gelassen oder heiter vor mich hinzuleben. Nein! Ich weiß gar nicht, was das ist!"

eine Gesellschaft, die multikulturell und multiethnisch ist, all diese schönen Dinge."

Sie weiß, dass sie damit gerade wieder einmal gegen den Sturm anrennt. In Rom, sagt sie, erlebe sie täglich in den Gassen die Ausbrüche des ängstlichen Mobs: „Der Hass schlägt dir ins Gesicht, verstehst du?" In Meran sieht sie das Böse nicht. Sie kennt hier nur die Orte von früher,

kennenlernt. „Ich glaube nicht an die Reinheit der Identität", sagt sie, „unsere Persönlichkeit wächst mit den Beziehungen zu Andersdenkenden."

Ich hake ein, und wir kehren zurück zum Familienkongress in Verona. Diesmal lässt sie mich in ihre Gedanken. „Ich denke", sagt sie, und ich erkenne, dass sie natürlich die ganze Zeit darüber nachgedacht hat. „Ich denke,

2019 rüsten die reaktionären Kräfte überall in der Welt auf wie lange nicht mehr." Sie steckt die Aussage weg wie eine lästige Notiz, formt dann ihre Hände, als versuchte sie etwas Schweres zu greifen: „Wichtig ist, dass so viele auf den Platz marschiert sind und klargemacht haben: Die Errungenschaften der letzten 30 oder 40 Jahre lassen wir uns nicht wegnehmen."

Sie war also doch besorgt. Notiere ich für mich. Viele Dinge, für die sie in ihrer Jugend kämpfte, werden heute infrage gestellt. Sie zählt auf: Widerstand gegen das Abtreibungsgesetz 194, prekäre Arbeitsverhältnisse, Familienplanung, die von Arbeitgebern gesteuert wird: „Wir haben noch für eine bewusste, frei gewählte Mutterschaft gekämpft, heute müssen die Frauen entscheiden, ob sie Kinder wollen, noch bevor sich in ihnen ein Kinderwunsch geregt hat." Der traurige Höhepunkt: die Frauenmorde in Italien, „alle zweieinhalb Tage ein Mord am immer gleichen Geschlecht", wie sie sagt.

Vieles im Argen, aber nichts wie früher. An dieser Gewissheit baut Grazia sich auf: „Wir haben nicht umsonst gekämpft. Die Geschichte wiederholt sich nicht mit dem gleichen Gesicht." Gerade die Morde an den Frauen zeigen, dass die Männer mit der Emanzipation der Frauen nicht Schritt gehalten haben. Man könnte darüber verzweifeln, für sie ist es eine Aufforderung weiterzumachen: „Wir müssen die Augen offen halten, unseren Geist schärfen und Veränderungen lesen können, immer, vielleicht heute noch mehr als früher."

Aufatmen einer strengen Analytikerin: Als die Mädchen endlich mit den Müttern in der Reihe stehen.

Grazia ist bereit. Sie stand sich auf dem Straßenasphalt die Beine in den Bauch für das Recht auf Abtreibung, war vertraut mit den Fallstricken auf dem politischen Parkett, wetzte ihre Sprache für die Frauensache und fühlte sich verantwortlich, in die Fußstapfen jener Frauen zu treten, die historisch den Marsch der Frauen anführten. Sie kann jetzt nicht im Lehnstuhl älter werden: „Mein Leben war immer kompliziert: Ich hatte immer einen Berg vor mir, den ich erklimmen musste, um auf die Spitze zu kommen. Ich habe mein Glück nie darin gesucht, gelassen oder heiter vor mich hin zu leben. Nein! Ich weiß gar nicht, was das ist!"

Ausweichen – das hat Grazia früh gelernt – kann man höchstens, wenn man einem Portier begegnet. Es war das Jahr 1973, sie war gerade in den Gemeinderat in Meran gewählt worden, als weitaus jüngste Rätin, und eilte zur ersten Sitzung. Als sie den Weg in den Saal einschlagen will, pfeift der Portier sie zurück: „Nicht hier! Hinauf! Oben ist der Platz fürs Publikum." Sie wehrt sich: „Nein, ich bin gewählt worden und spät dran. Sie haben schon angefangen ..." Und er sagt: „Ja natürlich, und ich bin Napoleon."

Sie lacht darüber, als wäre sie ein junges Mädchen. 46 Jahre sind seit jener Episode vergangen, die heute kaum mehr denkbar wäre. Grazia selber gehört zu den Frauen, die den Mädchen solche Auftritte ersparen. Sie gehört zur Generation, die Frauenrechte in Gesetze goss und es den nachfolgenden Frauen damit leichter machte. Vielleicht zu leicht, weil Mädchen heute alle feministischen Errungenschaften als natürliches Erbe ansehen. Dachte ich, dachte Grazia.

Am Wochenende im April, als in Verona der Kreuzzug der Traditionalisten drohte, standen die Mädchen plötzlich mit ihren Müttern in einer Reihe. Überraschend, findet auch Grazia. Sie triumphiert, als sie sagt: „Wir hatten Angst, dass es dieses Band zwischen Müttern und Töchtern nicht mehr gibt. Wir hatten Angst, dass die jungen Frauen glauben, ihre Rechte seien für immer unantastbar. Wir hatten Angst, als Generation gescheitert zu sein."

Gar nicht schlimm, so ein Familienweltkongress. Wenn man ihn aus der Analyse von Grazia Barbiero sieht.

Sie fragt nach der Uhrzeit. Am Abend muss sie einen Vortrag halten. Das Frauenhaus Meran wird 25. Grazia Barbiero ist für die Feier eingeplant wie eine Säule in der Statik eines Gebäudes. Gemeinsam mit Andreina Emeri hat sie das Gesetz zum Schutz der Frauen, die Gewalt erleiden, im Südtiroler Landtag durchgebracht. Es kostete sie fünf Jahre drängende Geduld, dann war der Weg frei für das erste Frauenhaus Italiens. Sie wird über eine Mitstreiterin sprechen: Helga Innerhofer, die Präsidentin, die vom ersten Tag an dabei war und 2016 an Krebs verstarb.

Grazia gehört selbstverständlich dazu. Obwohl sie zwischendurch Politikerin war und lange schon mehr in Rom ist als in Meran.

Die Fäden von früher sind fest verzwirbelt, sagt sie, bevor wir die renovierte Holztreppe nach unten poltern: „Und schön ist, dass wir nicht nur über die Frauensache verbunden sind, sondern als Menschen." Draußen regnet es noch immer.

Grazia Barbiero, 1951 geboren, wächst als Nachzüglerin mit drei älteren Brüdern in Bozen auf. Sie studiert Moderne Sprachen an der Universität *Cattolica del Sacro Cuore* in Mailand, tritt der Kommunistischen Partei (KPI) bei und ist von 1973 bis 1979 Gemeinderätin in Meran. 1979 rückt sie für Anselmo Gouthier in den Südtiroler Landtag nach. 1984 bis 1986 übernimmt sie den Vorsitz der KPI in Südtirol. Als ihr drittes Landtagsmandat 1988 endet, bietet Alexander Langer ihr an, für die Grün-Alternative Partei zu kandidieren. Sie lehnt ab: „Ich will den Menschen in Meran in die Augen blicken." 1989 bis 2016 arbeitet sie im römischen Parlament, erst in der interparlamentarischen Frauengruppe, ab 1996 im Präsidium der Abgeordnetenkammer, wo sie eine Abteilung leitet, die Projekte zu den Themen Menschenrechte und Frauenfragen initiiert und betreut. Seit ihrer Pensionierung führt sie ausgewählte Projekte weiter, z. B. den *Internationalen Alexander-Langer-Preis*.

Grazia Barbiero ist eine Exponentin der Südtiroler Frauenbewegung der 1970er Jahre. Sie gehörte dem Frauenkollektiv Meran an und ist Mitgründerin der Beratungsstelle *Lilith* in Meran und des Frauenzentrums in Bozen. Im Südtiroler Landtag brachte sie 1985 gemeinsam mit Andreina Emeri (Grün-Alternative Liste) den Gesetzesvorschlag zur Gründung eines Frauenhauses in Südtirol ein, der 1989 verabschiedet wurde. Der Vorschlag zur Einrichtung eines Landesbeirats für Chancengleichheit für Frauen (mit A. Emeri und A. Langer) findet 1989 die Mehrheit.

Barbiero war Mitglied des Landesbeirats für Chancengleichheit und des Landesbeirats für Familienberatungsstellen in Südtirol. Bis heute gehört sie dem Wissenschaftlichen Beirat der Alexander-Langer-Stiftung in Bozen an. 2001 gab die Abgeordnetenkammer in Rom ihren Essay *Donne e Mediterraneo* heraus. 2019 erschien das von ihr kuratierte Buch *Il premio Alexander Langer alla Camera dei Deputati 1997–2017*. Derzeit arbeitet sie an ihrer Autobiografie.

Grazia Barbiero ist mit dem Künstler Jakob De Chirico verheiratet, mit dem sie eine erwachsene Tochter hat. Sie lebt in Rom und Meran.

ARNALDO LONER

Der Rechtsanwalt

„JEDER MENSCH MUSS AUCH EIN KÄMPFER SEIN. MAN DARF BEI SCHWIERIGKEITEN NICHT DEN KOPF IN DEN SAND STECKEN. ICH HABE PROBLEME IMMER GLEICH IN ANGRIFF GENOMMEN, NICHTS AUF DIE LANGE BANK GESCHOBEN."

Wir müssen reden. Die Jungen können nur weitertragen, was sie wissen, sagt Arnaldo Loner. Der Rechtsanwalt in Pension ist zum Anwalt der Erinnerung geworden. Er sammelt Bücher, Illustrationen, Grafiken und hält in Schulen Vorträge über die Tötungsmaschinerie der Nazis. Das ist mein Beitrag für eine menschliche Gesellschaft, sagt er. Alles nur, damit *CasaPound* gestoppt wird?

Es ist alles in Ordnung mit Arnaldo Loner. Er ist ein Besessener, aber nicht verrückt. Er bringt nur die Kategorien von Gut und Schön, Böse und Hässlich in uns durcheinander. So denkt es in mir, seit Arnaldo Loner uns in seine Bibliothek geführt hat, die wohl der größte Raum in seiner Wohnung mit Blick über Bozen ist. „Schauen Sie", sagt er und zeigt auf eine Fotografie, die an den Rücken von Büchern über das Büchermachen lehnt. *Holland House Library, Kensington, Oktober 1940* steht auf der Rückseite. Seine Tochter hat ihm das Bild mitgebracht. „Sehen Sie, die Engländer? Einer liest, einer sucht, einer schaut die Titel an, als wäre nichts passiert. È bellissima!", lacht Arnaldo. Passiert ist, dass die Bibliothek auf dem Foto unter freiem Himmel steht, nach einem Bombenangriff.

Das Schöne an Arnaldo Loner ist zugleich seine dunkle Seite. Jeder Moraltheoretiker hätte seine Not mit ihm. Himmelhoch rechtschaffen, dachte ich immer, wenn ich von den Ausstellungen seiner Bücher über Tiroler Ansichten las und wenn ich ihm auf der Straße begegnete, meistens im Winter, zumindest erinnere ich mich an einen dunkelblauen Lodenmantel und eine Schirmmütze. Himmelhoch rechtschaffen – und von der Hölle angezogen, will ich jetzt ergänzen. Nicht ganz einfach mit Arnaldo Loner, einem Grandseigneur unter den Bozner Bürgern.

Der Verteidiger gegen den Rechtsruck: Arnaldo Loners Mission in den Schulen.

55 Jahre lang war er Rechtsanwalt. Strafverteidiger. „Ich habe alle Abgründe der menschlichen Armseligkeit kennengelernt", sagt er dazu. Damals ging er abends zu seinen Büchern, um sich zu erholen. Heute, mit Mitte 80, verbringt er seine Tage in der Bibliothek, um das Böse aus den Büchern herauszulesen: Kinderbücher aus der Zeit des Nationalsozialismus, Zeichnungen über das Leben von Gefangenen im Konzentrationslager, Fotografien von Verschleppten, Berichte über Naziprozesse. Er durchforstet Auktionskataloge, ist mit Antiquaren in Kontakt. Gerade hat er der italienischen Landesbibliothek *Claudia Augusta* in Bozen 500 Bücher über den Holocaust geschenkt. Seit 20 Jahren hält er in Schulen in Südtirol, im Trentino und in Venetien Vorträge über die Tötungsmaschinerie der Nationalsozialisten.

Arnaldo Loner ist der Anwalt der Erinnerung geworden. Allein in der Holocaust-Gedenkwoche 2019 hat er in neun verschiedenen Schulen gesprochen.

Meine Mission, nennt er das. Er hat sich in den Kopf gesetzt, die Erinnerung vor dem Vergessen zu bewahren, bei ihm ist das mehr jene an die deutschen als an die faschistisch-italienischen Gräueltaten, wie er zugibt. Viel Zeit bleibt nicht, meint er. Die letzten Zeugen sterben aus. Jedes Jahr driften die Geschehnisse der Geschichte und die Erlebnisse der Jugendlichen von heute weiter auseinander. Wie Inseln, die ein Archipel verlassen und sich neuen Strömungen aussetzen, als hätte die Welt keine Vergangenheit, wie Arnaldo Loner findet: „Die Jungen müssen von den Dingen erfahren, damit sie wissen, welche Erinnerung sie weitertragen sollen", sagt er, „ich will nicht angeben, aber wenn ich aus der Klasse gehe, schreiben sich die Schüler und Schülerinnen nicht mehr in die Rechtspartei *CasaPound* ein. Ich glaube das einfach."

Arnaldo Loner schont die Zuhörer nicht. Er weiß, wie man Argumente wirksam platziert. Wenn er von Zahlen spricht, zeigt er Gesichter und erzählt Geschichten von Häftlingen: eine aus Auschwitz, eine aus Buchenwald. So nannte er auch zwei Bücher, die er in den vergangenen Jahren im italienischen Verlag *Cierre* herausgegeben hat. Das eine bewahrt ein Fotoalbum aus Auschwitz, das eine 18-jährige Ungarin 1945 bei der Befreiung des Lagers im SS-Kommando fand und mitnahm; sie hatte darin Bilder von ihrer Familie und ihren Dorfnachbarn entdeckt, die alle in der Gaskammer ermordet worden waren. Das andere ist eine Mappe mit Zeichnungen, die zwei französische Häftlinge heimlich und unter Lebensgefahr in Buchenwald anfertigten. Nie hätte er gedacht, dass er diese Mappe kriegen würde. Sie wurde in Berlin versteigert. Er gab aus der Ferne sein Angebot ab: „Es gibt nur zwei Exemplare davon in Deutschland. Ich dachte, dass ein deutscher Sammler sie kaufen würde." Dann kam der Brief, niemand wollte die Mappe so sehr wie Arnaldo Loner.

Der Rechtschaffer: Arnaldo Loners Lebenskampf um den fairen Prozess.

Gepackt hat es ihn vor 19 Jahren. Kanada lieferte nach langen Verhandlungen endlich Mischa Seifert nach Italien

aus, den KZ-Aufseher, der als „Henker von Bozen" bekannt ist. In Verona wurde Seifert der Prozess gemacht, Loner vertrat als Anwalt die Gemeinde Bozen. Plötzlich verstand er, dass das Bozner Lager nicht so harmlos war, wie man in Südtirol gerne glauben mochte: „Das wissen die Menschen hier nicht. Alle denken, das war nur ein Durchgangslager. Aber hier wurde gemordet." Ohne Prozess, aus reiner Willkür.

Dem Juristen Loner stellte das die Gänsehaut auf. Seine ganze Karriere war er darauf bedacht gewesen, Menschen einen fairen Prozess zu garantieren, egal ob sie schuldig waren oder nicht. Er hat Ärzte gegen Patienten verteidigt und Patienten gegen Ärzte, Mütter, die ihre Kinder umbrachten, und Kinder, die sich von ihren Müttern befreiten. „Es ging nie darum, jemanden um jeden Preis freizubekommen. Gefälschte Beweise hätte ich nie vor Gericht verwendet", sagt er streng, „aber die meisten Naziverbrecher sind überhaupt nie vor Gericht gestellt worden." Das findet er empörend. Sie mussten nie den Mund aufmachen, um sich zu rechtfertigen, gleichzeitig wurde den Opfern damit der Mund zugeschnürt.

quer, Karteikarten, frisch zum Beschreiben, Fotoecken, ein Briefkuvert, das er uns noch zeigen muss, seine Brille, die er nicht zum Lesen braucht, eine Holzkiste voll mit alten Dokumenten und Fotos oder ... da ist das Telefonat schon zu Ende.

Deshalb sei er Anwalt geworden, sagt er, das Handy noch in der Hand. Weil er den Dialog, die Diskussion, das Wortgefecht mag. Als Anwalt bist du ein freier Mensch, sagt Arnaldo Loner, „du darfst sagen, was du willst, nicht einmal ein Richter verbietet dir den Mund". Er habe viel gearbeitet, gibt er zu, zwölf Stunden am Tag, es sei ein schwieriger Beruf, „wenn du ihn gut machen willst".

Der Lateiner: Warum Arnaldo Loner keine Leichen im Keller mag.

Als Arnaldo 14 ist, fragt sein Vater ihn, welche die beste Schule in Bozen ist. Dorthin will er den Sohn schicken. Und während Arnaldo abends Griechisch und Latein büffelt, sitzt der Vater gebeugt über einem Blatt und grübelt, wie man *carretto*, Karren, schreibt, mit einem oder mit

> „Wir hatten zwar keine Bücher zu Hause, aber es gab eine Familienregel, an die ich mich bis heute halte: Du musst ehrlich leben. Nicht stehlen, niemandem schaden, ein Mensch sein in allem, was du sagst, denkst, tust."

Stillhalten. Für Arnaldo Loner ist das wohl die größte Strafe. Er ist ein geselliger Mensch, liebt das Gespräch, auch jetzt, wo wir bei ihm sind, ist er die ganze Zeit in Bewegung, wir sprechen im Stehen, er erzählt offen, trägt seine Gefühle auf der Zunge, zeigt uns seine Schätze, manche Bücher aus dem 16. Jahrhundert, gibt zu, dass er viele Bücher nur wegen der Bilder kauft, „ich liebe Illustrationen", wischt mit einer Bewegung über die Bücher zum Schützenwesen in Tirol und zieht mit einem Griff ein Buch heraus, das wieder alt aussieht, die Folterbibel aus dem Barock, voll illustriert. Als das Telefon läutet.

Ich stehe am Schreibtisch. Arnaldo Loner hat nicht aufgeräumt. Das gefällt mir. Einer, der sein Leben nicht schönen muss, bevor er Menschen hineinlässt, weil er sich nicht davor fürchtet, was andere von ihm denken. Auf seinem Schreibtisch lebt das Chaos zwischen dem *Giftpilz*, einem Kinderbuch aus der Nazizeit, und einem Monster-Katalog zu einer Ausstellung, Exlibris in verschiedenen Größen, wie hingeworfen, Stifte kreuz und

zwei r? „Ich bin der Sohn eines Kleinbauern aus St. Jakob bei Bozen. Mein Vater ist mit sechs Monaten aus dem Cembratal nach St. Jakob gekommen, er hat drei Jahre die Volksschule besucht, mehr nicht", erzählt Arnaldo. Als der Erste Weltkrieg ausbrach, war der Vater neun, der Großvater musste zu den Kaiserjägern, die Mutter konnte den Hof nicht allein schüsseln. So fuhr Arnaldos Vater jeden Tag um fünf Uhr mit auf den Markt nach Bozen, um Obst und Gemüse zu verkaufen. Arnaldo, schwor er sich, sollte es besser haben.

Oder meinte er eher: Arnaldo sollte es besser machen? „Wir hatten zwar keine Bücher zu Hause, aber es gab eine Familienregel, an die ich mich bis heute halte: Du musst ehrlich leben. Nicht stehlen, niemandem schaden, ein Mensch sein in allem, was du sagst, denkst, tust." Der Vater habe das vorgelebt, sagt Arnaldo Loner. Er gründete sogar eine Partei für Bauern, deutsche und italienische, und kämpfte für deren Belange zwölf Jahre lang im Gemeinderat von Leifers südlich von Bozen.

*„Jemand hat gesagt, Schönheit wird die Welt retten, ich weiß nicht,
ob das stimmt, aber sie macht die Welt auf jeden Fall lebbarer."*

Sich verantwortlich fühlen, für eine gerechte Sache stehen, diese Haltung erbt Arnaldo. Er spürt deutlich in sich, auch als Anwalt, dass er mehr tun muss, als Menschen zu verteidigen, die in Schwierigkeiten geraten sind. „Dieses Missionarische habe ich in mir", sagt er.
Anders als seinem Vater jedoch liegt Arnaldo Loner die Politik nicht. 1994 hat er einen Vorstoß gewagt und verloren, „nicht schlimm", sagt er. Sein Metier ist die Kultur. Illustrationen. Bücher. Weltwissen. „Jemand hat gesagt, Schönheit wird die Welt retten, ich weiß nicht, ob das stimmt", kokettiert er lachend, „aber sie macht die Welt auf jeden Fall lebbarer." Für Arnaldo Loner ist sie eine Garantie für ein glückliches Leben. An dritter Stelle. „Das Wichtigste ist: keine Leichen im Keller haben; dann: seine Arbeit redlich und ehrlich machen; drittens: sich mit Kultur beschäftigen und damit zur Menschlichkeit beitragen."

Der Wissensaufräumer: Mit Karteikarten bringt Arnaldo Loner auch böse Bücher in Ordnung.

Mit den Büchern angefangen jedoch hat seine Frau. „Wir waren noch nicht verheiratet, da hat sie mir ein Büchlein gebracht von 1699, *Die Abenteuer des Telemach*, das erste antike Buch in meiner Sammlung." Heute nennt er sie eine Heilige. „Sie protestiert nie, wenn ich wieder einmal mit einem Stapel Bücher heimkomme, mit meinen 84 Jahren." Letzthin sind es meist Kinderbücher. Bilderbücher aus der Zeit vor und nach 1940. Russische Künstler wie Bilibin sind dabei, Zeichner aus Deutschland und Österreich, jüdische Buchillustratorinnen, aber auch die Erstausgaben der „vergifteten" Bücher der Nazis, also das Böse im Zeichentrick.
Zeitlich nachfolgende Bücher wiederum versuchen, Schuld abzubauen. Infernalisches darf nicht die Oberhand behalten bei Arnaldo Loner. Schneller, als wir protestieren können, steigt er eine steile Leiter hinauf, lehnt sich gefährlich zu einer Seite, dann zur anderen. Schräg unter seinen Beinen hängt ein Porträt, das Gotthard Bonell von ihm gemalt hat. Als er wieder unten ist, hält er uns *Rosa Weiss* hin. „Von meinem Freund Innocenti", sagt er. Roberto Innocenti, italienischer Illustrator und Andersen-Preisträger, zeichnet noch immer Geschichten von Kindheiten in der Nazizeit. Seine sind traurig und leise. Arnaldo Loners Sammlung ist beachtlich. Für die wertvollen Exemplare hat er ein gefinkeltes Regalsystem einbauen lassen, das Architekt Carlo Scarpa erfunden hat, Glasscheiben, die an Seilen rauf und runter gezogen werden. Er weiß nicht, wie viele Bücher er besitzt: „Ich habe sie nie gezählt." Derzeit ist er damit beschäftigt, Ordnung zu machen, alles zu katalogisieren, für seine Nachkommen, wie er sagt: „Ich will alles geordnet hinterlassen."
Sein Enkel hat bereits Interesse gezeigt, als er drei war. Er stellte sich in die Bibliothek und verkündete: „Opa, ohne Bücher kann man nicht leben!" Musik in den Ohren von Arnaldo Loner, wenn auch von kurzer Dauer: „Jetzt ist mein Enkel im Gymnasium und spielt lieber Fußball", lacht Arnaldo, „aber als er drei war, ließ er mich hoffen. Und ich weiß noch, dass ich gesagt habe: Ich sehe, du hast alles verstanden."

Der Gutgläubige: Wie Arnaldo Loner 17 Jahre auf sein Honorar verzichtete und seine Uhr aus den Augen verlor.

In gewisser Weise ist Arnaldo Loner ein Idealist. Vom Verkauf der von ihm herausgegebenen Bücher nimmt er keinen Cent, ebenso wenig, wenn er Werke für Ausstellungen zur Verfügung stellt, oder für die Vorträge in den Schulen, „auch nicht für die Fahrtkosten". Legendär ist, wie er die Bauern von Martell nach dem Staudammunglück von 1987 verteidigte. 17 Jahre lang dauerte der Prozess. Hundert Bauern warteten auf ihr Recht. Und Arnaldo Loner auf sein Honorar: „Ich wollte es von Montedison kriegen, der Energiegesellschaft, nicht von den Bauern."
Es ist nicht so, dass er auf Gotteslohn vertraut. „Gott und ich haben uns schon länger nicht mehr gehört", sagt er feierlich. Eher vertraut er darauf, dass man selber die Dinge richten muss. „Ich denke, jeder Mensch muss auch ein Kämpfer sein. Man darf bei Schwierigkeiten nicht den Kopf in den Sand stecken. Ich habe Probleme immer gleich in Angriff genommen, nichts auf die lange Bank geschoben."
So geht er auch forsch in die Schulen und macht kein Hehl aus seiner Meinung. Ich hoffe, sagte er nach einem Gespräch in einer Schule in Mezzolombardo im Trentino,

„ich hoffe, dass mein Vortrag eure Gedanken geklärt hat und ihr jetzt nicht zu *CasaPound* rennt". Da stand ein Junge auf und sagte: „Verzeihen Sie, haben Sie etwas gegen *CasaPound*?"

> „Ich will nicht angeben, aber wenn ich nach meinem Vortrag aus der Klasse gehe, schreiben sich die Schüler und Schülerinnen nicht mehr in die Rechtspartei CasaPound ein. Ich glaube das einfach."

Darüber kann er lachen. Ein einziges Mal sei es passiert, sonst nie, sagt er und kramt auf seinem Schreibtisch. Endlich, das Kuvert, darin eine Karte vom Juli 2014. „Schauen Sie", sagt er, „von Angela Merkel." Sie bedankte sich persönlich und handschriftlich für sein Buch über alte Ansichten des Ortler, das er in Sulden hinterlegen ließ. „Können Sie sich vorstellen, dass ein Exponent der aktuellen Regierung in Rom das täte?"

Mit dieser Einstellung wird man gelegentlich übers Ohr gehauen, selbst als Strafverteidiger mit 55 Jahren Erfahrung. Und dann erzählt er, wie er kürzlich vor der Tür auf ein Taxi wartete. Eine Frau sei auf ihn zugestürzt, habe ihn am Arm gepackt und angefleht, er möge ihr Arbeit besorgen. Er ist ratlos, weiß nicht, was er tun soll. Die Frau drückt ihm einen Zettel mit einer Telefonnummer in die Hand, dann kommt das Taxi, er steigt ein, fährt in die Kanzlei, schaut auf die Uhr: „Weg. Meine Rolex, die ich vor 50 Jahren gekauft habe. Jetzt geh' ich mit einer Swatch herum. Aber Salvini wähle ich dennoch nicht!" Das ist Arnaldo Loner. Er kennt viele Spielarten der menschlichen Schwäche und glaubt unverbrüchlich an die Gerechtigkeit des Geistes. „Meine Rolex, wenn die weg ist, macht das nichts, und die PS meines Autos haben mich nie interessiert", sagt er. Er halte es mit Willibald Pirckheimer, dem Freund von Dürer, der vorgab: „Man lebt durch den Geist, alles andere ist sterblich." So kurz kann ein Prozess sein. Für Arnaldo Loner in eigener Sache. Zum Abschied drückt er mir einen Vortrag über das neue Gesetz zur Patientenverfügung in Italien in die Hand, den er soeben fertiggestellt hat. Er fährt mit uns im Aufzug durch den Berg hinunter, begleitet uns bis vor die Haustür. Auf der Straße ist niemand zu sehen.

Arnaldo Loner, 1934 in Bozen geboren, studiert Rechtswissenschaften an der Universität Bologna und eröffnet 1968 seine Kanzlei in Bozen. Er macht sich vor allem als Strafverteidiger einen Namen, u. a. in den Prozessen um das Staudammunglück im Südtiroler Martelltal und um Mischa Seifert, den Aufseher im Konzentrationslager Bozen. Mehrmals ist Loner Präsident der Rechtsanwaltskammer Bozen, 1994 wird er für vier Jahre in den *Consiglio Nazionale Forense* der gesamtstaatlichen Rechtsanwaltskammer gewählt. 1994 bis 2004 ist er Vizepräsident der Südtiroler Sparkasse in Bozen. Einige Jahre gehört er der Schiedskommission der Nationalen Bergrettung an. Heute leitet Tochter Valentina mit drei Partnern die Kanzlei.

Arnaldo Loner ist als Sammler von Illustrationen, Grafiken und Büchern bekannt. Immer wieder sind Teile seiner Sammlung in Ausstellungen zu sehen. Seit 20 Jahren beschäftigt sich Loner mit der Geschichte des Holocaust und hält darüber Vorträge in Schulen. 2016 gibt er das Buch *Buchenwald 1943–1945* heraus, 2017 kuratiert er die Publikation des Buches *Auschwitz*. 2015 stellt er im Stadtmuseum Bozen seine Sammlung illustrierter Kinderbücher vor und nach 1940 aus; eine kritische Publikation über drei Kinderbücher aus der Nazizeit erscheint 2018, Titel: *Educare all'odio* („Zum Hass erziehen").

2013 wird Arnaldo Loner für sein kulturelles Engagement mit dem Tiroler Verdienstkreuz ausgezeichnet.

BRIGITTA
ERSCHBAMER   _FRIDA_
PARMEGGIANI

LEBEN BEOBACHTEN UND THEATER LEBEN

BRIGITTA ERSCHBAMER
Die Botanikerin

„ICH HÄTTE MIR GEWÜNSCHT ZU LERNEN, WIE MAN SELBSTSICHER WIRD. DAS WAREN MEINE ELTERN BEIDE NICHT. MEIN VATER HAT IMMER GESAGT, GEGEN DIE GROSSEN KOMMST DU NICHT AUF, DA MUSST DU EINFACH STILL SEIN."

Ausgerechnet die Welt. Geben wir der Politik mehr Daten, damit sie handeln muss, fordert Brigitta Erschbamer. Die Professorin für Botanik in Innsbruck erforscht seit 20 Jahren, wie der Klimawandel sich auf die Gipfelvegetation in Südtirol auswirkt. Warum sie weiterhin Auto fährt. Und weshalb es gut ist, wenn Sie in Zukunft Himbeeren mögen.

Mein Autoradio ist zu schwach. Oder ich einfach zu gut darin, Nachrichten aufzusaugen, in Vorsätze umzuwandeln und im Eifer des Lebens alles wieder ziehen zu lassen. Von wem war der Bericht noch einmal? UNO, sage ich mir vor, und Weltbiodiversitätsrat. Das muss ich mir merken für das Gespräch mit Brigitta Erschbamer, zu dem ich unterwegs bin. Denke ich. Wie viele Arten? Eine Million wird den Klimawandel nicht überleben? Eine Katastrophe. Die Welt geht vor die Hunde, sage ich zu mir, gut, dass es *FridaysForFuture* gibt und meine Töchter, die mitdemonstrieren.

Ulrich steht schon am Parkplatz. Er lädt seine Fotoausrüstung in meinen Kofferraum. Ich drehe das Autoradio aus. Gebe Gas. Wir brausen nach Innsbruck.

Alles zu spät? Sie lächelt. Nicht wegen der Sache. Ich weiß, dass sie während des Gesprächs noch oft lächeln wird, sie gehört zu den Menschen, die ihre Empfindlichkeit in ein Lächeln einhüllen. Umgekehrt hält ihren feingliedrigen Körper ein unbestechlicher Wille zusammen. Zerbrechlich wirkt an Brigitta Erschbamer nichts. Sie ist so, wie man sich eine ernsthafte Wissenschaftlerin vorstellt. Lieber sagt sie nichts als etwas Falsches. Und bevor sie eine schwierige Frage beantwortet, lächelt sie. Das gibt ihr die Zeit zu formulieren, was sie auch belegen kann.

„Hat die windige Lärche überlebt?", frage ich.

Brigitta Erschbamer weiß sofort, welche ich meine. 2014 hat sie mir Bilder gezeigt von dem Sämling, der sich in der Texelgruppe nordwestlich von Meran auf 2750 Meter Meereshöhe gewagt hat, höher als je ein Baum zuvor.

Der Wettlauf der Pflanzen auf den Gipfel ist in vollem Gange. Vor allem den Bergen heizt der Klimawandel ein, haben die Forscher herausgefunden. Pflanzen aus tieferen Lagen steigen nach oben und verdrängen Arten, die ohnehin am Limit leben. Seit 2001 beobachten Wissenschaftler im sogenannten GLORIA-Projekt die

„Ob die Welt noch zu retten ist? Wenn man es realistisch betrachtet, werden die Szenarien der Wissenschaftler wohl eintreffen."

Hinter dem Brenner erzähle ich vom GLORIA-Projekt, das Brigitta Erschbamer am Institut für Botanik in Innsbruck betreut. 2014 habe ich mit ihr schon einmal darüber gesprochen. Es hat mich gepackt damals. So lange weiß ich schon, dass es einigen Pflanzen auf den Alpengipfeln an den Kragen gehen wird. „Die können nicht mehr weiter nach oben flüchten …", sage ich. Ulrich nickt. Wir hätten doch mit dem Zug …? Wir schauen uns an: gute Frage.

Mit Brigitta Erschbamer landen wir in den Tropen. Sie führt uns durch das Glashaus des Botanischen Gartens. Vor zwei Korbsesseln und einem Tischchen bleibt sie stehen, genau neben den Kannenpflanzen und der Venusfalle. Es ist warm und feucht. Ich frage nicht, ob sie auch die Sendung auf Ö1 über das Verschwinden der Arten gehört hat. Aber wir kommen gleich darauf zu sprechen. „Man hat wirklich das Gefühl …", setze ich an. Und sie nickt: „… wir sind drüber."

Hat die Lärche überlebt? Bei solchen Fragen ist Brigitta Erschbamer sofort auf Gipfelhöhe.

Auswirkungen des Klimawandels auf die Vegetation im Hochgebirge. 130 Beobachtungsstationen in der ganzen Welt gehören zum Projekt, das von Privatdozent Harald Pauli von der Universität für Bodenkultur Wien geleitet wird. 400 Berggipfel werden untersucht. 18 Stationen befinden sich in Europa. Zwei davon in Südtirol: Die Dolomiten sind seit Beginn des Projekts 2001 dabei, die Texelgruppe kam 2003 dazu. Unter der Leitung von Brigitta Erschbamer werden in beiden Regionen je vier Gipfel von der Waldgrenze bis zur subnivalen und nivalen Stufe regelmäßig untersucht.

„Nein", sagt sie, „die Lärche hat nicht überlebt. Nein. Nein." Es klingt fast empört. Die Lärche hat einfach zu viel gewollt, gibt uns Brigitta Erschbamer zu verstehen. Ich bin drauf und dran, um diese Pionierin zu trauern. Aber ich verstehe, an Individuen zu hängen, ist ganz und gar unwissenschaftlich. Die Lärche ist ein Eindringling. Sie nimmt hoch spezialisierten Pflänzchen deren Lebensraum weg. Recht geschieht ihr also.

Die Welt ist in Lebensgefahr. Das stimmt, sagt Brigitta Erschbamer und lässt sich nicht aus der Ruhe bringen.

Fünf Jahre sind seit meinem ersten Treffen mit Brigitta Erschbamer vergangen. Eine Masterarbeit ist inzwischen entstanden, neue Daten wurden gesammelt, ausgewertet, in Beziehung gesetzt. Die Erkenntnisse verdichten sich. Die Botanikerin ist sicher, als sie sagt: „Man sieht deutlich, dass die Lärche auf den niederen Gipfeln neben Fichten und Zirben recht gut aufkommt." Heißt: Der Wald stürmt die Almregionen. Er erobert sich den Raum zurück, den wir ihm einst genommen haben. Also eigentlich alles normal?

Ein Lächeln spielt um ihren Mund. „Das behaupten die Gegner des Klimawandels gerne. Nein", sagt sie nüchtern, ohne sich aus der Ruhe bringen zu lassen. Die Daten, die ständig neu in ihren Computer fließen, breiten unter ihren Worten ein Sicherheitsnetz aus. Man sei in den Messungen alle Höhenstufen bis auf fast 3000 Meter durchgegangen, selbst auf den höchsten Gipfeln sind Baumsprösslinge zu finden. Es sei eindeutig: „Die Waldgrenze war sicher früher höher als heute, aber auf den höchsten Gipfeln war nie Wald." Außerdem haben seit 2001 auf dem Sellagipfel in den Dolomiten die Arten Halbinformierten. Dass die Politik jetzt übernehmen müsste, weiß sie. Dass sie nichts tut, nimmt sie als Aufforderung, ihre Forschung voranzutreiben. „Wir haben noch immer zu wenig Daten, unser Wissen ist nach wie vor beschränkt", sagt sie. Und ich schaue ungläubig.

Zu wenig Daten für die Politik, meint sie. Zu wenig Daten, um sicher sagen zu können, was das Artensterben auf den Gipfeln für die Welt bedeuten wird. Zu wenig Daten, um zu beschließen, wie die bedrängten Arten zu retten sind.

Die Macht der Zahlen? Besser auf FridaysforFuture setzen, meint Brigitta Erschbamer.

Wie alle Wissenschaftler baut Brigitta Erschbamer auf die Kraft der Daten. Das ist ihre Aufgabe. Daten sammeln, Datenbanken bestücken, Szenarien entwickeln und publizieren. Politische Phrasen mit Daten erschlagen. „Ob die Welt noch zu retten ist? Wenn man es realistisch betrachtet, werden die Szenarien der Wissenschaftler wohl eintreffen."

Diesmal kein Lächeln. Die Natur, verstehe ich, wird es nicht richten. Bleiben also doch nur die Menschen, auf die Brigitta Erschbamer vertraut: „Ich bin," sagt sie, „nein,

„Ich bin, nein, ich möchte ein optimistischer Mensch sein. Deshalb hoffe ich, dass es Nischen gibt, wo etwas gegen den Klimawandel unternommen wird."

massiv zugenommen: „64 Prozent mehr Arten als bei der ersten Untersuchung, also in nur 14 Jahren", sagt die Forscherin.

Manchmal ist auch der Wald selbst das Opfer des Klimawandels. Der Sturm, der im Herbst 2018 die Bäume im Südtiroler Eggental umlegte, als wären sie Strohhalme im Aperol Spritz, ruft forsche Eindringlinge auf den Plan. Brigitta Erschbamer überlegt nicht lang, ehe sie prophezeit: Die Himbeerstauden stehen schon in den Startlöchern.

Einen Trumpf nach dem anderen zieht sie aus dem Ärmel. Erst 2018 ist in *Nature* ein Artikel erschienen, in dem der GLORIA-Datenberg mit einem 150 Jahre alten Datensatz abgeglichen wurde. „Der Klimawandel ist nicht zu leugnen", lautet Erschbamers Fazit. Es wird rasant wärmer auf den Bergen. „Mit einer Geschwindigkeit, die es noch nie gegeben hat", sagt Erschbamer.

Sie konstatiert. Sie argumentiert. Sie hat erkannt, wie es steht. Die Panik überlässt sie Leuten wie mir. Hilflosen. ich möchte zumindest ein optimistischer Mensch sein. Deshalb hoffe ich, dass es Nischen gibt, wo etwas weitergeht."

FridaysForFuture zum Beispiel. Mit den Jungen hat bisher niemand gerechnet. Jetzt sind sie da. Und sie pfeifen darauf, dass Lehrer und Eltern probieren, die Schüler mit Noten zu erpressen. „Aber Mami, wenn die Welt untergeht, ist doch egal, ob ich Latein kann, oder?", sagte vor zwei Tagen meine Tochter. Freitags muss die Welt eine Zukunft haben, gebe ich ihr recht. Findet auch Brigitta Erschbamer: „Toll, dass die Schüler auf die Straße gehen. Wenn sonst niemand gehört wird, vielleicht werden die Jungen gehört. Das ist meine Hoffnung."

Eine Generation, die nicht entspricht. Die nicht so faul ist, ihre Ideale mit Konsum, Wachstumsbeschwörungen, Wohlstandsgebeten abspeisen zu lassen. Tut das nicht gut? Daran zu glauben? Endlich?

Brigitta Erschbamer sagt von sich: „Ja, ich bin eine Kämpferin." Von ihren Eltern hat sie das nicht gelernt.

„DAMALS HABEN WIR GEGEN DIE ERWEITERUNG DES SKIGEBIETS OBEREGGEN PROTESTIERT. ES HAT ZWAR NIEMAND UNTERSCHRIEBEN, ABER ICH HABE ENDLOSE ARTENLISTEN VORGELEGT, WAS DA ALLES WÄCHST. DAS WAR JA NICHT GELOGEN."

„Ich hätte mir gewünscht zu lernen, wie man selbstsicher wird. Das waren meine Eltern beide nicht. Mein Vater hat immer gesagt, gegen die Großen kommst du nicht auf, da musst du einfach still sein." Irgendwie ist der Satz zum Mantra einer ganzen Gesellschaft geworden. Hohn genug, dass wir heute als letzte Generation bezeichnet werden, die das Steuer herumreißen könnte.

Fahren Sie mit dem Fahrrad zur Uni? Warum das schwierig ist bei Brigitta Erschbamer.

Vielleicht bräuchten wir alle nur eine hartnäckige Berufsberaterin. Wie Brigitta damals. Sie redete so lange auf den Vater ein, bis dieser Brigitta schließlich doch auf die Oberschule schickte. Drei Jahre. Sekretärin, das schien ihm genug für seine älteste Tochter. Brigitta selber hatte

nicht, es zuzugeben", sagt sie, und das Lächeln ist wieder da. Es spielt weiter um ihren Mund, als sie kleinlaut gesteht: „Ich habe noch ein Auto, und ich fahre auch mit dem Auto." Als faktenliebender Mensch setzt sie hinzu: „Ich reise auch gerne, auch mit dem Flugzeug." Ihr Fußabdruck sei nicht der beste, bestätigt sie. „Vielleicht für das vergangene Jahr?", überlegt sie, „nein, auch nicht für das vergangene Jahr."

Wenn gerade Wege nur kurvenreich ans Ziel führen, könnte es um Frauen oder um Pflanzen gehen. Brigitte Erschbamer hält den Kurs.

Im Glashaus, wo ich längst meine Jacke ausgezogen habe, weil es so schwül ist, fängt ein Frosch zu quaken an. Ich schaue mich nach einem Teich um, sehe nur grünglänzendes

„Ich finde toll, dass die Schüler auf die Straße gehen. Wenn sonst niemand gehört wird, vielleicht werden die Jungen gehört. Das ist meine Hoffnung."

als Berufswunsch angegeben: Verkäuferin. „Ich wusste ja, dass ich nicht weiter in die Schule gehen darf."
Sie arbeitet nebenher, damit es sich mit dem Geld ausgeht. Passt im Sommer auf Kinder auf, ist Abspülerin im Gastgewerbe, bringt es bis zur Kellnerin. Sie arbeitet so viel, dass ihr niemand mehr verbieten kann, bis zur Matura zu kommen. Um sich die Uni leisten zu können, unterrichtet sie ein halbes Jahr, „bis das Stipendium ausgezahlt wurde", erinnert sie sich.
Botanik ist ihr Fach. Das weiß sie früh, seit der Mittelschule. Der Naturkundelehrer dort konnte endlich die Frage beantworten, warum die Bäume gelbe Farbe an den Stämmen haben. Sie hat viele Fragen. Sie ist eine genaue Beobachterin.
Im Eggental, wo sie aufwächst, ist die Natur der erste Zugang zum Weltwissen. Die Familie wohnt am Waldrand, der Vater ist Waldarbeiter und arbeitet bei der Wildbachverbauung mit. Spielsachen gab es nicht, „wir waren immer draußen", sagt Brigitta Erschbamer. Ein Mädchen nach dem anderen kam dazu, fünf insgesamt. Mit jeder Geburt sind die größeren weniger draußen in der Natur und mehr im Alltag drinnen.
Ein Fahrrad war das Letzte, was den Erschbamers fehlte. „Da war rundum auch kein ebener Fleck bei uns", sagt Brigitta Erschbamer. Um es kurz zu machen: Brigitta lernt nie Rad fahren. Bis heute nicht. „Ich trau' mich fast

Geflecht, so fett wächst hier alles. Von weit her fällt mir ein, dass wir längst die Münzen im Parkautomaten nachlegen müssten. „Kommt die Polizei hier öfter vorbei?", fragt Ulrich. „Ja", sagt Brigitta Erschbamer, „die teilen hier schon Strafen aus." Während wir hinter einem Tor am Höttinger Hang wie auf einem anderen Planeten sind, wo Regenwald, Alpinum, Mediterraner Garten, Kalthaus bequem zu Fuß zu durchlaufen sind.
Irgendwie beruhigt es mich, dass nicht einmal Brigitta Erschbamer es ohne Auto schafft. Oder ohne Flugzeug. Obwohl sie etwas zerknirscht wirkt, als sie davon spricht. Immerhin ist sie eine der ersten Grün-Denkerinnen in Südtirol. In den 1980er Jahren sogar offiziell: als ehrenamtliche Geschäftsführerin des Dachverbandes für Natur- und Umweltschutz. Florin Florineth, damals Präsident des Dachverbandes, hat sie angeheuert. Sie konnte nicht Nein sagen. Noch immer ist Florineth, heute Leiter des Departments für Bautechnik und Naturgefahren an der Universität für Bodenkultur Wien, ihr Vorbild: „Geradlinig bis zum Gehtnichtmehr." Das imponiert ihr. Tatsächlich klingen die damals gestarteten Aktionen aus ihrem Mund wie Mutproben.
„Damals haben wir gegen die Erweiterung des Skigebiets Obereggen protestiert", erinnert sie sich. „Es hat zwar niemand unterschrieben, aber ich habe endlose Artenlisten vorgelegt, was da alles wächst. Das war ja nicht

„ICH KOMME AUS EINER GEGEND, WO ES KAUM EIN EBENES PLATZL GIBT. ICH WAR DIE ÄLTESTE, VON EINEM RAD WAR NIE DIE REDE. ICH HABE NIE RAD FAHREN GELERNT, BIS HEUTE NICHT."

gelogen." Eine Zeit lang hat der Protest gewirkt, dann wurde trotzdem gebaut.

Während sie erzählt, sehr überlegt, nahezu jedes Wort abwägend, denke ich bei mir: Dort, wo Brigitta Erschbamer kämpft, kann man gar nicht oder höchstens allmählich gewinnen. Es geht meist um Kategorien wie „richtig" oder „falsch", „fleißig" oder „schlau", wie David oder Goliat. Das trifft auf das GLORIA-Projekt zu, wo Allerweltspflanzen, wie Brigitta Erschbamer sagt, hoch spezialisierten Arten an der Grenze zum Nichts das Wasser abgraben. Das gilt für den Schutz von Wiesen und Wäldern vor Skipisten. Das zeigt sich auch im Ringen um die Gleichbehandlung der Frauen im Universitätsdschungel. Sechs Jahre lang war sie Vorsitzende des Arbeitskreises für Gleichbehandlungsfragen an der Universität Innsbruck. Noch immer ist sie für ihre Fakultät Ansprechpartnerin. „Am Anfang sind wir total angefeindet worden. Das ist viel besser geworden, aber gut ist es noch immer nicht." Sie hat selber erfahren, wie schwer es ist, als Uni-Frau Karriere zu machen. Erst 2011 wird sie zur ordentlichen Professorin ernannt. Ein Gesetz ebnet ihr den Weg. Ihre vielen Publikationen können nun nicht mehr übersehen werden. Bis dahin war sie außerordentliche Professorin, ein Titel, den es nur in Österreich gibt, wie sie sagt: „Fußvolk, nicht besser als eine Assistentin."

Gewagte Wege oder aufgesparte Träume. Womit lebt man leichter? Oder wo Brigitta Erschbamer ihren Fußabdruck ausfransen lässt.

Nächstes Jahr geht sie in Pension. „Ich freu' mich", bricht es aus ihr heraus. Regeln, Hürden, Betriebsstress, Publikationsdruck. Das nervt sie zunehmend. Die Aussicht auf mehr Freiheit beflügelt sie. Natürlich habe sie bis 2021 noch ein Projekt laufen, sagt sie, „und es interessieren mich auch noch viele Dinge". Und für das GLORIA-Projekt muss auch erst jemand gefunden werden.

Sie hofft, dass jemand das Projekt übernimmt. Sie will endlich Dinge machen können, die sie so lange aufgeschoben hat. Das wäre? „Reisen", sagt sie. Die Hochgebirgsvegetation in Afrika ist ein Traum von ihr. Dann Abisko in Lappland, offensichtlich ein Muss für Botaniker. Als Studentin hat sie sich diese Studienreise immer verkniffen: „Ich musste so sparen. Am Ende war ich nie dort!" Und schließlich die Gletscherregionen: „Da muss ich noch hinauf, bevor die verschwinden."

Sie schaut mich an. Lächelt. „Ich weiß, mein Fußabdruck wird immer größer."

Stimmt. Dennoch ist sie immer noch besser dran als ich. Kinder zu haben, sagen die Medien neuerdings, sei die größte CO_2-Sünde überhaupt. Ich habe zwei. Brigitta Erschbamer keines: „Das war keine bewusste Entscheidung", sagt sie, „es hätte aber auch nicht sein können." Mit individueller Ethik ist die Welt außerdem nicht mehr zu retten, sagen die Wissenschaftler. Sagen auch die Jungen an den *FridaysForFuture*. Genau, denke ich: Sollen sie doch endlich kommen und uns verbieten zu fliegen, ins Auto zu steigen, E-Mails zu schreiben, Fleisch und Avocados zu essen, Gemüse in Plastik zu kaufen, Pampers zu verwickeln. Hilft uns mal jemand?

Auf dem Weg zum Auto sind wir uns einig: Es ist notwendig, die richtigen Politiker zu wählen. Bis dahin zeige ich meinen Töchtern noch New York. Und nehme mir vor, mehr mit dem Rad zu fahren.

Ulrich und ich laden Kamera und Stative ins Auto. Ich drehe das Radio lauter. Wir haben die Wahl. Ich höre?

Brigitta Erschbamer, 1955 geboren, wächst in Eggen im Südtiroler Eggental auf, als ältestes von fünf Mädchen. Sie studiert Biologie an der Universität Innsbruck, dissertiert über das Vegetationsmosaik und über Vegetationsstrategien dominanter Pflanzen im Flaumeichenwald am Bozner Guntschnaberg, wird 1996 im Fach Botanik habilitiert. Seit 1996 ist sie Außerordentliche Professorin, seit 2011 Ordentliche Professorin am Institut für Botanik. In den 1980er Jahren ist sie ehrenamtliche Geschäftsführerin des Dachverbandes für Natur- und Umweltschutz. Seit den 1990er Jahren gehört sie – von 2004 bis 2010 als Vorsitzende – dem Arbeitskreis für Gleichbehandlungsfragen an der Universität Innsbruck an.

Sie gilt als Expertin für alpine Hochgebirgspflanzen. Seit 2001 leitet sie zwei Standorte des Forschungsprojekts GLORIA in Südtirol: Dolomiten und Texelgruppe. GLORIA ist ein weltweites Monitoring-Netzwerk: An 130 Stationen werden die Auswirkungen des Klimawandels auf die Gebirgsregionen beobachtet; 400 Berggipfel stehen alle fünf bis sieben Jahre im Visier der Wissenschaftler. Seit 2009 ist Erschbamer zudem wissenschaftliche Leiterin der Alpinen Forschungsstelle Obergurgl und beobachtet dort die Vegetationsveränderungen von der Waldgrenze bis zur subnivalen Stufe. Ein Schwerpunkt ist dabei die Besiedelung im Gletschervorfeld.

Mit dem Klimawandel kam sie 1994 zum ersten Mal in Kontakt, als sie mit einer Forschungsgruppe im britischen Sheffield Auswirkungen von UV-Strahlungen auf das Pflanzenwachstum untersuchte.

FRIDA PARMEGGIANI

Die Kostümbildnerin

„BIS JETZT HABE ICH NICHT AUFGEGEBEN. SONST WÜRDE ICH NICHT VOR IHNEN SITZEN. ICH HABE WAHRSCHEINLICH VIEL INNERE KRAFT. MEINE BÜCHER UND DIE MUSIK UND DIE NATUR HELFEN MIR. UND DANN NATÜRLICH DIE MENSCHEN, DAS IST DAS WICHTIGSTE. AUCH WENN SIE NICHT HIER SIND, WEISS MAN, SIE SIND DA."

Eine andere Welt. Als international begehrte Kostümbildnerin lebte Frida Parmeggiani im Theater aus, was das Leben nie so gut verkraftet: das Klare, Abstrakte, Monochrome. Jetzt geht sie nicht mehr ins Theater, sie sucht die Natur. Am besten hoch oben. Zurück in Meran, zurück im Leben?

Frieda. Das *e* ist wieder da. Es fällt mir auf, als ich die Klingel zu ihrer Wohnung drücke. Altbau, tadellos renoviert, nebenan schlängelt sich der Tappeinerweg, Merans Joggingmeile, in die Höhe. Irgendwann in den späten 1980er Jahren ist das *e* aus Frieda verschwunden. Frida Parmeggiani hat damals Robert Wilson kennengelernt, fortan wusste sie, was sie brauchte und was sie weglassen konnte. Das *e* ihrer Kindheit, das *e* der Suchenden wurde überflüssig wie die meisten Farben, andere Regisseure, viele Diskussionen. Das *e* nach dem *i* machte der Klarheit Platz.

Heute bewahrt Frida es für den Briefträger. Dieser kann wahrscheinlich mit dem *e* mehr anfangen als mit dem Theater, das ihr den Blick auf das Wesentliche eröffnete. Um genau zu sein: Für Frida Parmeggiani gibt es ein Leben vor und nach Robert Wilson, der bei ihr nur Bob heißt. Bevor sie ihn, den man den Theatermagier nennt, kennenlernte, machte sie Kostüme fürs Theater. Danach gaben Musikfarben, Körperbewegungen, Lichteinfälle auf der Bühne ihr die Kostüme ein. Man könnte fast sagen, das Theater ist eins mit ihr geworden. „Eine andere Welt", sagt sie heute.

Der Erfolg: Weil Frida aus Kostümen Körpergeschöpfe baute.

Eine andere Welt, die sie miterschaffen hat. 30 Jahre lang galt Frida Parmeggiani als gesuchteste Kostümbildnerin in der europäischen Theater- und Opernszene. Sie bringe „Kostüme, die fesseln" auf die Bühne, titelte Arnd Wesermann 1994 in der *Zeitschrift Theater der Zeit*. C. Bernd Sucher, der langjährige Theaterkritiker der *Süddeutschen Zeitung*, bezeichnet ihre Entwürfe als „wahnwitzige Erfindungen", die „richtungsweisend" waren. Von „Körpergeschöpfen" spricht Elfriede Jelinek, mit der Frida Parmeggiani befreundet ist. Umso grausamer, dass die Schriftstellerin auf das Kleid, das die Parmeggiani für die Uraufführung des Stücks *Clara S* kreiert hatte, draufstieg. Nach dem Theater, versteht sich, also im nackten Leben. Die Jelinek kapierte sofort, dass dieser Riss eine Wunde riss. Von Künstlerin zu Künstlerin. Das verbindet.

2006 hörte Frida Parmeggiani auf. Kein Theater mehr, keine Hotels mehr, Schluss mit der Großstadt, vom Flugzeug ins Theater und zurück. 60 war sie damals. Auch Robert Wilson konnte sie nicht halten: „Ich wollte endlich einmal anders leben." Drei Projekte parallel wurden in Paris ihr großes Finale, Bachs *Johannespassion* im Théâtre du Châtelet sowie Heiner Müllers *Quartett* mit Isabelle Huppert und *Der Ring des Nibelungen* im Théâtre National de l'Odéon. „Danach war ich fertig", erinnert sie sich. Sie wollte spazieren gehen, sie sehnte sich nach Natur. Nur wo. „Ich habe keine Zeit gehabt, mir richtig Gedanken zu machen. Und Südtirol war schon immer da. Bei mir im Kopf. Da habe ich gedacht, ich probiere es", sagt sie.

Bühnenbild heute: Ein Hügel in der Bettdecke macht sich selbstständig.

Vor zwölf Jahren kehrte sie zurück nach Meran. Ganz in die Nähe jenes Hauses, in dem sie aufgewachsen war. Sie lebt zurückgezogen, liest man überall. „Das stimmt", sagt sie energisch. „Ich versuche sogar, die Innenstadt zu meiden, wenn die vielen Touristen da sind. Ich flüchte dann in die Natur. Das ist wirklich das, was mich hier hält."

Ihre Wohnung könnte überall sein. Sobald man sie betritt, ist sie ein Ort von unmittelbarer Schönheit und irritierender Nüchternheit. Eine Bühne. Fraglos. Und zwar bevor der Bühnenbildner den Raum betritt. Hier liegt nichts herum. Und das wiederum liegt nicht an uns, also an Ulrich und mir. Die Küche scheint unbenutzt, auf einem Tischchen sind der Reihe nach Tomaten, Nüsse, Mandarinen angeordnet. Sonst: Bücher, Lampen, Eichenparkett, kein Teppich. Weiß ist die Farbe. Licht der Maler. „Ich weiß schon", sagt sie, „meine Wohnung ist nicht gemütlich, das sehe ich selber. Wahrscheinlich brauche ich das nicht."

Sie spricht langsam, nahezu auratisch sanft, als wäre sie müde, immer die gleichen Geschichten zu wiederholen. Gleichzeitig will sie nicht viel Neues erzählen. Es ist schwierig, sie aus der Askese zu locken. Sie hat ihr Lebensstück gut im Griff. Hütet es streng. Überraschungen, glaube ich, sind nicht oder nicht mehr das Ding von Frida Parmeggiani.

Völlig unerwartet deshalb: der Bettdeckenhügel in ihrem Schlafzimmer.

Minko. So heißt ihr Kater. „Der geht nicht heraus. Erst wenn er Hunger hat", lacht Frida. Sie habe immer Katzen gehabt, sagt sie. Als sie nach Paris zog, stellte sie

„ICH WEISS NUR EINES: IN DER GROSSSTADT KÖNNTE ICH NICHT MEHR LEBEN, ICH BRAUCHE DIE NATUR! AM LIEBSTEN GANZ OBEN AM BERG. WENN ICH DIE EINZELNEN HÖFE DA OBEN SEHE ... NATÜRLICH, DAS IST UNREALISTISCH. ICH MERKE JA ... DASS ES ABWÄRTS GEHT. ICH FAHRE JA NICHT EINMAL AUTO."

eine Bedingung: Sie brauche eine Wohnung mit Garten, für ihre Katzen. Sie kriegte einen kleinen grünen Pavillon in der Innenstadt. Nie habe sie so schön gewohnt, schwärmt sie. Die Katzen streunten im Garten, während sie bis spätnachts im Theater saß. „Ich bin verrückt nach Katzen. Ich liebe diese Tiere. Weil sie so eigen sind, ich finde sie faszinierend." Um Minko macht sie sich bereits Sorgen. „Ich bin 72", flüstert sie.

Ein Koffer genügt: Wenn im Kopf mehr Funken sprühen als im Schrank Kleider hängen.

Sie trägt eine Hingabe in sich, wie man sie an wenigen Menschen spürt. Vollkommen. Es überkommt sie. Dann ist sie auf dem Sprung. Unhaltbar. Wie 1970 in Zürich. Als alles anfing.
Sie war Schneiderin, hatte eine Zeit lang in Wien gearbeitet, war einem Mann nach Zürich gefolgt und eines Abends einem Stück von Regisseurgott Peter Stein ins Theater. Mit wem sie dort war? „Ein junger Mann hat mich begleitet", sagt sie geheimnisvoll, „ich habe ihn vergessen." Die Aufführung, die sie erlebt, hat ihn unwiederbringlich in den Schatten gestellt. „Mich hat das umgehauen", gesteht sie, „ich bin mit offenem Mund dagesessen und hab' gedacht, nein, ich muss da weg ..." Sie packt den einzigen Koffer, den sie besitzt, und fährt nach Berlin. Stellt sich an Peter Steins *Schaubühne* vor. Lässt sich nicht abweisen. Und kriegt eine Praktikantenstelle.

geht für sie nicht. Nirgends. Es gibt keine Bilder in ihrer Wohnung, die abstrakte Kunst, die ihr gefällt, kann sie sich nicht leisten, verrät sie. Also: lieber die weiße Wand. Großstadt oder Berg, die Kleinstadt dazwischen liege ihr nicht besonders, sagt sie. Sie trinkt nur Tee, nie Kaffee. Es ist entweder – oder nicht. Drei Superregisseuren schmiss sie lieber alles hin, als sich zu verbiegen. Luc Bondy, Luca Ronconi, Hans-Jürgen Syderberg. Salzburger Festspiele hin oder her. Sie sei der orthodoxeste Mensch, der ihm untergekommen sein, habe Bondy ihr gesagt. „Sie ruinieren sich Ihre Karriere", prophezeite ihr das andere Theatermonster Peter Stein. Sie kann nicht anders. „Und dadurch, dass ich bin, wie ich bin, bin ich wahrscheinlich glaubwürdig. Weil ich bei mir bleibe. Ein Künstler, der nicht bei sich bleibt, das geht nicht. Der ist ein Dienstleister, aber kein Künstler." Noch heute postuliert sie für sich: „Wenn ein Regisseur mich einengte, dann war tschüss. Frei, frei, frei. Sonst aus. Geht nix."
Kompromisslos, nennt Robert Wilson sie. „Total", fährt es aus ihr heraus, „aber er ja auch!"
Ivan Nagel, Intendant des Staatsschauspiels Stuttgart, bringt die beiden zusammen. 1987. Es geht um die Kostüme für Heiner Müllers Stück *Quartett*, das Wilson in Nagels Auftrag inszeniert. Man trifft sich in der Theaterkantine. Robert Wilson wird später schreiben, was er damals von Frida Parmeggiani kannte, gefiel ihm gar nicht. Um den Tisch saß eine Clique von Menschen, lauter Wilsonjünger, „der war ein Guru damals". Stille. Wilson wirft

> „Ich wollte etwas machen, das ich mit Passion mache, auch wenn der Job dann noch so hart ist. Aber dass ich das gerne mache. Und das hat mein Leben bisher ausgefüllt. Der Beruf."

Sie lernt schnell. Arbeitet rund um die Uhr, im Theater, um zu träumen, als Näherin, um zu überleben. Das spricht sich herum. Hier ist eine, die dranbleibt, wenn sie einmal angebissen hat. So öffnen sich bald goldene Tore für sie, ihre Entwürfe gefallen dort, wo das deutsche Theater erneuert wird. Ihr Name kursiert. Jede andere wäre glücklich, es geschafft zu haben. Nur Frida Parmeggiani weiß, dass sie nicht länger im festen Ensemble bleiben will. Lieber fängt sie neu an. Allein, jedoch nach ihren Vorstellungen. Frida Parmeggiani wird freie Kostümbildnerin.

Frei, frei, frei: Warum Frida drei Superregisseure versetzte.

Das wird ihr Weg: Am Abgrund oder am Olymp. Die Mitte

Parmeggiani drei Begriffe zu: „Very simple, no color, no time." Sein Credo schon immer. Ihr Credo ab jetzt.
Eine Woche Zeit gibt Wilson ihr. „Er hat halt gesehen, ich bin verrückt, das ist für ihn Voraussetzung. Er ist ja auch ein Verrückter", sagt sie ernst. Sie quält sich, bis sie in sich findet, was er will. Ihre Unterlagen, die sie zum Treffen mitbringt, teilt er auf drei unterschiedlich starke Stöße auf. Wieder sagt niemand ein Wort. Bis Wilson auf den dicksten Stapel zeigt und in amerikanischem Deutsch sagt: „Bravo, das ist es." Irre sei das gewesen, wundert sich Frida noch immer. „Gell? Aber so war's."
20 Jahre lang ist sie fortan SEINE Kostümbildnerin. Daran lässt sie keinen Zweifel: „Er hatte ja immer mehrere, weil er so viel gemacht hat. Aber ich war immer Number One."

„ICH KANN NICHT ANDERS. DADURCH, DASS ICH BIN, WIE ICH BIN, BIN ICH WAHRSCHEINLICH GLAUBWÜRDIG. WEIL ICH BEI MIR BLEIBE. EIN KÜNSTLER, DER NICHT BEI SICH BLEIBT, DAS GEHT NICHT. DER IST EIN DIENSTLEISTER, ABER KEIN KÜNSTLER."

Er akzeptiert, dass sie keine Figurinen zeichnet wie andere Kostümbildner. Bei Frida Parmeggiani werden Kostüme direkt auf der Puppe gebaut und als Foto mit Maßangaben an die Schneiderei überbracht. Er nimmt hin, dass das Team im Burgtheater rebelliert, weil Frida tagelang den Fundus durchforstet und danach Kleider auftrennt, weil das Innenfutter sie mehr interessiert als der äußere Stoff. Es gefällt ihm, dass sie Material fetischistisch liebt, Stoffe färbt, entfärbt, neu einfärbt, viele Male, bis es für sie passt, dass sie eitel ist und fordert, dass das Bühnenlicht ihre Entwürfe zur Geltung bringt. Er geht so weit zu fragen, was sie will. Sie meinen das Gleiche, obwohl sie kaum miteinander sprechen.

Endlich kann sie arbeiten ohne Fessel. Theater kriegt nun eine Art Religiosität für sie, was auf der Bühne geschieht, rückt noch ein Stück weiter als bisher vom realen Leben weg. Und plötzlich erkennt sie: „Ich war nie glücklich vorher. Nie."

Die Phalanx der Gefühle: Wie man Prinzipien durchsetzt und Marienkäfer rettet.

2016 widmen das Kunsthaus Meran und das Mozarteum Salzburg Frida Parmeggiani eine Ausstellung. Die Kostüme, die sie in zwei Jahren Arbeit gestaltet hat, sind pure Kunst. Robert Wilson kommt zur Vernissage nach Meran. „Er ist extra gekommen, einen Tag vor seiner Generalprobe an der Mailänder Scala. Er ist nachts heraufgefahren, war kurz da und wieder weg", pocht sie auf den Tisch. In dem Video, das ihn einfängt, sieht man ihn, wie er vor den Skulpturen steht. Lange. Stumm. Reglos. Wie vor etwas Heiligem. „I miss you", soll er gesagt haben.

Sie nimmt mit allen Poren auf. Auch jetzt. Was ist das, unterbricht sie unser Gespräch. Etwas flattert über uns im Lichtschein der Tischlampe. „Ein Marienkäferle", sagt sie entzückt. Und als gewahrte sie jetzt, dass es Herbst geworden ist, steht sie auf und schaltet die Heizung ein. Psychologie sei das Wichtigste in ihrem Beruf, fährt Frida fort. „Wenn ein Kostümbildner das nicht kann, ist er verloren", urteilt sie hart. „Kein anderer am Theater kommt so nahe an die Haut des Darstellers heran. Der Regisseur kann reden, aber ich muss am Körper arbeiten." Wie das sei, Stars zu Leibe zu rücken, frage ich. Die Sänger seien disziplinierter als die Schauspieler, sagt sie, und unter den Schauspielern seien die besten gleichzeitig die sensibelsten. Am meisten Durchsetzungskraft brauchte sie bei den Schneidern. „Die testen dich gnadenlos", erinnert sie sich, „ab und zu habe ich mich selber an die Nähmaschine gesetzt, um zu beweisen, dass etwas geht, wenn man es nur will."

Knochenarbeit, sagt Frida Parmeggiani. Vor jeder Premiere habe sie wochenlang nicht geschlafen, während sie mit ihren Sachen fertig werden musste, wollte Bob Wilson auch noch ihre Meinung zum Licht hören. Er konnte sich darauf verlassen, dass sie nicht ruhte, bevor alles perfekt war. Frida Parmeggiani: „Ich glaube, ich bin eine Perfektionistin. Deshalb leidet man so. Leidet man endlos. Man ist ja eigentlich nie ganz zufrieden."

Zwischen uns zieht der kreisende Marienkäfer vorbei. Immer wieder die gleiche Bahn, ohne einen Ausweg zu finden. Schließlich setzt er sich auf Fridas Handrücken. Sie steht auf, ich öffne das Fenster. „Schnell", drängt sie, „sonst stirbt er."

Robert Wilson kennt Frida Parmeggiani gut, wenn er sagt: „Ihre Sensibiliät ist stahlhart und samtweich zugleich."

Und natürlich Leidenschaft: die Sache mit dem Job und dem Wahrsager, der recht behielt.

Für die Magie der Sache steht sie mit der Phalanx ihrer Gefühle. Über ihren Beruf sagt die ehemalige Klosterschülerin deshalb: „Ich wollte etwas machen, das ich mit Passion mache, auch wenn der Job dann noch so hart ist. Aber dass ich das gerne mache. Und das hat mein Leben bisher ausgefüllt. Der Beruf."

Privatleben, wie es von einer Frau ihrer Generation erwartet wurde, musste da ausfallen. „Das Private war bei mir nicht so, wie man es sich im bürgerlichen Sinn vorstellt. Das hängt sicher mit diesem Beruf zusammen. Ich habe das nie bereut. Ich hatte eigentlich nie im Sinn zu heiraten und Kinder zu kriegen. Ich habe auch nie solche Männer kennengelernt, wo das ein Thema gewesen wäre", sagt sie.

Vor vielen Jahren hatte ein Wahrsager ihr vorhergesagt, sie werde mit 50 eine schicksalsträchtige Begegnung haben. „Das war dann früher", lacht sie fast schelmisch, „da war ich 33. Die Liebe meines Lebens, wie man so schön sagt." Kein Wort mehr darüber.

Frida Parmeggiani legt Wert darauf zu beweisen, dass sie Dinge hinter sich lassen kann. Sie hat keines ihrer Kostüme aufbewahrt: „Nach der Premiere wollte ich nichts mehr sehen und hören. Der Prozess war das Aufregende, danach bin ich immer ins tiefe Loch gefallen." Wiederaufnahmen von Stücken mit den gleichen Kostümen lehnte sie ab. Auch ins Theater geht sie nicht mehr. Bei Theatermachern sei das nichts Ungewöhnliches, sagt sie: „Ich gehe zehnmal lieber ins Kino. Im Theater ist man zu sehr verstrickt."

Abschließen, um frei zu sein. Ist es das? Frida Parmeggiani wehrt ab: „Ich weiß nur eines: In der Großstadt könnte ich nicht mehr leben, ich brauche die Natur! Am liebsten ganz oben am Berg. Wenn ich die einzelnen Höfe da oben sehe … natürlich, das ist unrealistisch. Ich merke ja … dass es abwärts geht. Ich fahre ja nicht einmal Auto."

Sie gibt zu: Jetzt im Alter ist sie wieder eine Suchende. „Bis jetzt habe ich nicht aufgegeben. Sonst würde ich nicht vor Ihnen sitzen. Ich habe wahrscheinlich viel innere Kraft. Meine Bücher und die Musik und die Natur helfen mir. Und dann natürlich die Menschen, das ist das Wichtigste. Auch wenn sie nicht hier sind, weiß man, sie sind da." Ihre Freundin Elfriede Jelinek meint, sie solle ihre Biografie schreiben. Frida hat schon entschieden, dass sie das nicht tun wird.

Bleibt die Natur: Weil Frida Parmeggiani weiß, wo die wahren Kräfte schlummern.

Lieber ist sie draußen. Da gibt es auch noch dieses Hündchen, Jackie, der zu einem kleinen Geschäft in der Nähe gehört. Sie hat gefragt, ob sie ihn auf ihre Gänge mitnehmen darf. So spazieren sie zu zweit. „Wenn ich in der Natur bin, spüre ich Kräfte. Wir sind ja ganz klein. Wir sind ja nichts. Wir meinen immer, wir sind was, aber was sind wir schon?"

Fridas Kater lässt uns deutlich spüren, was er von uns hält. Als wir uns verabschieden, spähen wir ins Schlafzimmer. Minko lässt sich nicht blicken. Aber jetzt wissen wir, er ist ein roter Kater. Wir müssen Frida Parmeggiani einfach glauben.

Frida Parmeggiani, 1946 in Meran geboren; mit elfeinhalb Jahren verliert sie ihren Vater, wird im Klosterinternat Mariengarten in St. Pauls bei Eppan erzogen. Nach einer Schneiderlehre arbeitet sie zunächst in Wien und Zürich; Peter Steins Inszenierung des Stücks *The Changeling* von T. Middleton und W. Rowley 1970 in Zürich fasziniert sie so sehr, dass sie Kostümbildnerin werden will. Auf gut Glück zieht sie nach Berlin, wird Praktikantin an der Schaubühne. Stationen am Schillertheater, an der Deutschen Oper Berlin und am Deutschen Schauspielhaus Hamburg folgen. Ab 1978 arbeitet sie als Freie Kostümbildnerin. Inszenierungen u. a. mit Samuel Beckett, Rainer Werner Fassbinder, André Heller. 1979 entwirft sie die Kostüme für Wagners *Lohengrin* in Bayreuth. Aufträge bei den Salzburger Festspielen, an der Bayerischen Staatsoper, am Burgtheater folgen.

1987 lernt sie den US-amerikanischen Regisseur Robert Wilson kennen. Gemeinsam mit Wilson revolutioniert sie den Bühnenkanon an Theater und Oper. 20 Jahre währt die Zusammenarbeit, mit Aufführungen u. a. im Opernhaus Zürich, an der Metropolitan Opera in New York, im Théâtre du Châtelet in Paris.

Frida Parmeggiani liebt Bach und Wagner; dreimal stattet sie allein *Der Ring des Nibelungen* mit ihren Kostümentwürfen aus.

1981 erhält sie den Berliner Kunstpreis. Für die Kostüme in *Black Rider* mit Robert Wilson als Regisseur wird sie 1990 von *Theater heute* als Bühnenbilderin des Jahres ausgezeichnet.

Von 1989 bis 2006 unterrichtet sie Kostümdesign an der Universität für Angewandte Kunst in Wien und am Mozarteum in Salzburg. 2006 kehrt sie dem Theater den Rücken. Das Mozarteum und das Kunsthaus Meran widmen ihrem Werk 2016 eine Ausstellung: An den Stoffskulpturen für *Kostümabstraktionen* arbeitet Frida Parmeggiani zwei Jahre lang.

JOSEF FRANZ

TRAUDL SCHWIENBACHER

VON DER NATUR AUS UND ZURÜCK ZUR NATUR

JOSEF FRANZ

Der Naturkosmetikhersteller

„GLÜCK IST EINE SUBJEKTIVE GRÖSSE. MAN KANN SICH IM VERGLEICH MIT ANDEREN SEHEN, DANN WIRD MAN NIE GANZ GLÜCKLICH SEIN. WEIL ES IMMER JEMANDEN GIBT, DER BESSER IM SPORT IST, MEHR VERDIENT, SCHÖNER AUSSIEHT, ABER DIESES MEHR IST NICHT ERFÜLLEND, SONDERN EINE PLAGE, DER MAN NACHLÄUFT."

Mit Falten wird die Natur fertig, sagt Josef Franz. Nur mit Schönheit hat das wenig zu tun. Der Betriebswirt und diplomierte Heilkräuterfachmann stellt Hightech-Naturkosmetik her und gibt zu, dass gegen das Altern am gründlichsten hilft, gut zu altern. Das geht, wenn man kybernetisch denkt und handelt. Weil aus seiner Sicht erst soziale Beziehungen glücklich machen. Die beste Creme nutzt also nichts, wenn man einsam ist. Wo sind denn alle?

Meine Hände sind fahrig, den Bewegungen der Augen ausgeliefert. So viel sehe ich: Es ist kein aufgeräumtes Büro, wo wir unser Gespräch führen. Es ist eigentlich gar kein Büro. Trotz Schreibtisch, PC, Aktenordnern und Telefon. Es ist ein Zimmer, finde ich. Das Zimmer eines Mannes, dem alles mindestens einen Blick wert ist, weil alles mit jedem zusammenhängt. Menschen, Dinge, Pflanzen, Mechanismen. Was kann weg, bis es fehlt? Hightech habe ich mir leerer vorgestellt.

„Das Unternehmen ist heute das, was ich in 40 Jahren gedacht und umgesetzt habe", sagt Josef Franz, „ich habe aus einem persönlichen Bedürfnis ein Geschäftsmodell gemacht." Bilanzen studieren war also nicht seine Lieblingsbeschäftigung, beschließe ich für mich. Er ist aufgedreht, witzig, gebildet auf eine sympathische Art, seine Augen werden schmal, wenn sie lächeln, er lächelt viel an diesem Tag.

Ich erkunde sein Gesicht. Sieht man ihm sein Alter an? Was nützen die Cremes, die *Vitalis Dr. Joseph* und *Team Dr Joseph* produzieren? Heißt *Well-Aging*, von dem das Marketing spricht, dass die Falten eine hübschere Linie finden? Meint Hightech-Naturkosmetik, dass die grünen Produkte endlich Wunder wirken? Ich spare die Fragen auf. Gut so. Es wäre blamabel geworden. Zu oberflächlich für Josef Franz. „Die Mimik des Gesichts ist direkt verbunden mit der Psyche des Menschen", ist der Kosmetikmacher überzeugt. Und ich hoffe, ich mache ein freundliches Gesicht. Ganz ohne Vitalis.

Die Macht der Verbindungen: Wo Baobab, Eishockey und die Frauen in Marokko für Josef Franz zusammenlaufen.

Nein, ich fasse die Steine nicht an, die bunt aus einer Holzschale starren. Auch später nicht, als Josef Franz erzählt, er habe vor vielen Jahren Edelsteinkosmetik gemacht. Einige hochinteressante Flops habe es gegeben, winkt er ab. Ich lasse die Phiolen in Ruhe, die in einem Glas stecken. Was aussieht wie eine samtige Kartoffel, schütze ich, als Josef Franz die Frucht aufschlagen will. „Baobab", sagt er, „eines der besten Antioxidantien, die wir kennen". Bei *Vitalis Dr. Joseph* liegen die Baobabs wie vergessen auf der Ablage. Ich befühle die Härchen. Die Holzfigur sehe ich gar nicht. Sie liegt die ganze Zeit hinter mir. Ulrich erspäht sie irgendwann, als er mit seinem Fotoapparat das Zimmer absucht.

Wir sitzen in einem Holzhaus. Mitten im Garten der Familie Franz. Hier ist das Headquarter der Firma. Vor dem Fenster viel Grün. Der Regen macht die Farben noch satter. In Silicon Valley steht am Anfang immer eine Garage. Josef Franz verkroch sich im Gartenhaus in Stegen bei Bruneck. „Jahrelang habe ich hier meine ätherischen Öle angerührt", sagt er. Damals hat er noch an der Oberschule unterrichtet.

Es ist schwierig, Struktur in das Gespräch zu bringen. Wir hüpfen von einem Thema zum nächsten, beginnen beim Versuchsfeld im Garten, wo Pflanzen ihre Resistenz im Pusterer Klima beweisen müssen, landen bei der finnischen Eishockeymannschaft, gleiten zu den Mitarbeitern, unter denen auch eine Finnin ist, sprechen über die Frauen, die für sechsfach höheren Lohn als üblich in Marokko Argan produzieren, „das Geld kriegen die Frauen, nicht die Männer in die Hand", über Josef Franz' Kinder, die alles Mögliche studiert haben und alle drei dennoch in der Firma gelandet sind. „Niemand muss in meine Fußstapfen", sagt er. Sie wollen: ein Architekt, ein Betriebswirt, eine Theaterwissenschaftlerin mit Master in Philosophie. Man darf gespannt sein, was das mit *Vitalis Dr. Joseph* macht, dem Unternehmen, das in der Natur „das intelligenteste Labor der Welt" sieht.

Vom Schmerz, der das Glück brachte. Oder warum der kritische Geist bei Josef Franz in den Ohren sitzt.

Was auffällt: Er redet nicht über seine Produkte, er spricht über Zusammenhänge. Die ganze Zeit. Für Josef Franz funktioniert die Welt weniger durch Ursache und Wirkung als in der Symbiose und im Energietransfer der einzelnen Teile.

So kam auch das Glück zu ihm, als das Unglück nicht gehen wollte. Seitdem weiß er, dass nicht er allein so denkt, wie er schon als Kind meinte, dass es richtig sei. Hinnehmen, dass etwas ist, wie alle sagen, das konnte er noch nie. „Ich bin in einer kritischen Familie aufgewachsen, wo viel diskutiert wurde. Das hast du in den *Ohrwaschln*, auch wenn dich als Kind nicht immer interessiert, was da besprochen wird", erklärt er.

Seine Ohren klingelten also, als ein Schmerz ihn auf Eis legte. Er war 27, hatte Betriebswirtschaft studiert, war als Nachfolger der elterlichen Weberei auserkoren und Hockeyspieler in der Serie-A-Mannschaft der Brunecker, ein Muskelpaket, das vom Trainer weiter mit Proteinen angefüttert wurde, bis die Ärzte diagnostizierten: Coxarthrose. Eine Arthrose im Hüftgelenk. Sie schlugen vor: Kortison und in zehn Jahren neue Hüftgelenke. Undenkbar für Josef Franz. „Das kann es nicht sein", fand er, begann zu lesen, zu verstehen, zu probieren, zu fragen. Er stellte seine Ernährung um, aß mehrere Jahre lang kaum Fleisch, trank unter anderem Brennnesseltee, mehrere Liter am Tag, ließ die Kräuter machen, „die wandern dorthin, wo die Menschen sie brauchen, wenn du weißt, welche du warum in welchen Mengen verwendest". Damit kriegte er die Schmerzen in Griff. „Ich habe auch *Sau* gehabt", sagt er, „aber das brauchst du im Leben."

Andersdenkend als Synonym für Spinner: Wie Josef Franz seinen Freunden mit Kybernetik kommt.

Was machte ihn so sicher, dass dieser Weg zielführend ist, frage ich. „Nichts, ich wusste es einfach", rekonstruiert er, „es gab keine Bestätigung von außen. Ich war ein Andersdenkender. Ich muss ein unwahrscheinliches Selbstwertgefühl gehabt haben." Er ließ an sich abperlen, dass manche in ihm einen „Spinner" sahen. Und enttäuschte seine Freunde, von denen viele Medizin studierten, wenn sie ihm das Leben leichter machen wollten und rieten: „Schluck halt diese Tabletten." Doch Josef war schon weit weg von reiner Symptommedizin. Zu eingefahren. Zu einseitig. Zu erfolgsgetrieben erschien sie ihm in dieser Phase.

Er macht eine Ausbildung bei einem Ernährungsberater. Absolviert das Diplomstudium für Kräutermedizin in Urbino. Geht bei einer Naturheilkundlerin in St. Johann in Tirol in die Lehre. Arbeitet einige Jahre mit einem Kardiologen der Universität Ferrara zusammen. Die Firma daheim in Bruneck übernimmt er nicht. „Ich bin Naturwissenschaftler", erkennt er. Und: „Plötzlich tauchten in meinem Leben neue Figuren auf."

Der Wichtigste: Frederick Vester. Er lernt den Kybernetiker in München kennen. Fühlt sich diesem sofort verwandt: „Dieses Denken in ganzheitlichen Systemen, die untereinander vernetzt sind und sich gegenseitig beeinflussen, das habe ich." Solche Lehrer sucht er. Malik. Brunowski. Pinzwanger, „alles Betriebswirte an der Uni St. Gallen, die über den Tellerrand ihrer Disziplin schauten", zählt er auf. Ein Sog. Interdisziplinär. So liest sich Josef selbst in die faszinierende Welt der embryonalen Entwicklung ein: „Da merkst du plötzlich, dass sich das Nervensystem aus dem gleichen Keimblatt entwickelt wie auch die Zellen der Haut." Er beginnt zu fragen: Wie hängen außen und innen zusammen? Im Menschen? Überhaupt? Das Universum tut sich auf.

Strategische Anleihen bei der Natur: Weil Mäuse sezieren, Schlangen fangen, Baumhaus bauen Kindheit war.

Als Kind war er schon einmal so gewesen. Daran erinnert sich Josef Franz jetzt. Überhaupt seine Familie. Er nimmt sie als positiven Mix wahr. „Sonst interessiert mich Familiengeschichte nicht besonders", sagt er. Aber die Franz sind Jacquardweber und wandern aus dem Sudetenland ein, die Vorfahren von Josefs Mutter sind Mediziner und generationenlang Richter, „die Brixner Oma" ist eine Bundesdeutsche: „Wir waren eine unwahrscheinlich offene Familie."

Freunde der Kinder gehen in der Villa Franz in Bruneck ein und aus, abgebrannte Künstler kriegen Kost und Logis. Im Garten spielt die Jugend Hockey, Josefs Mutter näht die Ausrüstung und stärkt die Sportler mit Faschingskrapfen. Die Kinder bauen Baumhäuser im Wald, Josef seziert Mäuse, Schlangen werden gefangen und zoologisch zugeordnet, und manchmal, wenn die Söhne sich im Holzlager herumtreiben oder einer Tante eine Schlange vor die Tür legen, gibt's ein paar hinter die Löffel. In der Mittelschule präsentiert Josef ein Herbarium mit Moosen. „Ich habe es nie mehr zurückgekriegt", sagt er. Gutes Zeichen, sage ich. „Ich weiß nicht", zweifelt er. Das dauert, bis Josef Franz genug weiß von einer Sache. Man sagt ihm ein wissenschaftliches Auge auf alles nach. Er bohrt. Er ist nicht einfach der Kräuterpfarrer. Dazu fasziniert ihn die Natur zu sehr. Ihre strategische Schlauheit. Er ist berauscht von den Systemen, die Pflanzen im Lauf der Evolution entwickelt haben, um immer wieder zu überleben. Sein Lieblingsbeispiel: „Jede minikleine Zelle betreibt Fotosynthese und macht aus anorganischer Substanz organische. Das kann kein anderes Labor der Welt." Deshalb muss er der Natur zum Recht verhelfen. Indem er beweist, dass aus der Intelligenz der Pflanzen und den Denkmodellen von Chemikern und Medizinern wahre Exzellenz entsteht. Natur muss endlich wirken dürfen. Wie sie es kann, wenn man sie lässt, wo sie soll. Das ist auch Hightech für ihn.

Josef Franz steht auf. Er sucht ein Buch. Seine Bibel über die medizinische Anwendung von Pflanzen. *L'aromathérapie exactement*, das Standardwerk der französischen Phytotherapie. Pénoël, Franchomme, Schnaubelt, Mediziner und Chemiker, sagt er ohne Zögern, „in dieser Schule sind wir daheim".

Ich schaue aus dem Fenster und erkenne an den Blättern einen Ginkgobaum. „Den brauchen wir alle irgendwann", sagt Josef Franz, als er mir das Buch hinlegt, ein zerlesenes Ding, Bettlektüre für einen, der nicht ruhen kann, „der Ginkgo verbessert die Hirnfunktion". Hat er ihn deshalb vor 30 Jahren gepflanzt? Ja. Die stinken so, wende ich ein. „Das ist ein männlicher Ginkgo, die stinken nicht", grinst er.

Alter kennt keine Jahre: Was Ziele und soziale Beziehungen mit einem glatten Babypopo zu tun haben.

Jetzt sind wir also beim Thema. Altern ist ein Faible der Kosmetikbranche. Eigentlich Nicht-Altern. *Anti-Aging* steht auf den Cremes, die uns über die Jahre retten wollen. Bei *Vitalis Dr. Joseph* möchte man sich für so viel vermeintliche Hoffnung nicht hergeben. *Well-Aging* versprechen die Produkte, die Josef Franz und sein Team konzipieren. „Anti-Aging führt irgendwann zu Enttäuschungen", sagt Josef Franz. Es ist, wir würden gerne einmal etwas anderes hören, ein aussichtsloser Kampf, „wenn ich die Vorstellungen von meinem Hautbild an die Glätte eines Babypopos binde".

Mit 26 geht es bergab. Josef Franz hat in seinen Block eine Kurve gezeichnet. Von null zu 26 am Zenit bis 60 plus. Vor der Krümmung zeigt alles nach oben, Mikrozirkulation, Collagen, Glykation, Mikrobiom. „Dann knackst es plötzlich", sagt er, „alle wollen wir diese natürliche Entwicklung hinauszögern." Also die Kurve nicht wie einen Wasserfall abstürzen lassen. Und da wird es chemisch, technisch, medizinisch, Collagen-Hosenträger kommen zur Sprache, die elastisch gemacht werden müssen, Kapillaren, die erweitert werden, Sauerstoff für die Mikrozirkulation, Feuchtigkeit, die geliefert wird, das Mikrobiom für gutes und schlechtes Wetter. „Da müssen wir Antwort geben", schließt Josef Franz, „und damit die Wirkstoffe möglichst tief dringen, brauche ich die Technologie."

im Vergleich mit anderen sehen, dann wird man nie ganz glücklich sein. Weil es immer jemanden gibt, der besser im Sport ist, mehr verdient, schöner aussieht, aber dieses Mehr ist nicht erfüllend, sondern eine Plage, der man nachläuft." Die Alternative?

Ziele. „Ein wesentlicher Punkt ist, Ziele zu haben, um sich noch wertvoll zu fühlen", sagt er. Alter ist für ihn nicht zeitgebunden. „Es gibt junge Menschen, die schon alt sind, weil sie keine Vision haben, es gibt andere, die ihre Visionen vergessen haben."

Und soziale Beziehungen. „Wertvoll fühle ich mich nur, wenn ich mich für andere Menschen einsetze und Nutzen stifte. Glück ohne soziales Engagement gibt es nicht", ist er überzeugt.

Allein ist ganz schlecht. Das gibt es in seiner Philosophie nicht. Kybernetik denkt vernetzt. Natur handelt im Austausch.

Kann man Wissen in Pension schicken? Wie? Wer Insekten sterben lässt, hat nichts verstanden vom Weltgefüge.

Ist die Zahl der akkumulierten Jahre für ihn irrelevant? „Ganz wurscht!", ereifert er sich. Stattdessen fragt er zurück: „Merken Sie einen Unterschied im Kopf zwischen 40 und 25? Ich nicht. Und zwischen 60 und 50? Auch nicht."
Im Kopf wuseln seine Ziele und Beziehungen. Das Argan-Projekt in Marokko, mit dem *Vitalis Dr. Joseph* die Frauen fördert. Oder die Schulausspeisung in Myanmar. Oder

„Merken Sie einen Unterschied im Kopf zwischen 40 und 25? Ich nicht. Und zwischen 60 und 50? Auch nicht."

Man kann seiner Leidenschaft gut zuhören. Sie reicht von Rosmarin, Rose, Feigenkaktus über Wirkstoffanalysen bis zur Quantenmedizin. Wunder verspricht er nicht. „Äußere Schönheit ist nicht unser zentrales Thema", sagt er dezidiert. „Wir arbeiten für Hautgesundheit. Wir setzen unseren Anker primär in der medizinisch angehauchten Interpretation des Schönheitsbildes."

Well-Aging also. Langsam gut altern ab 26. „Dabei kann sich jemand in seiner Haut wohlfühlen oder nicht", sagt er. Mit einer guten Creme allein ist es nicht getan: „Andere Faktoren spielen mit: Ernährung, Bewegung, die Psyche." Wieder hängt alles mit allem zusammen.

Es geht ums Glücklichsein. Die Haut zeigt, wann wir glücklich sind, aber nicht, wie wir es werden. „Glück ist eine subjektive Größe", sagt Josef Franz, „man kann sich

Menschen in schwierigen Situationen, die aus ausgewählten Samen Pflanzen ziehen für *Vitalis Dr. Joseph*. Geschäftsbeziehungen sind für Josef Franz im besten Fall menschliche Beziehungen. „Ich spüre als Unternehmer meine Verantwortung, nachhaltig zu wirtschaften und ökologische und ökonomische Fragen in Balance zu bringen", sagt er. Ein Lieblingsprojekt ist seit einigen Jahren *Seed your Future*. Die Antwort von *Vitalis Dr. Joseph* auf die Frage, welche Möglichkeiten jeder von uns hat, um die Biodiversität zu erhalten und in der Stadt Lebensräume für Mensch, Tier, Pflanze zu verbessern. Dafür füllt das Unternehmen Glasphiolen mit Samen für eine Blumenwiese und verteilt diese bei Vorträgen, in Kindergärten, an Unternehmerkollegen, Kunden und Politiker. Es kann gut sein, dass auch Sie einmal beschenkt werden.

„WERTVOLL FÜHLE ICH MICH, WENN ICH MICH FÜR ANDERE EINSETZE UND NUTZEN STIFTE. GLÜCK OHNE SOZIALES ENGAGEMENT GIBT ES NICHT."

„LANGE WIRD ES NICHT MEHR DAUERN, MICH BRAUCHT ES DA EIGENTLICH NICHT MEHR, EHER UMGEKEHRT, DASS ICH DEN BETRIEB BRAUCHE."

Josef Franz ist im Pensionsalter. Seine Kinder könnten übernehmen, sie sind mit dem Denken ihres Vaters groß geworden, haben längst leitende Funktionen im Unternehmen. „Lange wird es nicht mehr dauern, bis ich mich voll zurückziehe", sagt er, „mich braucht es da eigentlich nicht mehr, eher umgekehrt, dass ich den Betrieb brauche." Während seine Kinder hineinwachsen, soll er herauswachsen. Schwer vorstellbar. Kartenspielen liegt ihm nicht, sagt er selber. Er ist voll Wissen, das er weitergeben will; *Seed your Future* hat er zu seiner Aufgabe gemacht. Und das Unternehmen, dessen Standorte heute verstreut sind, braucht einen gemeinsamen Firmensitz, damit er endlich sein *Community-Gardening* umsetzen kann.

Er hofft auf seine Frau, die als Schulleiterin gerade in Pension gegangen ist. Die Aussicht, mehr Zeit miteinander zu verbringen, erscheint ihm rosig. Dann sind da noch die Bienen im Garten. Nicht wegen des Honigs, wie er behauptet, „mich interessiert der Bien". Der Bienenstaat. Natürlich fasziniert ihn, dass „jede Biene ein Handy in der Hose hat".

Im vergangenen Jahr hat er aufgehört, mit seinen Freunden Eishockey zu spielen. Das Hüftgelenk aber ist immer noch jenes, mit dem er geboren ist.

Für die Puppe, die hinter mir liegt, muss er sich etwas ausdenken. Er hat Respekt vor ihr. Ich nehme sie in die Hand. Eine gruselige Holzskulptur aus Afrika, aus Gabun, um genau zu sein, mit vorquellenden Augen und einer riesigen Zunge im aufgerissenen Mund. Er hat sie in Amsterdam gekauft. Sie schaut ramponiert aus. „Sie hat immer einen guten Platz gehabt. Sie muss wieder einen guten Platz kriegen", sagt er. Und zur Erklärung: „Die hat schon viele Zeremonien mitgemacht, so wie die aussieht." Mehr weiß er nicht. Er spürt nur, dass die Puppe wo dranhängt.

„ANTI-AGING FÜHRT ZU ENTTÄUSCHUNGEN. ES IST AUSSICHTSLOS, WENN ICH DIE VORSTELLUNGEN AN MEIN HAUTBILD AN DIE GLÄTTE EINES BABYPOPOS BINDE."

Josef Franz, 1952 geboren, als jüngstes von sechs Kindern. Studiert Betriebswirtschaft in Innsbruck und Venedig; er soll den elterlichen Betrieb, die Jacquardweberei Franz in Bruneck, übernehmen. Sein Lebensweg nimmt eine neue Richtung, als Ärzte bei dem Eishockeyspieler der Serie A eine Coxarthrose diagnostizieren. Von da an beschäftigt sich Josef Franz mit Naturheilkunde, absolviert eine Ausbildung zum Heilkräuterfachmann an der Universität Urbino. In München lernt er den Kybernetiker Frederick Vester kennen, der für ihn zum Vorbild wird. 1986 eröffnet er den Naturkostladen *Kornmühle* in Bruneck, im gleichen Jahr gründet er das Unternehmen *Vitalis*, das sich mit der Herstellung und Vermarktung von ätherischen Ölen und alpinen Wellnessprodukten einen Namen macht. Hauptberuflich unterrichtet er an der Oberschule. 2014 lanciert *Vitalis* die Marke *Team Dr Joseph*: zu 100 Prozent biozertifizierte und mehrfach ausgezeichnete Hightech-Naturkosmetik. Der Vertrieb der Produkte ist sehr selektiv und läuft über spezielle Schulungsprogramme.
Die Firmenzentrale befindet sich noch immer im ehemaligen Gartenhaus der Familie Franz in Stegen bei Bruneck. Die Nachfolge ist gesichert: Alle drei Kinder sind ins Unternehmen eingestiegen, Fabian als Architekt, Viktor als Betriebswirt, Lena als Theaterwissenschaftlerin. Die Vernetzung, die Josef Franz wichtig ist, hat eine neue Stufe erreicht.

TRAUDL SCHWIENBACHER

Die Kräuterfrau

„ICH BIN KEINE HEILERIN. ICH SAGE DEN MENSCHEN IMMER, ICH ZEIGE EUCH DEN WEG, GEHEN MÜSST IHR DANN SELBER."

Wenn das Leben in den Herbst kommt, will Traudl Schwienbacher die Stille nicht überhören. Sie geht deshalb mit den Jahreszeiten, sagt sie. Von Natur aus können wir das alle. Und man braucht keinen Urlaub.

Sie war wieder drüben. Auf der anderen Seite. Jeden Tag fährt sie früh um sieben über den schnurgeraden Kamm der Staumauer, die ihren Hof gewaltsam vom Wald abhält. So als müsste sie nicht nur jeden Tag sehen, sondern auch spüren, was hier vor bald 70 Jahren passiert ist. Der Wegleithof in St. Walburg ist ein anderer geworden seither.

Wir sind vor der Zeit gekommen und spähen auf den See hinunter. Tochter Franziska gießt die Blumen in den Balkonkästen im oberen Stock, aus dem Stall kommt uns Enkel Max entgegen, in der einen Hand fünf Federn, die er uns stolz entgegenreckt. Giggerfedern, sagt er, die weißen Flecken darauf kämen von den Milben. Ob er denn wisse, wozu im Nelkenkistchen vor dem Eingang die Wollmäuse gut seien, frage ich, als Traudl Schwienbacher um die Hausecke in den Hof biegt. Einen kurzen Moment wundere ich mich, dass sie Auto fährt. Blödsinn, ermahne ich mich, was habe ich mir nur vorgestellt?

Damals türmten sich die Projekte bei ihr. Da gab es die Winterschule Ulten, die sie 1993 begründet hatte, damit das Wissen um das alte Handwerk und die bäuerlichen Arbeitsweisen im Tal erhalten bleibt, und da war *Bergauf*, die Wollmanufaktur, in der sieben Frauen aus heimischer Schafwolle Matratzen, Tischsets, Jacken und Couchbezüge fertigen, und für die sie die Präsidentschaft übernommen hatte, weil es sonst niemand machen wollte.

Nun scheint es, als wäre es Herbst geworden in Traudls Leben. Die Projekte stehen endlich auf sicheren Füßen; Traudl nahm es als Zeichen, allmählich aufzuhören. Die Winterschule, die mittlerweile so erfolgreich ist, dass Bewerberinnen und Bewerber abgewiesen werden müssen, gab sie an ihre Tochter Franziska weiter. Für *Bergauf*, das langsam aus den roten Zahlen auftaucht, suchte sie einen Geschäftsführer. Wie kannst du nur alles abgeben?, haben die Leute im Tal sie gefragt.

Sie kann. Sie hat jetzt das Bedürfnis, zu sich zu kommen. Neue Dinge sind wichtig geworden. Alt fühlt sie sich deswegen nicht. „Es ist noch Fülle da", sagt sie. Ihre Lebenszeit misst sie an den Jahreszeiten: „Aber im Herbst ist es einfach Zeit, mehr ins Geistige zu kommen, in die Spiritualität zu gehen." Die einsamen Waldspaziergänge

„Ich hadere nie. Was gewesen ist, ist gewesen. Ich setze meine ganze Energie immer wieder in das Positive, in das Schöne."

Zu meiner Verteidigung wäre zu sagen, dass Traudl Schwienbacher wirklich eine Frau ist, die eher in den Wald gehört als hinter ein Lenkrad. Alles an ihr ist auf Aufnahme gepolt. Ihre Augen sind weit offen, wenn sie zuhört und wenn sie spricht, wie ein atmender Schwamm, ihre Stimme singt aus einer satten Tiefe, die keine Bitterkeit kennt, ihre Kleidung fällt so frei, dass sie nirgends drücken kann. Eine sanfte Eleganz ist ihr eigen. „Ich heiße ja Waltraud", sagt sie, „trau dich in den Wald." Sie habe dort nie Angst, „da ist so ein Frieden im Wald".

Wann es gut ist, alle Einladungen abzusagen.

So gelassen war Traudl Schwienbacher nicht immer. Noch vor ein paar Jahren sagte sie im Buch *Südtiroler Kräuterfrauen* von Astrid Schönweger und Irene Hager: „Ich muss schauen, dass ich meinen Herbst des Lebens nicht übersehe."

gehören hierher, die Aufmerksamkeit gegenüber Natur und Menschen, die Beobachtung dessen, was draußen vor sich geht. Als sie kürzlich zu ihrem Mann auf die Alm stieg, wie jeden Sonntag, entdeckte sie dort ein Plätzchen, „so schön", sagt sie, und ihre Stimme wird dabei ganz leise, „da klaub' ich dann ein bissl und winde einen Blumenkranz aus dem, was blüht". Wissen Sie?, fragt sie, als hätte sie Zweifel, dass wir Stadtmenschen sie verstehen. Und mit Nachdruck fügt sie an: „Mir kommt oft vor, in die Tiefe kommst du nur, wenn du auch in die Stille gehst."

Sie ist konsequent. Man ist verleitet zu sagen, unbestechlich. Von Dezember bis Ende Januar nimmt sie keine Einladungen an, hält keine Vorträge, ist für Seminare nicht zu buchen, geht früh schlafen. Wenn die Natur stillsteht, macht auch sie in ihrem Leben Pause. Heimkommen, nennt sie es. „Ich muss bei mir anfangen", erklärt sie, „man kann das Leben nicht nur predigen, man muss es leben."

Wie Traudl auf einem Fußballfeld ihren Hof in Führung schickte.

Sie hat klein angefangen. Als sie ihren Mann Erhard heiratete, willigte sie damit in einen Hof ein, der von der Geschichte ramponiert war. Und amputiert dazu.
1964 beim Bau des Zogglerstausees war der Wegleithof in St. Walburg mit gut einem Dutzend anderer Höfe geflutet worden. „Es waren die schönsten Höfe im Tal", sagt Traudl. Der Hof von Erhard Schwienbacher war unter diesen der älteste, 1358 zum ersten Mal urkundlich erwähnt, seit 350 Jahren im Besitz der Familie, 20 Hektar Wald und neun Hektar Kulturgrund. Nach dem Wasser blieb ihnen nicht einmal mehr ein Hektar, den sie bearbeiten konnten.
Wenn der See ausgelassen ist und wie eine Wüste vor ihnen liegt, gehen ihr Mann und seine Geschwister noch heute zu jener Stelle, wo sie ihre Heimat verloren haben. „Dieser Schmerz vergeht nicht", sagt Traudl. Der neue Hof mit dem alten Namen liegt knapp oberhalb der Straße mit Blick auf den See. Nur die gerahmte Urkunde „Erbhof" im geräumigen Hausflur und die alten Möbel erinnern daran, dass hier eine Geschichte begraben liegt. Man musste den Hof neu denken. Mit Traudl ging das. „Was machst du als Hof mit 0,75 Hektar Grund?", fragt sie uns. Wir wissen aus der Schule, ein Fußballfeld ist größer. Sie behielten ein paar Kühe, schafften Schafe an. Dann überzeugte Traudl ihren Mann vom Kräuteranbau. Damit kannte sie sich aus. Sie probierten es. Und heute arbeiten drei ihrer vier Kinder am Hof mit. Sohn Hannes ist nun der Bauer.

Traudl will so leben, dass sie keinen Urlaub braucht.
.

Das Kräuterwissen brachte Traudl von zu Hause mit, in St. Nikolaus, noch tiefer drinnen im Ultental. „Es ist mir in die Wiege gelegt worden", sagt sie. Sie hatte zwei ältere Brüder, war das einzige Mädchen. Als sie mit zehn ihren Vater verlor, traute sie sich nicht, vor der Mutter zu weinen. Sie spürte, ihre Mutter hatte nur sie zum Sprechen. „Ich glaube, so etwas prägt, du kriegst eine Vorahnung vom Ernst des Lebens", überlegt sie. Ihre Mutter verehrt sie sehr. Sehr naturverbunden sei sie gewesen, tiefgläubig, und beide Empfindungen seien echt gewesen. Von ihr habe sie viel gelernt: „Sie war einfach eine edle Frau." Dann lacht sie versonnen. Ihr ist ein Kompliment ihrer Mutter eingefallen, das diese oft wiederholt habe: „Traudi, du siehst in den Menschen nur das Gute." Das macht sie heute noch glücklich.

Leicht war es nicht. Der Hof immer auf der Kippe, vier Kinder, die Mädchen haben alle drei studiert. „Wir haben viel gearbeitet", versichert Traudl. Urlaub gab es nicht, bis heute war sie vielleicht dreimal am Meer in ihrem Leben. Sie sagt, sie braucht keinen Urlaub. Den Kindern sagte sie früher, wir haben ja alles bei uns im Tal, Wasser, Berge, Wald, und wir haben so viele Kräuter, ich probiere einfach, 365 Tage im Jahr, nicht nur drei Wochen lang, unserem Körper etwas Gutes zu tun. Die Kinder haben das, meint sie, geschluckt: „Wir haben immer offen miteinander geredet."

Blatt vor dem Mund? Bequem, aber nichts für Traudl.

Sagen tu' ich's euch. Diesen Spruch hat sie von ihrer Mutter. Wenn sie etwas für richtig hält, kann sie sich nicht zurückhalten. Wohl deshalb ging sie in der Mitte des Lebens in die Politik und schied zehn Jahre später ebenso entschieden wieder aus. „Ich will für die Leute da sein, Sitzungen interessieren mich nicht", winkt sie ab.
Wieder einmal war sie die einzige Frau. Im Gemeinderat wurden ihre Anliegen meistens belächelt. Sie führte den Familien- und Altenpflegedienst ein, sie gründete die Initiative *Lebenswertes Ulten*, um den Ultnern Perspektiven für das Leben im Tal zu geben, sie fand Menschen wichtiger als Autos. Sie nahm es auch gelassen, als bei der Eröffnung des Spielplatzes, den sie gegen einen Parkplatz durchgesetzt hatte, keiner ihrer Kollegen aus dem Gemeinderat sich blicken ließ. Und als sie herausbekam, dass die Bauern jedes Jahr zehn Tonnen Schafwolle wegwarfen, und dagegen angehen wollte, ließ sie an sich abrinnen, dass ein Politiker spottete, jetzt würden wohl die Müllsäcke auch bald aus Wolle sein.
„Sie glauben nicht, die haben mich so niedergemacht, dass ich nicht mehr sicher war, ob ich normal bin. Sie haben mich hingestellt als die dümmste Frau von Ulten", schüttelt sie den Kopf. Als sie die Politik schon aufgegeben hatte, weil sie fand, dass sie auch anders etwas bewegen konnte, kamen ihre Nachfolgerinnen zu ihr und klagten: „Wie hast du das ausgehalten?" Sie hat es weggesteckt. Sie überlegte, was sie sagen und erreichen wollte, und ließ sich nicht beirren. „Ich will mich nicht loben", sagt sie, „aber ich habe eine gute Seite: Ich hadere nie. Was gewesen ist, ist gewesen. Ich setze meine ganze Energie immer wieder in das Positive, in das Schöne."

Predigen im Wald? Mutig, aber meistens der falsche Zeitpunkt, findet Traudl.

Sie ist zäh. Und irgendwann drehte sie den Spieß um. Sie wollte ihre Ideale nicht verraten. Sie hat gesagt, was sie denkt. Sie hat gezeigt, was sie tut. Aber sie wollte sich nicht mehr in Diskussionen aufreiben. Früher dachte sie, das müssen die Leute ja verstehen. „Inzwischen habe ich gelernt, das Predigen hilft nicht", sagt sie ruhig. „Du musst warten, dass die Leute zu dir kommen und dich fragen; du musst Geduld haben."

Die Zeit arbeitet für sie. Viele aus dem Dorf finden heute den Weg zu ihr, ebenso wie Menschen von auswärts, die irgendwann einmal einen Vortrag von ihr gehört haben. Sie wollen mit ihr sprechen. Und Traudl hört zu. „Und wenn sie mich fragen, sage ich meine Meinung." Die meisten Menschen suchen ein Allheilmittel, sagt sie. Am besten Tinkturen und Tröpfchen, die schnell wirken. Davon hält Traudl nichts. „Ich bin keine Heilerin, auch keine Hexe." Viel eher spreche sie aus Lebenserfahrung. „Ich sage den Menschen immer, ich zeige euch den Weg, gehen müsst ihr dann selber." Von den Produkten im Hofladen sagt sie, sie wirken unterstützend. Den Sturm in ihrem Leben aber müssten die Menschen selbst besänftigen.

Traudl ist nie krank. Geht aber jeden Tag in die Apotheke.

Sie selbst kann sich nicht erinnern, wann sie zum letzten Mal krank war. Beim Arzt war sie vor zwei Jahren, als sie ihren Führerschein verlängern musste. Sie ist 75, schluckt keine Tablette, ihre Hausapotheke ist nicht der Rede wert: „Ich habe nichts auf Vorrat." Dafür beschäftigt sie sich den lieben langen Tag mit ihrer Gesundheit. Ihr

im Augenwinkel. Wir haben uns den Tisch im Eingang ausgesucht, viel Platz ist drum herum. Bäuerliche Gläubigkeit, war meine erste Reaktion, als wir uns setzten. Das Licht scheint matt durchs Fenster und legt sich leicht auf Traudls Gesicht. Und als sie weiterspricht, ist Jesus am Kreuz genau richtig, so groß, wie sie ihn in ihrer Philosophie macht.

Jesus ist Traudls Lichtgestalt. Er habe ihr Leben geprägt mit seinen Aussagen, sagt sie. Bedächtig fasst sie zusammen, was sie an Jesus fasziniert. Es sind die Parallelen, die er zwischen Natur und Leben zieht. Sein Gefühl für das gute Maß. Mit ihren Worten sagt sie: „Betrachtet die Natur, und ihr wisst, wie ihr zu leben habt." Sie hat sich eingelesen in die neuen Strömungen der Jesusforschung, die mit dem Theologen Franz Alt und dem Philologen Edmond Bordeaux Szekely einen „ökologischen Jesus" ins Spiel brachte.

Und Traudl befolgt einfach, was Jesus ihr sagt. Sie hat den Mut dazu. Oder ist es gar nicht Mut? Nicht mehr? Irgendwann hat Traudl zu fühlen begonnen, dass draußen im Wald für sie die Welt sich richtig dreht: „Die Natur ist gerecht. Sie bietet allen die gleichen Möglichkeiten. Keiner von uns ist höher, keiner von uns ist tiefer." Die Natur sei die höchste Hochschule, an der wir studieren können, wiederholt sie seit Langem. „Weil dieses Studium aber gratis ist, nutzen wir es zu wenig."

Warum wir nur so blind sind? Es ist alles da, was wir brauchen.

Dass Traudl Schwienbacher zu diesem Schluss gekommen ist, verwundert nicht. In ihrer kleinen Realität sieht sie jeden Tag, dass es funktioniert. Genau genommen fing das bei ihr als Kind an. Mit zwölf hat sie vom ersten

> „Die Natur ist die höchste Hochschule, an der wir studieren können.
> Weil dieses Studium aber gratis ist und für jeden zugänglich, nutzen wir
> das viel zu wenig."

Essen besteht zu 90 Prozent aus Rohkost, sie trinkt jeden Morgen einen Smoothie, dessen Zutaten sie im Wald gesammelt hat, sie trägt ausschließlich Schuhe aus Wolle und färbt ihre Stoffe mit Naturfarben. Und sie glaubt, dass Jesus recht hatte.

Unwillkürlich schaue ich auf das riesige Kreuz an der Wand. Ich hatte es während unseres gesamten Gesprächs

Ersparten ein Schaf gekauft, weil sie schon damals Wolle liebte. In all den Jahren, als das Geld knapp war, waren die Weihnachtsgeschenke vor allem selbst gestrickt. Mit *Bergauf* verhalf sie dem Rohstoff, der nichts mehr wert war, schließlich zu neuer gesellschaftlicher Akzeptanz. Als Kind hat die Mutter ihre Wunden mit Huflattich und Frauenmantel gelindert, später haben die Kräuter ihrem

Hof eine neue Zukunft eröffnet und ihren Wissenshunger auf die Natur bestärkt. Jetzt hilft ihre ganzheitliche Lebensweise ihr, zufrieden ins Alter hineinzufinden.

„Ich bin ja so begeistert", sagt sie in ihrer sicheren, wohlartikulierten Art, „wenn ich die Natur beobachte, denke ich immer, es ist alles da, was wir brauchen, es wächst so, wie wir es brauchen." Und im gleichen Atemzug fängt sie an aufzuzählen, was ihr heute beim Morgenspaziergang im Wald in die Hand gesprungen ist: Schafgarbe gegen Entzündungen, Ackerschachtelhalm für die Knochen, Habichtskraut für die Augen, Sprosse von den Nadelbäumen, um das Immunsystem zu stärken. Im Garten habe sie dann noch Rosenwurz abgeschnitten. Gegen das Vergessen. Alles in den Mixer, mit Wasser aufgegossen. Ihr Elixier. Sie nennt es unprätentiös grünes Getränk.

Dass sie dafür den Stausee überqueren muss, ist nicht mehr zu ändern.

Bleibt nur noch die Frage vom Anfang. Was soll die Wolle in den Nelken. Die Wollmäuse in der Blumenerde, sagt Traudl Schwienbacher, gleichen Wärme und Kälte aus. Gleichzeitig wirkt die Wolle als Dünger, und sie muss seltener gießen, da die Wolle die Feuchtigkeit speichert.

Sie verwendet die Bauchwolle der Schafe dafür. Diese gilt als Abfallwolle. Noch immer. Aber nicht bei Traudl Schwienbacher.

Waltraud Schwienbacher, geboren 1944 in St. Nikolaus im Südtiroler Ultental, gilt als Pionierin des natürlichen Lebens. Den Wegleithof in St. Walburg, in den sie 1969 einheiratet, baut sie gemeinsam mit ihrem Mann Erhard und den vier Kindern zu einem Kräuterreich aus. Als Gemeindepolitikerin begründet sie 1990 die Initiative *Lebenswertes Ulten*. 1993 ruft sie die Winterschule Ulten ins Leben, damit das Wissen um das alte Handwerk erhalten bleibt. 2011 gibt sie den Anstoß zur Sozialgenossenschaft *Bergauf*, in der heimische Schafwolle verarbeitet wird; bis 2017 übernimmt sie auch die Präsidentschaft. In den vergangenen Jahren zog sie sich aus der Leitung aller ihrer Projekte zurück. Es sei Zeit, den Herbst in ihrem Leben nicht zu übersehen, sagt sie.

ELISABETH MEDICUS

JOSEF NIEDERKOFLER

VOM GEHEN-WOLLEN UND VOM GEHEN-HELFEN

JOSEF NIEDERKOFLER

Der Überlebende

„ZIELE NIE ZU HOCH ANSETZEN, IMMER EINE STUFE ANPEILEN, AUCH WENN DU MANCHMAL WIEDER EINE STUFE ZURÜCKFÄLLST. HAUPTSACHE, DIE TREPPE FÜHRT IMMER HINAUF."

Die Dame in Schwarz. Jahrelang hat sie Josef Niederkofler malträtiert. Ihn überfallen im Herbst und im Frühling. Ihn bis an den Rand des Lebens getrieben. Bis der junge Kastanienbaum erblühte. Seitdem ist die Depression nicht wiedergekommen. Es ist vorbei, sagt Josef. Die Farben sind in sein Leben zurückgekehrt. Er fand seine Antwort auf unsere Frage: Wie bannt man die Schwärze?

Warum. Das ist noch immer eine Frage für Josef Niederkofler. Warum dieses Ende. Warum es plötzlich vorbei war. „Warum mir das passiert ist. Dass ich da wieder so herausgekommen bin." Bitte? Ich bin verwirrt. Ich bin der Typ, der fragen würde, wie bin ich da nur hineingeraten. Aber ich bin nicht Josef Niederkofler. Das wird spannend, denke ich, kaum dass wir uns gegenübersitzen. Irgendetwas hat die Farbe in seinem Kopf angedreht. Nach zwölf Jahren Düsternis. Der Moment ist banal gewesen, sagt er. Ein Baum spät im November 2008 war es, der seinen Blick anzog. Ein junger Kastanienbaum am Ende des Grabens in Bruneck, dort, wo die Straße nach Reischach abzweigt. Rosskastanie, präzisiert er. Als Bruneckerin sehe ich den Baum nun selber vor mir, ohne ihn zu kennen. „Ich habe gedacht, ich schwebe", erinnert sich Josef Niederkofler, „dass mir das passiert!"

Es gibt Damen, die die Farben aus der Welt saugen. Wer ihnen widersteht, ist ziemlich gefragt.

Ich habe mich umsonst gesorgt. Meine Fragen sinnlos poliert, um sicher die falschen Wörter zu vermeiden. Vor mir sitzt ein Überlebender. Ja. Einer, der am Leben festhält, weil er weiß, wie schnell es einem entgleiten kann. Ja. Der aber auch eine neue Stärke in sich entdeckt hat. Indem er ein Tabu brach und zu sprechen begann.
52 Vorträge hat Josef Niederkofler über die Jahre gehalten. Dazu überredet hat ihn sein Psychiater. Es hat Josef gutgetan, durch Südtirol und Osttirol zu touren, um seine Geschichte zu erzählen. „Er hat mir immer die Show gestohlen", sagt der Psychiater. Verständlich.
Zwei Asse hatte Josef Niederkofler im Ärmel. Erstens: Er gab dem Symptom der Depression, von der Experten sagen, sie werde 2030 die häufigste Krankheit auf Erden sein, einen sinnlichen Namen. Was ihn jahrelang überfiel, ihm den Schlaf raubte, die Farben in seinem Kopf fraß, seinem Körper die Lust am Leben aussog, nannte er: Dame in Schwarz. Zweitens: Er war draußen, er war dem Griff der Dame in Schwarz entkommen. „Die aus dem Loch herausgekommen sind, sind ziemlich gefragt. Was hat dir geholfen? Welchen Weg bist du gegangen?

„Ich lebe gern. Vor 20 Jahren war ich dem Tod näher als heute. Ich meine, ich hoffe, dass ich noch ein paar Jahre leben kann."

Seit Jahren nahm er jeden Tag zu Mittag diesen Weg, von der *Lichtung*, jenem Selbsthilfeverein, in dem er ehrenamtlich arbeitete, zum Busbahnhof, um heim nach Sand in Taufers zu fahren. Diesmal schaute er nach oben. Ein Bekannter, der ihn beobachtete, fragte: „Hast du Halluzinationen? Siehst du die Madonna vor der Kirche?" Siehst du nichts, fragte Josef zurück.
Er ist ein guter Erzähler. Mit konzentrierten Augen, die Stimme fester, als man seiner mageren Konstitution zutraut. Knapp in der Satzkonstruktion, dafür sprühend vor bildhaften Details und fast fetischistisch in der Erinnerung an Wochentage und Tageszeiten. „Für Erinnerungen habe ich ein gutes Gedächtnis. Das ist wie einbetoniert", wird er zu einer Episode aus seinem Leben sagen. Auch an jenem Montagnachmittag, als wir uns treffen, ist er gleich bei der Sache.

Wie lange hat es gedauert?", fasst Josef die Fragen zusammen, die ihm bei den Auftritten entgegenstürmten. Josef kramt aus seinem Gedächtnis eine Filmsequenz hervor wie im Schnittraum. 1996 hatte er den Boden des Abgrunds erreicht, in den er seit Jahren stetig runterrutschte, ein Loch ohne Lichtschalter, ohne Stufen, der einzige Ausweg eine Tür, die keine war. Immer öfter ging er zu den Wasserfällen hinter dem Haus, in Gedanken und dann auch wirklich. „30 Meter freier Fall, und der Fall ist erledigt, ich wäre nicht der Erste gewesen", erzählt er, und nach einer kurzen Pause: „Plötzlich wie mit dem Projektor in die Landschaft geleuchtet: ein Bild." Er sieht seine Familie, vorne die zwei Töchter, dahinter seine Frau. Das hält ihn zurück. „Nein, habe ich mir gesagt, das darfst du nicht tun, das darfst du ihnen nicht antun." Unten im Tal holte seine Frau jetzt ärztliche Hilfe. Sie hatte erkannt, vier Jahre zuhören und gut zureden war zu wenig geworden für Josef.

Von Schmerz und Taschenrechner in die Enge getrieben: Wie Josef Niederkofler sein Selbstvertrauen verlor.

Zwei Monate verbringt Josef in der psychiatrischen Abteilung im Krankenhaus Bruneck, weitere sechs Wochen in der Adula-Klinik in Deutschland. Medikamente werden ausprobiert und verworfen oder neu eingestellt, irgendwann stimmt er einer Therapie mit Elektrokonvulsion zu. Das wirkt. Allmählich, berichtet er, habe sich ein Spalt aufgetan: „Da war Licht, noch weit weg, aber zu erahnen." Er tritt einer Selbsthilfegruppe in Bruneck bei, will „nur nicht daheim herumsitzen", leitet bald selbst die eine oder andere Gruppe, beginnt seine ehrenamtliche Arbeit im Büro der *Lichtung*. Und zwingt sich, sich vorzusagen: „Schön langsam, das hat mich viel Energie gekostet: Ich will weiterleben!" Ich will weiterleben, sein Mantra. Ich will weiterleben.

le bloß nicht ins Krankenhaus gehen, er sei nicht versichert. Irreparabel, befand der Neurologe 25 Jahre später, Josef Niederkofler werde damit rechnen müssen, in fünf Jahren im Rollstuhl zu sitzen. In einer Operation wurden Josef im Halsbereich Titanplatten eingesetzt und Knochenspäne aus dem Oberschenkel implantiert.

Mit Gips und Krücke kehrte er noch während des Krankenstands ins Büro zurück. Er werde gebraucht, hieß es dort. Nur: Josef konnte nicht mehr wie vorher. Er arbeitete nicht mehr zwölf Stunden am Tag. Er hatte Schmerzen. In seinem Körper. Bald kamen die Demütigungen dazu. Und als das nicht aufhörte, fingerte die Dame in Schwarz nach Josef.

Schwarze Tage zwölf Jahre lang: Obwohl Josef Niederkofler nicht mehr schlafen konnte, weckte erst der Kastanienbaum ihn auf.

„Das waren schon miese Erlebnisse, man versucht sie zu verdrängen, aber vergessen tut man sie nicht."

Noch in Behandlung rechnet er gemeinsam mit seinem Psychiater die Versicherungsjahre seines Arbeitslebens nach. Sie kommen auf 38. Das genügt, und Josef kann in Pension gehen. Endlich. Weg von dem Bauunternehmen, für das er sich über 30 Jahre aufgerieben hat, in dem er sich vom Hilfsarbeiter über Baggerfahren, Magazin, Kundenbetreuung, Verkauf zum Einkauf hinaufgearbeitet hat und wo er dann über Krankheit, Mobbing und Bossing hinuntergewirtschaftet wurde. Als er schließlich aus seinem Büro verbannt wurde, hinein in die Produktionshalle, allein mit Taschenrechner und Schreibblock ausgestattet, war er nicht nur mit seiner Karriere am Ende: „Das ganze Selbstvertrauen ist beim Teufel. Man traut sich nichts mehr zu. Du fühlst dich als Abfall."

Das Unternehmen hat Josef Niederkofler einfach entsorgt. Wie eine alte Maschine, in die zu investieren es nicht mehr lohnt. Weil sie nur etwas wert war, solange sie ohne Wartung funktionierte.

1992 war Josef Niederkofler eingeknickt. Er spürte seinen rechten Fuß nicht mehr, die rechte Körperhälfte fühlte sich taub an. Ein Neurologe in Innsbruck fragte, ob Josef vor 25 Jahren eine Verletzung im Halsbereich hatte. 1965, dachte Josef nach, war er Mädchen für alles in der Firma gewesen, am Skihang hatte er sich mit einer Schneekatze überschlagen. Als er damals mit steifem Hals in die Bar kam, eröffneten ihm seine Chefs, er sol-

Die Spirale wurde immer enger. Bald traute sich Josef nicht mehr ins Dorf, und wenn er auf der Straße ging, steckte er den Kopf zwischen die Schultern, ohne nach rechts oder links zu schauen, er grüßte niemanden, schlief nie mehr als zwei Stunden am Stück, trank zu viel, wälzte Suizidgedanken. Warum wehrte er sich nicht, frage ich. „Ich habe nie für möglich gehalten, dass mir das passiert", sagt er noch heute, „ich habe geholfen, diese Firma aufzubauen, ich hatte Verantwortung, es hat mir dort gefallen."

Er bleibt loyal und fragt sich selber immer öfter, wozu bin ich auf der Welt. Die Frage hört nicht auf, als er die Firma verlässt. Zwölf Jahre lebt die Dame in Schwarz ihm den Rhythmus vor. Pünktlich Anfang September schleicht sie sich an und bleibt bis Anfang Dezember, und wenn der Frühling aufzieht, kommt sie zurück. Jahr für Jahr.

Bis er mitten im November 2008 ein neues Medikament bekommt und plötzlich der Kastanienbaum blüht. Blätter, hellgrün, und Kerzen, drei Zentimeter hoch, zeigt Josef mit Daumen und Zeigefinger. „Aber nur auf der Südseite", sagt er, „die andere Seite war kahl, wie es sich gehört." Das gibt's doch nicht, dachte er noch. Doch sein Bekannter zückte das Handy. Josef hatte richtig gesehen. In Technicolor.

Seitdem braucht Josef keine Psychopharmaka mehr. Er sieht wieder die Farbenpracht im Herbst und im Frühjahr

die Bäume, die austreiben: „Die Dame in Schwarz ist nie mehr zurückgekommen."

Mit Herzen ins Leben zurückbugsiert: Warum Josef nicht weiß, ob er in eine Bar gehen darf.

Die Wohnung des Ehepaars Niederkofler wirkt wie eine Bannzone. Die Wände sind in warmem Gelb gestrichen, unzählige Fotos von Enkeln, Kindern, Freunden, Bergausflügen darauf erwecken den Anschein, als würden die Mauern unentwegt lächeln. Papierene Herzen überall zeugen von kindlichen Liebesbeweisen, die zu jedem erdenklichen Anlass geschickt werden.

Josef weiß wieder, wofür er lebt. Er sieht seine Frau, seine Töchter, die zwei Enkel, die er fast versäumt hätte. Er weiß, ohne sie wäre er heute nicht mehr da. „Meine Frau und meine Töchter sind immer hinter mir gestanden. Die ganze Zeit. Allein hätte ich es nie geschafft", sagt er.

gesehen". Beim Fischen lässt er noch heute die Fische lebend wieder vom Haken.

Lieber als auszuteilen, steckt er ein. Manchmal kämpften dann andere für ihn. Weil sie die Ungerechtigkeiten erkannten, die er als Schicksal ansah.

Als Bub rettete der Pfarrer ihn, nachdem der Lehrer ihn in die Tinte geritten hatte. Josef hatte gerade die Aufnahmeprüfung für die Mittelschule bei den Franziskanerpatres in Bozen bestanden. Aber der Riesenfelsbrocken im *Klosterwaldele* in Sand, wo Josef aufwuchs, war einfach zu verlockend: Weitpinkeln übten die Buben auf ihm; wer am weitesten pinkelte, sollte als Preis am Tag drauf das Schulbrot der anderen bekommen. Der Religionslehrer zitierte alle ins Widmum. Niederknien, um Verzeihung bitten. Josef und ein Freund weigerten sich, kriegten eine Sieben in Betragen, die Mittelschule in Bozen konnte Josef sich in die Haare schmieren. Und es wäre so gekommen, wenn Josef nicht zufällig dem Pfarrer

„Schön langsam, das hat mich viel Energie gekostet: Ich will weiterleben!"

Alles sagen konnte er den Mitleidenden in der Selbsthilfegruppe, die er während der „ewigen Düsternis" besuchte, und wieder unter die Leute gebracht haben ihn die Freunde. Ein paar treue alte und viele neue, die erst in der schweren Zeit dazugekommen sind. Sie haben ihn angesprochen auf der Straße, ihn gefragt, wie's ihm geht, ihn zum Kaffee eingeladen. Und nicht nachgegeben, wenn er Nein sagte und sich gequält hat: Mag ich in die Bar gehen? Kann ich hineingehen? Schaffe ich das? Er konnte, weil sie konnten. Am Ende hat er sogar Karten gespielt mit ihnen. „Das war ein Riesenschritt", sagt Josef, „damit ich mich wieder ins Dorf getraut habe."

Menschlich ist manchmal zu menschlich. Wie es kommt, dass Josef viel mehr einstecken als austeilen kann.

Josef ist ein durchlässiger Mensch. Er bietet nicht viel Widerstand. Leben und leben lassen, hat er von seinen Eltern, einer Lehrerin und einem gelernten Schmied, der nach einer Kriegsverletzung nur noch als Handlanger arbeiten konnte, gelernt. Daheim ging es menschlich zu: „Ich kann mich nicht erinnern, dass ich jemals eine Watsche gekriegt habe", sagt er, „obwohl wir jeden Blödsinn erfunden haben." Als Jugendlicher dient er als Ministrant, im Alpenverein leitet er später die Jugendgruppe, „ehrenamtlich arbeiten, darin habe ich immer einen Sinn

über den Weg gelaufen wäre. Dieser richtete die Sache, und Josef ging nach Bozen. Bis sein Vater starb und er die Schule abbrechen musste.

Installateur sollte er also werden. Aber als er zwei Mitschüler beim Mathetest abschreiben ließ und erwischt wurde, konnte nicht einmal der Direktor ihm helfen. Und wie nach dem Mord an einem Carabiniere in den heißen Jahren des Südtirol-Terrorismus alle Männer aus Sand in Taufers zusammengetrieben wurden, versuchte er, wenigstens für die Alten Wasser zu erbetteln, kassierte Ohrfeigen und schleppte sich nach seiner Freilassung um 4 Uhr früh von Bruneck heim nach Sand. 15 Kilometer zu Fuß.

„Miese Erlebnisse", sagt Josef heute, „man versucht, sie zu verdrängen, aber vergessen tut man sie nicht."

Bestimmt hat er lange alles wegmarschiert und ausgeklettert. Josef Niederkofler war ein großer Berggeher. Die Berge rundum hat er alle bestiegen, mehrfach. Auch auf dem Montblanc und auf der Zugspitze war er. „Berggehen, das war meins", sagt er sehnsüchtig. Viel hat er überlebt dort oben: einen Kugelblitz, der neben ihm niederging, einen Blitzeinschlag, der ihn ohnmächtig liegen ließ, 1970 eine Lawine, die seinen Bruder tötete und ihn verschonte, weil er in letzter Minute die Tour absagen musste.

Das alles erzählt er leichthin. Das Einzige, was in seinen Augen sein Leben wirklich bedrohte, war seine Krankheit: „So richtig misslungen ist mir sonst nichts."

Aufzug? Es muss die Treppe sein, sagt Josef: immer eine Stufe anpeilen, auch wenn du manchmal eine Stufe zurückfällst.

Die Dame in Schwarz hat ihn die meiste Kraft gekostet. Schritt für Schritt hat er sich abgerungen, klare Gedanken zu fassen, sich Dinge vorzunehmen, Angefangenes fertig zu machen. Er kann stolz sein, sage ich, dass er es geschafft hat. Ja, sagt er, aber Stolz bringt halt auch nichts, Selbstbewusstsein sei ausschlaggebend. Er verrät, wie er es zurückgeholt hat: „Ziele nie zu hoch ansetzen, immer eine Stufe anpeilen, auch wenn du manchmal wieder eine Stufe zurückfällst. Hauptsache, die Treppe führt immer hinauf."

Josef ist schon so weit gekommen, dass er zurückschauen kann, ohne dass die Tiefe ihn nach unten zieht. Er ist sich seiner Lebendigkeit bewusst: „Heute kann ich wieder richtig durchatmen. Vor 20 Jahren war ich dem Tod näher als heute. Ich meine, ich hoffe, dass ich noch ein paar Jahre leben kann."

Die Schmerzen im Bein und Rücken, die er nie mehr loswerden wird und die, wie ich ihm ansehe, höllisch sein müssen, nimmt er in Kauf: „Die spüre ich fast nicht mehr. Die kommen mir wie Kleinigkeiten vor."

Er geht vor dem Hauptabendprogramm im Fernsehen zu Bett und steht kurz nach 5 Uhr morgens auf. Jeden Tag setzt er sich dann an die Stirnseite des Küchentischs und schaut auf das Bild, das er seit seinem 70. Geburtstag vor drei Jahren unter der klaren Tischfolie aufbewahrt. Seine Enkel haben es gezeichnet, zwei Kinder halten Luftballone, in die viele gute Wünsche eingeschrieben sind. Viel essen, steht da. Und: Besuche in Salzburg, wo Josefs Tochter Tierärztin ist, Geduld, Lottogewinn und – nun ja – ein Hörgerät. „Das sind so Kleinigkeiten, die einem weiterhelfen, das genieße ich jetzt. Auf das Große warte ich nicht, aber die kleinen Überraschungen, über die freue ich mich."

Eine Viertelstunde geht das so. Oft betet er für die Seinen und für sich, dass er fröhlich sein kann und er gesund bleibt. Er ruft die Heiligen an, die ihm wichtig sind, „ich habe das Gefühl, die schauen auf uns". Dabei sitzt er aufrecht, bis die Schmerzen erträglich werden. Danach macht er Frühstück für sich und seine Frau. Schon immer hat er im Haushalt geholfen. Er kocht gern. Jetzt wieder. Sie gehen nett miteinander um. Das merkt man. Wir sehen Josefs Frau nur kurz. Seit sie als Lehrerin in Pension ist, arbeitet sie im Weltladen mit. Sie steckt den Kopf durch die Tür und fragt: „Kommst du dann? Oder kann ich dich anrufen?" Und zu mir: „Wissen Sie, ich schaffe es nicht, das Auto in die Garage zu stellen, da ist es so eng." Da sagt Josef schon: „Dafür bin ich ja auch da." Ich merke, es tut ihm gut zu wissen, dass er gebraucht wird. Wem nicht, denke ich.

Schönen Tag, ruft er noch, da ist seine Frau schon aus der Tür.

Josef steht auf, auch wenn das rechte Bein streikt. Er will sehen, wie Paragleiter bunte Tupfen in den Himmel malen.

Josef ist für mich ein Mann, der richtig tickt. Einer, der Menschen mag, weil er selber einer ist. Bei dem die Gedanken im Kopf nicht unnötige Schlingen machen, bis sie als Sätze oder Gefühle herauskommen. Das Natürliche ist ihm das Naheliegende. Genauso geht auch seine Uhr im Kopf. Nie in seinem Leben habe er einen Wecker gebraucht, sagt Josef. Er habe seinen Kopf vor dem Schlafengehen programmiert, und immer sei er pünktlich aufgewacht.

Ich hoffe sehr, dass er es weiterhin schafft aufzustehen. Sein rechtes Bein lässt ihn bitter im Stich, als er sich vom Stuhl hochhievt, um uns einen Himbeersaft zu machen. „Wenigstens sitze ich nicht im Rollstuhl", sieht er das Gute.

Vor zwei Jahren ist Josef am Nikolaustag auf dem Eis ausgerutscht und gegen eine Betonmauer geknallt. Er war auf dem Weg zur Arbeit in der *Lichtung* gewesen. In seinem Halsbereich hat sich beim Sturz eine Platte verschoben, keine weitere OP, warnen die Ärzte, zu riskant. Seitdem breiten sich die Lähmungen aus, von den Zehen bis zum Knie, sagt Josef. Er hat sich Turnschuhe gekauft, mit denen er weicher geht. Und jetzt im Frühling nimmt er sich vor, nach dem Mittagessen wieder spazieren zu gehen. Auch wenn er dafür eine Krücke verwenden muss: „Ich schäme mich so", sagt er.

Er verspricht uns, sich zu überwinden. „Ich muss das Problem einfach aus dem Kopf kriegen", sagt er sich vor. Er kann ja nicht immer lesen auf dem Balkon oder von dort den Paragleitern zusehen, die über dem Tauferer Boden lautlos niedertanzen.

„Gestern war wieder so ein Tag", schwärmt er. 20 bunte Gleitschirme hat er gezählt im Himmelblau. Loopings beobachtet. Steilkurven bewundert. Die Höhe macht Josefs Augen nichts aus. Sie sind gierig, sein Leben mit Farben anzuknipsen. Jetzt wartet Josef auf die Frühlingsblumen.

Josef Niederkofler, geboren 1946, wächst in Sand in Taufers in Südtirol auf. Nach einer Lehre als Installateur nimmt er mit 16 eine Stelle in einem Bauunternehmen im Dorf an. Vom Mädchen für alles arbeitet er sich in verantwortliche Positionen hoch und bleibt 36 Jahre in der Firma.
1996 begibt er sich wegen einer schweren Depression mit Suizidgedanken in psychiatrische Behandlung. Als Auslöser der Krankheit nennt Josef Niederkofler Mobbing und Bossing im Unternehmen. Zwölf Jahre lang, bis 2008, leidet Josef unter seiner Depression, selbst nachdem er in Pension gehen darf.
200 bis 2017 arbeitet er ehrenamtlich im Büro der *Lichtung*, einem Verein zur Förderung psychischer Gesundheit in Bruneck. Als Betroffener leitet er lange Zeit einzelne Selbsthilfegruppen. 2002 überredet sein Psychiater ihn, Vorträge zu halten. Gemeinsam touren sie durch Südtirol und Osttirol. Bis 2016 hat Josef Niederkofler 52-mal die Bühne betreten und seine Geschichte erzählt. Seit 2008 ist er medikamentenfrei. „Er ist geheilt", sagt sein Psychiater.
Josef Niederkofler ist verheiratet und hat zwei erwachsene Töchter, einen Enkel und eine Enkelin, die er fast nicht erlebt hätte und die ihm täglich neuen Sinn im Leben geben. Seine Familie, Freunde und die Arbeit in Selbsthilfegruppen haben ihn gerettet, ist Josef überzeugt.

ELISABETH MEDICUS

Die Palliativärztin

„ICH SEHE MICH ALS TEIL EINES GRÖSSEREN LEBENS. ODER WERDENS SOGAR. DAS LEBEN IST MEHR ALS MEIN LEBEN. ALS EINZELNER SOLL MAN SICH SCHON WICHTIG NEHMEN, ABER NICHT ÜBERWICHTIG."

Leben bis zuletzt. Fordert Elisabeth Medicus, denn die Palliativärztin weiß: Solange wir atmen, wollen wir noch etwas vom Leben. Seien Sie sicher: Die wichtigsten Fragen kommen am Schluss. Und die besten Antworten finden jene, die sich im Leben nicht zu wichtig genommen haben. Wo soll das enden?

Wir sind falsch. Und bevor wir es merken, geht die Schranke hinter dem Auto nieder. Das Tor vor uns bleibt unten. Wir stecken fest. Kein Vor, kein Zurück. Ein Blick auf die Uhr. Nur noch sieben Minuten. Elisabeth Medicus wartet auf uns. Wir drücken den Notknopf an der Parkgarage. Eine Stimme sagt, man werde jemanden schicken. Nichts passiert. So scheint es. Das ist immer so, wenn man keine Zeit hat zu warten.

pacher, wie sie mit ledigem Namen heißt, hat viele Fans. Sie scheint das nicht zu merken. „Ich bin froh, wenn Sie ein paar Fotos machen, wo ich die Augen nicht zu habe", sagt sie zu Ulrich Egger. „Eppas fänn", etwas finden, sind eigentlich die Worte, die sie verwendet, in breitem Pusterer Dialekt. Sie lacht ausgelassen, dafür dürfen ihre Haare grau wachsen.

Etwas kommt dazwischen: Warum wir uns bis zuletzt über den Tod hinwegtäuschen können.

Wir treffen uns im neuen Tiroler Hospizhaus in Hall in Tirol, das im Juni 2018 bezogen wurde. Viel Holz hat der Linzer Architekt Paul Wichert für den Bau gewählt, Innenhöfe geschaffen und so die Natur hereingeholt, von der

„Wie kostbar das Leben ist! Das habe ich vorher nicht so explizit gewusst. Zu wissen, das ist die Zeit, die mir zur Verfügung steht, und was ich mit dieser Zeit mache, ist gemacht, und was ich nicht getan habe, ist nicht getan. Zu wissen: Das ist es. Heute und morgen. Es kommt nicht erst."

Wir rufen Elisabeth Medicus an. Ich komme, sagt sie. Das geht ganz schnell. Mit wehendem Mantel und offenem Lächeln hastet sie den Gehsteig am Haller Krankenhaus entlang auf uns zu. Klein, zart, dunkelblau. Wie wir da hineingeraten seien, fragt sie. Nein, Schlüssel habe sie keinen. Wichtiger ist: Sie ist da. So wie sie es sich zur beruflichen Aufgabe gemacht hat: da zu sein, wenn sie gebraucht wird. „Mitgefühl, das kann man üben. Es hat mit Wahrnehmen zu tun: präsent im Augenblick sein", sagt sie später im Interview, „dann kann man sich wirklich auf das Gegenüber einstellen, personalisierte Medizin, so heißt das heute, habe ich gelernt." Von dieser Philosophie lebt die Tiroler Hospiz-Gemeinschaft, die Elisabeth Medicus 20 Jahre lang mit aufgebaut hat. Noch ist sie die ärztliche Leiterin, im März 2019 wird Andrea Gabis von Martinsbrunn in Meran sie ablösen.
Sie will gehen. „Ich will ein bisschen kürzertreten", sagt sie. Wenn man sie lässt, denke ich bei mir.
Elisabeth Medicus ist die Richtige für dein Buch, sagte eine Freundin, die sich mit Palliativbetreuung beschäftigt. Die Lisl interviewst du? Ein Supertyp, sagt ein Innsbrucker Rechtsanwalt, den ich bei einem Hauskonzert kennenlerne. Hat die nicht *sub auspiciis* promoviert, fragt meine Tante. Elisabeth Medicus, Hap-

Menschen am Ende des Lebens sonst oft abgeschottet werden. „Das Haus macht die Hospiz-Gemeinschaft zu einer runden Sache", findet die Ärztin. Station und Tageshospiz sind hier untergebracht, es gibt ein Café, Sofas, Sitzecken, Ausblicke, eine Kapelle. Jeder, der hier ist, weiß, worum es geht. Es ist ein Haus an der Grenze. Für Leben und für Tod, mittendrin. Ein Verbindungsort, menschenmöglich. Die Kulisse hinter der Glasfassade im obersten Stock zeigt sich atemberaubend. „Man sieht alle Kirchen von Hall", sagt Elisabeth Medicus. Und Berge. Einen Kranz voll.
Nicht dass Sie jetzt denken, Sterben sei hier schöner. Keiner verlangt das. Dennoch ist das Haus ein Statement dafür, dass das Sterben zum Leben gehört. Selbst wenn wir im Sterben begriffen sind, sind wir noch am Leben. Das zählt. „Dum spiro spero", zitiert Elisabeth Medicus das lateinische Sprichwort, das Cicero zugeschrieben wird. Solange ich atme, hoffe ich. Sie habe im Laufe der Zeit den Atem für sich entdeckt, sagt die Palliativärztin. „Der Atem ist für mich die Zeit, die uns zur Verfügung steht. Mit dieser Zeit haben wir Anteil an der Ewigkeit. Nur in der Gegenwart. Nicht danach und nicht davor.
Menschen, die atmen, wollen noch etwas vom Leben. Das erlebt sie jeden Tag. Selbst bei Todkranken. „Wir hängen

ja alle am Leben", sagt sie. Wie zum Beweis erzählt sie vom Mann, der ein letztes Mal aufs *Hafelekar* steil über Innsbruck hinauffahren will, oder vom Patienten, der noch einmal große Bäume sehen möchte, oder von der Frau, deren ein und alles es war, auf Flohmärkte zu gehen, und die nun ans Haus gefesselt ist und sich wenigstens jemanden zum Kartenspielen wünscht.

Das sei etwas Besonderes am Menschsein, diese Fähigkeit, dass wir uns lebendig fühlen, auch wenn uns der Tod vor Augen steht: „Wir können uns das schwer vorstellen. Aber die Regel ist, dass wir bis zum Tod das Glück im Augenblick suchen und uns freuen können an einem Friseurbesuch oder einer anderen gewöhnlichen Sache."

rum wollen Sie das wissen?" Und immer kommt der Moment, wo sie nachhakt und fragt: „Was brauchen Sie vor allem?" Dann, sagt sie, kommen die meisten sehr schnell auf den Punkt. Sie beobachtet selbst bei alten Menschen, die vergesslich sind: „Die wesentlichen Dinge sind besprechbar."

In all den Jahren hat sie gelernt, mit den Menschen zu sprechen. Dennoch sei es ein Suchen, ein Tasten, sagt sie, ein ständiges Nachdenken über die eigene Aufgabe. „Sie sehen ja, ich suche da selber immer noch ...", sagt sie in unserem Gespräch. Es klingt wie eine Entschuldigung. Dabei ist es wohl einfach nur schwierig, Ungreifbares, Gefühltes, das große Letzte zu benennen, dabei nicht banal

„Der Atem ist für mich die Zeit, die uns zur Verfügung steht. Mit dieser Zeit haben wir Anteil an der Ewigkeit. Nicht danach und nicht davor."

Der Tod ist wirklich das Letzte. Solange man kann, wird er weggewünscht. Elisabeth Medicus ist da voll einverstanden, deshalb hängt sie sich ans Telefon. Klärt zuerst mit Hausärzten und Pflegepersonal die Schmerztherapie ab, und schaut, was ein sterbender Mensch sonst noch braucht, und geht anschließend die Liste der Ehrenamtlichen durch. Mehr als 230 freiwillige Helfer stellen ihre Zeit für die Tiroler Hospiz-Gemeinschaft zur Verfügung. Sie schieben Sterbende durch Parks, halten sich Nachmittage frei, um mit Frauen zu paschen. Und wenn es das letzte Mal ist.

Zeit für die Wahrheit: Bei den wichtigen Dingen kommen wir schnell auf den Punkt.

Was Menschen wollen. Was Menschen wichtig ist. Das sind die Fragen, für die sich Elisabeth Medicus bei ihren Patienten interessiert: „Wir müssen am Lebensende neben der Medizin diese Dimensionen des Menschseins in den Blick nehmen." Von „total pain", also Schmerzen auf allen menschlichen Ebenen, sprach die Gründerin der Hospizbewegung, Cicely Saunders, schon in den 1960er Jahren. Körperliche Schmerzen kriegen Ärzte heute gut in den Griff. Was bleibt, sind grundsätzliche Fragen, die todgeweihte Menschen an die Medizin stellen.

Elisabeth Medicus fürchtet sich vor diesen Fragen nicht mehr. „Ich muss den Menschen die Wahrheit sagen", hat sie sich auferlegt. „Die Betroffenen wollen wissen: Wie viel Zeit habe ich noch?" Manchmal fragt sie zurück: „Wa-

zu wirken und zugleich verständlich zu sein. „Die Bereitschaft zur Reflexion ist essenziell in diesem Beruf", sagt sie plötzlich sehr bestimmt. „Menschen, die das nicht mitbringen, hören auf, hier zu arbeiten. Die packen es nicht oder sind irritiert."

Elisabeth Medicus hat das Denken nie etwas ausgemacht. Schon als Jugendliche sei sie eine „zurückgenommene Pubertierende" gewesen, „ich war immer mit Denken beschäftigt, mit dem Kopf", lacht sie, um im nächsten Satz ernst zu formulieren: „Es hat Zeiten in meinem Leben gegeben, wo ich mich nicht so getraut habe zu leben."

Wollte sie immer schon Palliativärztin werden? Nein, sagt sie: „Ich habe das Gefühl, das ist mir irgendwie begegnet."

Nur die Routine will nicht kommen: Wenn das Thema näher an Elisabeth Medicus heranrückt.

Damals war sie 35. Sie hatte gerade ihre Ausbildung zur Allgemeinmedizinerin abgeschlossen und arbeitete an der Klinik Innsbruck als Sekundarärztin. Das ist eine Ärztin, die wie eine Hausärztin die Station versorgt, erklärt sie. Sie war glücklich damit, bei den Patienten nach dem Rechten zu sehen. „Bis ich merkte, dass Leute sterben", erinnert sie sich. Allein sei sie plötzlich vor den Angehörigen gestanden, die erfahrenen Kollegen irgendwo, und sie selbst habe auch nicht gewusst, was sie sagen sollte. Unmöglich, fand sie. Einer Ärztin unwürdig.

Seitdem hielt sie die Augen offen. Wenn man Elisabeth

Medicus glauben will, schloss sich ihre Suche wie ein Reißverschluss. Die Dinge fanden sie. Sie schrieb sich in einen Lehrgang ein, den die junge Tiroler Hospiz-Gemeinschaft gemeinsam mit der Caritas anbot. Dort, so scheint es, hat man nur auf sie gewartet. Der Kurs hatte gerade begonnen, als man für die neu zu errichtende Palliativstation eine Ärztin suchte. Und? „Sie haben mich gefragt, weil es keine andere gegeben hat", untertreibt sie. „Wir haben dann sehr pionierhaft begonnen und uns halt weitergebildet."

Sie hat es nie bereut. Sagt sie. „Nur merke ich, dass es nicht einfacher wird mit den Jahren. Im Gegenteil." Mit dem Älterwerden rückt das Thema näher an sie heran: „Es wird schwieriger. Vor allem wenn ich sehe, dass viele Patienten gleich alt sind wie ich."

Irgendwann wird Sterben subjektiv. Für jeden.

Der Tod in der Familie: Vom Großvater, der ein Zimmer hinterließ, und vom Buch, das nicht herumliegen darf.

Als Elisabeth Medicus noch Happacher hieß, in Sexten aufwuchs und in die Grundschule ging, starb ihr Großvater, der bei der Familie im Haus lebte. Er hatte einen Herzinfarkt, alle fingen zu beten an, jeder wusste, dass der Großvater sterben würde, es war richtig, wie es war. Sie durfte danach sein Zimmer beziehen. Alle wunderten sich, ihr jedoch machte das nichts aus. Sie hatte jetzt ein eigenes Zimmer, endlich.

Der Tod, der sie später intensiv beschäftigte, war lange unsichtbar. Elisabeths Mutter sprach nicht darüber, wie es war, als sie mit sieben ihre eigene Mutter verlor. „Sie hat nur gesagt, wie allein sie als Mädchen damals war", erzählt Elisabeth Medicus. Sie selbst habe diese Erfahrung der Mutter tief geprägt. So ist sie überzeugt, dass ihre jahrelange Scheu vor Kindern in der Palliativstation daher rührt: „Ich hatte immer Herzklopfen, wenn Kinder als Angehörige da waren."

Elisabeth Medicus hat selber drei Kinder. Ihr Mann ist Psychiater. Weder die Söhne noch die Tochter haben Medizin studiert. Überhaupt wollten die Kinder daheim nichts wissen vom Unglück der Menschen, mit denen die Eltern sich umgeben. Einmal ließ Elisabeth Medicus ein Buch mit dem Titel *Sterben* in der Küche liegen, ihr jüngster Sohn war damals zwölf, „er hat mir das verräumt in mein Schlafzimmer, er wollte das nicht vor Augen haben".

Wann das Leben Tränen treibt: mit Körper und Schönheit der Vergänglichkeit trotzen.

Jahrelang bewegte sich Elisabeth Medicus in zwei Welten. Daheim das blühende Leben, in der Arbeit sein welkes Ende. Dazwischen eine imaginäre Ablage, an der man das eine abgab und das andere sich überzog. Wie ihre Kolleginnen und Kollegen auch hat sie Rituale entwickelt, um den Kopf frei zu bekommen: „Jeder hat da eine eigene Kultur. Eine Krankenschwester von uns geht jeden Abend einmal um den Ginkgobaum. Ich lege mein Schildchen ab und mache die Tür bewusst zu hinter mir."

Seit einigen Jahren tanzt sie. Das sei ein kraftvoller Ausgleich. Nach wie vor singt sie im Chor. Einen „dörflichen Frauensingkreis" nennt sie diesen. „Ich bin keine große Sängerin", relativiert sie, aber das Singen habe sie immer angezogen. Kürzlich hat sie zum ersten Mal einen Stimmbildungskurs besucht. Sie sei dort ermutigt worden, mit ihrer Stimme aus sich herauszugehen: „Mir sind die Tränen gekommen. Weil das so ergreifend ist, wenn man sich traut."

„Das, wo ich mit brennendem Herzen dabei bin, das ist etwas, das bleibt.
Wo ich halbherzig bin, auch wenn es nach außen hin noch so
toll ist, das ist der Vergänglichkeit preisgegeben."

Was ihr hilft: Schönheit. „Paradoxerweise habe ich in meiner Arbeit meine Lebenslust neu entdeckt", sagt sie. Immer schon habe sie Museen gemocht, aber seit sie in der Palliativbetreuung arbeitet, macht Kunst sie regelrecht glücklich. „Schönheit hat etwas sehr Nährendes", hat sie festgestellt. Und: „Das ist ein Geschenk, das ich aus dieser Arbeit mitnehme."

Die Frage, die uns alle beschäftigt: Wer stirbt leichter?

Tatsächlich ist es ein tägliches Ringen. Auch im Hospiz-

haus in Hall. Während unseres Besuchs scheint das Leben mit voller Wucht zum Fenster herein. Die Sonne heizt den Raum auf. Und das Anfang Dezember. Wir sind geblendet, rücken während des Gesprächs mit unseren Stühlen immer wieder ein Stückchen weiter in den Schatten hinein, schieben irgendwann die Ärmel zurück. Elisabeth Medicus steht auf, um Wasser zu holen. Sie kehrt mit zwei Gläsern zurück, hält inne. „Ich vergesse mich immer", sagt sie.

Sterben intelligente Menschen besser oder schlechter?, fragt Ulrich Egger gerade, als sie wieder ins Zimmer tritt. Ich hebe die Schultern, will die Frage beiseitewischen. Elisabeth Medicus aber sagt nur: „Leichter ist es für Menschen, die Vertrauen haben ins Leben. So viel weiß man heute."

Zimmer 10 ist frei, erfahren wir von den Putzfrauen einen Stock tiefer im Flur der Palliativstation. Elisabeth Medicus führt uns hinein. Das Krankenbett ist aus Holz, ein Tisch steht da, ein Sofa nimmt die Besucher auf, wenn die Zeit kurz wird, auch nachts. Vor der Fensterfront ein breiter Balkon. „Man kann die Betten hinausschieben", erklärt die Ärztin. Hier also werden die letzten Dinge besprochen, hier also wiegen Menschen Positives und Negatives ihres Lebens auf. Hier fragen wir: Was bleibt von meinem Leben?

14 Tage belegen die Patienten im Schnitt ihr Zimmer. Haben sie gedacht, länger?, greift Elisabeth Medicus mein Staunen auf. Wer kann, lässt sich von mobilen Teams betreuen und stirbt lieber zu Hause: „Wir sind eine Einrichtung für Menschen, wo das Sterben eher schwierig ist", sagt sie.

Sie fühle sich wie eine ausgepresste Zitrone, habe eine Frau ihr einmal verbittert erzählt. Sterbebegleitung werde in solchen Fällen zu einer wahren Herausforderung. Gut ist, wenn Menschen abschließen können, Abschied nehmen. „Es gibt Menschen, die sich noch im Sterbeprozess so entwickeln, dass das möglich ist." Erst kurz vor unserem Treffen habe eine Frau, die jünger war als Elisabeth Medicus, zu ihr gesagt, sie sei so dankbar für ihr Leben, für viele Entscheidungen, die sie getroffen habe: „Das hat mich so BERÜHRT."

Was bleibt vom Leben? Oder: Als Elisabeth Medicus die Freude für sich entdeckte.

20 Jahre hat Elisabeth Medicus sterbende Menschen betreut. Sie hat viel gesehen, sie kennt viele Varianten. Eine große Erkenntnis hat sich in ihr herauskristallisiert: „Wie kostbar das Leben ist! Das habe ich vorher nicht so explizit gewusst. Zu wissen, das ist die Zeit, die mir zur Verfügung steht, und was ich mit dieser Zeit mache, ist gemacht, und was ich nicht getan habe, ist nicht getan. Zu wissen: Das ist es. Heute und morgen. Es kommt nicht erst."

Seit das für sie klar ist, genießt sie ihr Leben mehr: „Ich mache nicht mehr Sport als früher, esse nicht gesünder, packe mein Leben nicht voll mit Reisen und anderen Erlebnissen. Aber: Ich freue mich mehr." Sie rekapituliert sehr schön die einzelnen Phasen ihres Lebens: Am Anfang sei es voller Sehnsüchte gewesen, dann sei die Realität über sie hereingebrochen, „das ganze Gestrappel" in der Mitte des Lebens, mit 45 dann habe sie entdeckt, dass sie sich noch einmal verändern könne, Träume zulassen wolle, eine lebendige Seele habe. Die Endlichkeit des Lebens anzuerkennen, „hat bei mir seltsamerweise nicht mehr Stress ausgelöst, fast, als würde irgendetwas leichter werden."

Denn am Ende zählt ihrer Erfahrung nach: Welchen Beitrag habe ich als Mensch geleistet. Oft hat sie sich persönlich dazu befragt: „Ich würde heute sagen, das, wo ich mit brennendem Herzen dabei bin, das ist etwas, das bleibt. Wo ich halbherzig bin, auch wenn es nach außen hin noch so toll ist, ist der Vergänglichkeit preisgegeben." Jeder muss für sich zum Schluss kommen. Für ihren Mann, sagt sie, ist es das Buch, das er endlich geschrieben hat. Für sie sind es Beziehungen zu Menschen. Freundschaften. Eine innere Lebendigkeit in der Welt, nennt sie es. „Ich sehe mich als Teil eines größeren Lebens. Oder Werdens sogar. Das Leben ist mehr als mein Leben." Und Sie hören schon wie ich heraus, was die Bescheidenheit der Elisabeth Medicus trägt: „Als Einzelner soll man sich schon wichtig nehmen, aber nicht überwichtig."

Wer stirbt schon gern allein: Was Elisabeth Medicus sich vom Totentanz in Plaus verspricht.

Als sie anfing, vor 25 Jahren, wurden Menschen im Krankenhaus zum Sterben in eine Abstellkammer geschoben. Aufgeräumt und ausgeräumt. Mit dem Sterben wollte niemand etwas zu tun haben. Heute findet die Gesellschaft das unmenschlich. Die Bürger von Tirol haben sich dieses Bewusstsein viel kosten lassen: ein eigenes Hospizhaus. Elisabeth Medicus könnte jetzt einfach weitermachen. Optimieren. Abwarten. Sich loben lassen.

Sie rückt nicht so recht heraus mit ihren Plänen, sobald sie im März 2019 aufhört. Ich weiß nicht, ob ich gebraucht werde, sagt sie vorsichtig. Sie für sich ist noch nicht fertig mit ihrer Aufgabe: „Mein brennendes Anliegen ist, die Palliativbetreuung ins Gesundheitswesen zu integrieren." Dafür sitzt sie bereits in Kommissionen und Arbeitsgruppen, leitet Seminare für Medizinstudenten und Ärzte, hält Vorträge über Ethik und Verantwortung. Die anderen müssen es auch wollen. Das weiß sie. Allein geht nichts.

Wir wären auf eigene Faust nicht einmal aus dem Parkhausdilemma herausgekommen. Der Techniker, der uns rettet, entschuldigt sich: Er sei eigentlich nur fürs Krankenhaus Hall zuständig. Aber man könne uns ja nicht so hängen lassen …

Elisabeth Medicus lächelt. Am Tag nach unserem Gespräch fährt sie nach Südtirol. Sie hat ihrer Tante versprochen, mit ihr am Plauser Friedhof den *Totentanz* von Luis Stefan Stecher anzuschauen. Sie sei so viel allein jetzt, wo sie alt sei, sagt die Tante.

Elisabeth Happacher Medicus, geboren 1955, aufgewachsen in Moos/Sexten in Südtirol. Studiert Medizin in Innsbruck, promoviert 1980 *sub auspiciis praesidentis*, wird an der Universitätsklinik Innsbruck zur Allgemeinärztin ausgebildet. In der Schweiz absolviert sie einen Lehrgang für Palliative Care, Ethik und Organisation. 1998 beginnt sie als Ärztin auf der Hospiz-Palliativstation der Tiroler Hospiz-Gemeinschaft, von 2000 bis 2019 ist sie ärztliche Leiterin. Unter ihrer Führung werden die Hospiz-Palliativstation und das mobile Palliativteam ausgebaut; 2018 werden im neuen Hospizhaus in Hall in Tirol die Dienste der Hospiz- und Palliativbetreuung vereint.
Elisabeth Medicus ist Lehrbeauftragte für Palliativmedizin und Ethik an der Medizinischen Universität Innsbruck. Sie leitet den ÖÄK-Diplomlehrgang Palliativmedizin und den Interprofessionellen Universitätslehrgang für Palliative Care.
Zudem ist sie Mitbegründerin und Mitglied der Arbeitsgruppe *Ethucation – Netzwerk für Bioethik in Lehre und Fortbildung* und arbeitet im Projekt *Hospiz- und Palliativversorgung in Tirol* des Tiroler Gesundheitsfonds mit. 2019 organisiert sie als Mitglied des Präsidiums den 7. *Österreichischen Interprofessionellen Palliativkongress* in Innsbruck.
Elisabeth Medicus ist verheiratet, hat drei Kinder und ist seit einiger Zeit Großmutter.

GABRIELE CREPAZ ist Journalistin und Gründerin von Core Stories. Strategy & Content. Sie studierte an der LMU München Diplom-Journalistik, Politikwissenschaft, Soziologie und Klassische Archäologie und arbeitete für Tageszeitung, Wochenmagazine, Radio, Fernsehen und Onlinemedien. Menschen interessieren sie besonders. Was sie denken, was sie treibt, was sie tun. Und noch mehr: warum. Das sind doch die spannenden Fragen. Nicht? Außerdem kommt sie gerade ins Alter, wo sie dem Leben zeigen muss, wo es langgeht. Damit es irgendwann gut enden kann. Vielleicht in Bozen, wo sie mit ihrer Familie lebt.
www.core-stories.com